송병건

성균관대학교 경제학과 교수

늦더위가 한창이던 날 서울 한 귀퉁이에서 태어났다. 어려서는 이런저런 상상하기와 여기저기 낙서하기를 즐기며 자랐다. 청소년기에는 과외금지조치 덕분에 설렁설렁 지냈다. 대학에서는 전공인 경제학보다 역사책을 더 즐겨 읽었다. 관심사를 살려 옥스퍼드대학교에서 경제사로 박사 학위를 받았고 그 후 케임브리지대학교에서 관련 연구를 더 했다. 그때 경제학과 사회과학을 넓게 보는 데 관심이 커졌다. 또한 유럽의 박물관과 미술관 구경하는 재미에도 눈을 떴다. 아직도 전시관 입구에 서면 가슴이 콩닥거리는 증세를 보인다. 한국으로 돌아와 2000년부터 성균관대학교 교수로 재직하며 산업혁명의 역사, 직업의 역사, 세계인구사, 혁신의 역사, 서구 노동시장, 재난의 역사 등에 관심을 두고 연구해 왔다. 요즘 주목하는 주제는 동서양을 아우르는 세계화의 역사다. 학술 연구 외에도 저술과 강연, 방송 활동 등을 통해 대중과 소통하기 위해 꾸준히 노력을 기울여 왔다. 특히 비주얼 자료를 활용해 어려운 경제를 쉽게 스토리텔링 하는 방식을 좋아한다.

주요 저서로 『재난 인류』, 『세계사 추리반』, 『경제사: 세계화와 세계경제의 역사』, 『지식혁명으로 다시 읽는 산업혁명』, 『세계화의 단서들』, 『세계화의 풍경들』, 『비주얼경제사』 등이 있다.

매드푸딩

그림 작가

우리 마음을 움직이는 아름답고 재미있고 무섭고 신비로운 것 모두 그립니다. 일러스트레이터, 만화가, 컨셉 아티스트로 활동하고 있습니다. 여수엑스포 및 여러 박물관의 영상 컨셉 및 미술 기획에 다수 참여하였으며 웹툰, 출판, 미디어, 게임, 프로덕트 디자인 등에 활용되는 다양한 스타일의 일러스트 작업을 하고 있습니다.

인스타그램 @madpuddingstudio

난생 처음 한번 공부하는
경제 이야기

(금융 편)

난생 처음 한번 공부하는 경제 이야기 3 금융 편
돈이 흐르는 원리

2022년 6월 21일 초판 1쇄 발행
2024년 2월 29일 초판 5쇄 발행

지은이 송병건
그림 조현상

단행본 총괄 이홍
구성·책임 편집 노현지 강민영
편집 이희원
마케팅 안은지
제작 나연희 주광근

디자인 말리북
교정 허지혜
인쇄 영신사

펴낸이 윤철호
펴낸곳 ㈜사회평론
등록번호 10-876호(1993년 10월 6일)
전화 02-326-1182(마케팅), 02-326-1543(편집)
이메일 editor@sapyoung.com

ISBN 979-11-6273-226-7 03320

난생 처음 한번 공부하는

경제 이야기 3

(금융 편)

돈이 흐르는 원리

송병건 지음

사회평론

경제 이야기를 시작하며

안녕하세요? 여러분과 경제 이야기를 나누고자 하는 송병건입니다.

이 세상에는 경제에 관한 책이 넘쳐납니다. 대형 서점에 가득한 책, 인터넷에서 검색되는 수많은 책에 짓눌리는 기분이 들기도 합니다. 이런 상황에서 도대체 저는 무슨 생각으로 새 책을 내기로 마음을 먹은 걸까요?

돌이켜보면 저는 경제학하고 딱히 어울리는 인간은 아니었습니다. 청소년 시절, 경제학이 뭔지 하나도 모르면서 그저 앞으로 공부해봐도 괜찮은 분야라고 막연히 생각했습니다. 자연스레 대학교에서 경제학과를 전공했어요. 그런데 경제학 공부가 그다지 흥미롭지 않았습니다. 그래프와 수식으로 무장한 경제학은 너무 딱딱해 유연성이라곤 느껴지지 않았습니다. 세상사를 이해하는 깊은 통찰을 줄 것 같지도 않았어요. 심지어 부자를 위한 방패막이 학문인 건 아닌가 의심이 들기도 했습니다.

그래서 역사 공부로 관심을 돌렸습니다. 경제학에서 채우지 못한 허전함을 역사학이 풀어줄 수 있으리라 생각했거든요. 그런데 예상치 못한 변화가 찾아왔어요. 역사를 보면 볼수록 경제의 중요성이 더 크게 다가오는 것이었습니다. 당나라와 이슬람 군대가 벌인 전쟁도, 탐험가들이 새 항로를 개척하러 나선 것도, 두 차례 발발한 세계대전도 모두 경제적 이유로 설명이 더 잘 된다고 느꼈습니다. 결국 저는 다시 경제학을 돌아보게 되었고, 경제사라는 분야에서 안식을 찾았습니다.

이제 와 생각해보면 과거에도 경제 그 자체가 딱히 싫었다기보다는 경제를 즐겁게 알아가는 방법을 몰랐던 것 같습니다. 그런 방법을 찾다가 사람들의 삶과 연결된 방식, 역사적 사례로 돌아보는 방식까지 도달한 거지요. 알고 보니 적절한 길이었습니다. 경제란 결국 사람들이 소망과 욕망을 달성하려고 쏟은 노력의 총합이니까요.

장황하게 제 이야기를 했습니다만, 제가 드리고 싶은 말씀은 이것입니다. 경제 이야기는 수리와 논리에 밝은 사람만의 전유물이 아닙니다. 큰 부를 쌓기 위해 배워야 하는 전문적 지식도 아닙니다. 그저 원리를 깨우치면 이 세상의 변화를 좀 더 잘 이해하게 되는 내용, 그래서 우리가 살아가면서 뭔가를 선택하고 판단하는 데 도움이 되는 그런 공부일 뿐입니다.

제가 경제 이야기 시리즈를 내는 이유가 바로 여기에 있습니다. 대학 교재처럼 진입장벽이 높지 않지만 동시에 경제학의 본질은 잘 전달하는 책이 과거의 저처럼 흥미를 못 느끼는 사람들에게는 꼭 필요하다고 생각했거든요.

게다가 의외로 경제학이란 학문은 재미도 있고 실생활에도 유용합니다. 알고 나면 보이지 않았던 것들이 새롭게 보이는 경험을 하게 됩니다. 이 책에서 나오는 과거와 현재의 생생한 사례를 통해서라면 그런 경제학의 가장 중요한 원리를 쉽고 즐겁게 알아갈 수 있으리라 확신합니다. 더 나은 생계를 꾸리기 위해 하루하루 노력하는 사회인부터 경제·경영 분야로 진출하기를 꿈꾸는 청소년들까지, 경제를 어렵게 여겨왔던 모든 사람이 이 책과 함께 경제의 문턱을 사뿐히 넘어서기를 바랍니다.

이 책을 준비하는 동안 많은 분이 도움을 주셨습니다. 대학의 동료 교수들과 다양한 경제활동을 하는 친구들의 이론적, 현실적 이야기가 큰 보탬이 되었습니다. 네이버 TV에서 진행했던 강연들과 네이버 프리미엄콘텐츠에 연재했던 내용이 책을 준비하는 데 소중한 마중물이 되어주었습니다. 김성무 님은 처음 이 시리즈를 기획하고 기본적인 틀을 잡는 데에 핵심적 역할을 해 주었습니다. 깊은 감사를 드립니다. 조현상 일러스트레이터는 솜씨 좋은 그림으로 책을 훨씬 이해하기 쉽게 만들어주었습니다. 사회평론이 보여준 전폭적인 지원도 놀라웠습니다. 특히 김희연, 노현지, 강민영 세 분의 지칠 줄 모르는 열정과 노고에 뜨거운 찬사를 보냅니다. 마지막으로 잔잔히 도와준 가족들, 고맙습니다.

명륜동에서
송병건

차례

서문   004

Ⅰ 태초에 빚이 있었다
금융과 리스크

◆   인간의 삶에는 리듬이 있다   012

01   피할 수 없는 금융   015

02   자본주의 심장, 은행   045

◆   은행업의 결정적 순간   076

Ⅱ 어떻게 무에서 유를 만들어내는가
신용의 인플레이션

◆   주화와 지폐의 초기 역사   080

01   돈이란 무엇일까   083

02   목표는 물가 안정?   127

03   환율이 움직이는 원리   219

◆   역사 속의 기축통화   282

III 끝없이 확장하는 돈
지금 여기의 금융 투자

◆   부를 과시하는 최상의 수단은?   286

01   주식, 투자의 문을 열다   289

02   펀드, 큰 배를 만들다   327

03   선물과 옵션, 파생상품의 세계   361

04   금융의 현재와 미래   387

◆   왜 디지털화폐를 발행하고자 할까?   420

부록 | 용어 해설·찾아보기   422

만든 사람들   435

사진 제공   436

참고

온라인 퀴즈 QR코드 스캔 방법

(아래 방법은 스마트폰 기종에 따라 달라질 수 있습니다.)

❶ 포털 사이트 어플/앱 설치

❷ 네이버 검색 화면 하단 바의 중앙 녹색 원 클릭 ▶ QR 바코드
  다음 카카오 검색창 옆의 아이콘 클릭 ▶ 코드 검색

❸ 스마트폰 화면의 안내에 따라 QR코드 스캔

‼️ 위 방법이 아닌 일반 카메라 어플/앱을 이용하실 수도 있습니다.

네이버: QR 바코드

다음: 코드 검색

이야기를 읽기 전에

◇ 본문에는 내용 이해를 돕기 위한 가상의 청자가 등장합니다. 청자의 대사는 강의자와 구분하기 위해 색글씨로 표시했습니다.

◇ 외국의 인명 및 지명은 국립국어원 어문 규정의 외래어 표기법을 따랐습니다. 다만 관용적으로 굳어진 일부 이름은 예외를 두었습니다.

◇ 경제학적으로 중요한 맥락의 개념어는 굵은 글씨로 표시했습니다. 일부 중요한 용어는 찾아볼 수 있도록 책 뒤에 정리해 두었습니다.

◇ 단행본은 『』, 언론 매체는 《》, 논문과 기타 작품 이름은 「」로 표기했습니다.

태초에
빛이 있었다

금융과 리스크

인간의 삶에는
리듬이 있다

인간은 수많은 '리듬'에 맞춰 살아갑니다. 아침에 일어나고 밤에 잠을 자고, 계절의 변화에 맞춰 농사를 짓죠.

현대인은 자연의 리듬에서 벗어나 '제도화'된 리듬 속에서 생활합니다. 주간 리듬에 따라 '월요병'을 앓고 화려한 금요일을 기대하지요. 월급날과 신용카드 결제일은 월간 리듬에 맞춰 오고요. 연간 리듬에 맞춰 아이들은 연초에 세뱃돈을, 어른들은 연말에 성과급을 기다립니다. 생애주기도 중요한 리듬입니다. 양육되고 교육받고 취업하고 가정을 꾸리고 퇴직하고 노후를 맞는 게 우리 인생이죠.

경제도 리듬을 탑니다. 경기변동이라고 부르는 순환의 리듬이에요. 경기가 상승하다가 정점에 이르고 하락 추세로 바뀌어 저점에 이르게 되죠. 그리고 다시 상승을 시작하며 순환을 이어나갑니다. 이런 리듬이 경제학적으로 의미하는 것은 무엇일까요? 경제 사정이 어려운 시기와 좋은 시기가 반복해서 찾아온다는 뜻이겠죠. 이 두 시기의 간극을 메우는 행위가 바로 금융입니다. 어려울 때를 대비해 저축하거나 보험에 드는 행위, 남에게 돈을 빌리는 행위, 그리고 기업이 주식이나 채권을 발행해 필요한 자금을 구하는 행위가 모두 금융의 범주에 듭니다.

리듬 가득한 우리 삶에 금융이 어떻게 영향을 끼치는지 지금부터 함께 살펴보기로 해요.

만족할 줄 모르는 소유욕과 지배욕의 본성에 감사할지어다.

| 이마누엘 칸트 |

01 피할 수 없는 금융

#금융의 정의 #보험과 주식의 탄생

여러분은 은행에 잘 가나요? 자주는 아니더라도 살다 보면 갈 일이 생기죠. 대부분의 사람이 신나서 찾아가진 않을 겁니다. 대출을 받기 위해 은행 창구에 앉아 담보와 신용등급, 이율을 진땀나게 따진 경험이 있다면 더 그럴 테고요.

여름엔 시원하고 겨울엔 따뜻해서 좋지만… 딱히 즐거운 장소는 아닌 거 같아요. 은행에 대해서는 왜 물어보시나요?

이번 강의의 중요한 무대가 바로 은행이거든요. 앞으로 은행이란 무대를 중심으로 중요한 사건이 다 일어날 겁니다.

사실 우리 대부분은 살면서 한 번쯤 은행에서 진땀나는 경험을 할 수밖에 없습니다. 돈을 빌리지 않고 살기란 어려우니까요.

절약하면 어떻게든 빚지지 않고 살 수 있지 않을까요?

인간으로 태어난 이상 그러기가 쉽지 않아요. 왜냐하면 생애주기에 따라 필연적으로 돈이 필요한 시기와 실제로 돈을 가지고 있는 시기 사이에 차이가 생기기 때문이에요.

그게 무슨 말씀이시죠?

삶에 자산이 골고루 흐르도록

우리 모두는 태어나서 한동안 누군가의 부양을 받아 살아갑니다. 그 부양은 공짜가 아니에요. 부모 혹은 사회가 그 비용을 지불하지요. 그러다 성인으로 자라나면 한동안은 자기 힘으로 돈을 벌어먹고 살 수도 있습니다. 하지만 시간이 흐르면 노화가 시작되고 의료비 지출이 점점 커지기 시작해요. 반면 노동 소득은 점점 얻기 어려워지고요. 수십 년이 지났을 때 어떤 사람들은 다시 누군가의 부양을 필요로 하게 됩니다.

글쎄요. 요즘은 60~70대에도 많이들 일하는데요.

기대수명이 늘어나면서 일을 그만두는 연령대가 제법 올라가긴 했습니다만, 그렇다고 노년기에 청장년 때처럼 왕성한 활동을 할 수 있는 건 아니잖아요?

필요한 때 딱 필요한 만큼 돈을 버는 사람은 많지 않습니다. 그 사실을 인정한다면 돈이 부족한 시기에 은행에서 빌려 쓰고 나중에 갚는 것도 현명한 일이란 걸 이해할 수 있겠죠. 흘러간 시간이야말로 다시 돌아오지 않으니까요.

하긴, 인생에서 매 순간 기회가 오는 건 아니죠.

대표적인 예가 '학자금 대출'이에요. 알다시피 대학교육 과정을 거치는 데 드는 학비는 만만치 않습니다. 특히 갓 성인이 된 평범한 20대라면 더 부담일 거예요. 대부분 모아둔 자금이 거의 없을 테니까요. 하지만 당장 돈이 없다고 해서 받고 싶은 교육을 포기해야 할까요? 학자금 대출을 통해 일단 교육을 받고, 졸업한 후 소득이 생기면 그때 갚아나가는 편이 더 현명한 일일 수 있어요.

대출을 너무 꺼리지 말란 말씀이죠. 조금은 안심되네요.

갚을 수만 있다면 굳이 피할 일은 아니란 거죠. 대출은 미래의 소득을 담보 삼아 현재의 부족한 자원을 보충하는 일입니다. 은행에 수십 년 동안 갚아나가기로 약정하고 집 살 돈을 구한다든가, 노후를 대비해 연금보험에 꾸준히 돈을 납입하는 것도 본질은 같아요. 불균형한 자원의 균형을 꾀하는 일이죠.

기업도 같은 이유에서 대출이 필요합니다. 산업에도 생애주기가 있어요. 시장이 막 커져가는 시점에는 공급이 수요를 따라잡지 못해 호황일 가능성이 크지만, 시간이 지나 기업 간 경쟁이 심해지고 수요가 늘어나지 않는 시점이 오면 산업 전체가 심각한 불황에 시달리기도 하지요. 혹시 '반도체 슈퍼 사이클'이라는 말을 들어본 적 있나요?

뉴스에서 들어본 것도 같아요.

반도체 산업의 장기 호황기를 뜻하는 말이에요. 그런데 사이클이란 말 자체에 산업이 호황과 불황을 반복한다는 의미가 있어요. 호황은 몰라도 불황은 큰 문제죠. 이때 담보가 많거나 신용도가 높은 기업이라면 불황이 찾아와도 은행에서 돈을 빌려 어려운 시기를 버티고 미래를 모색할 수 있습니다. 물론 그런 기업은 많지 않죠. 그렇기 때문에 불황일 때 살아남기만 해도 경기가 회복된 뒤에 큰 혜택을 입을 수 있습니다. 아래 기사처럼요.

금융위기로 '승자독식의 시대' 열렸다

살아남은 자에 대한 보상인가. 금융위기 후 '승자독식'의 시대가 열렸다. 침체기 동안 기업들이 숱하게 쓰러진 반면, 살아남은 기

> 업들은 이들이 남기고 간 몫까지 챙기며 점차 배를 불리고 있는 것. 이 같은 현상은 특히 금융업계와 반도체 업계에서 뚜렷하다.
>
> (…)
>
> ─《아시아경제》 2009.10.19

당연한 말이지만 창업을 꿈꾸는 사람에게도 대출이 필요합니다. 온전히 자기 돈만으로 창업하는 사람이 얼마나 있겠어요. 사업 아이디어는 뛰어나도 자금이 모자란 경우가 태반일 겁니다. 바로 그럴 때 미래의 매출을 담보로 자본금을 투자받아 사업을 시작하죠. 가계, 기업뿐만이 아니에요. 정부도 사정은 마찬가지입니다. 돈을 빌리지 않고는 국민의 행복과 안녕을 안정적으로 지키기 힘듭니다. 이렇게 세상 모든 영역에서 돈의 시공간 제약을 줄여 자유자재로 흘러가게 만드는 일, 그게 바로 이번 강의의 주제인 '금융'입니다.

그게 금융이라고요? 제가 아는 금융과는 좀 다른 거 같은데요.

삶에 자산이 골고루 흐르도록

혹시 **금융**이라는 단어가 정확히 무슨 뜻인지 알고 있나요?

관심이 있다고 생각했는데 막상 답하려니 난처하네요. 은행, 주식… 뭐 그런 거 아닌가요.

대부분의 용어는 어원만 제대로 알아도 의미를 거의 이해할 수 있습니다. 금융도 마찬가지예요. 금융은 한자로 금 금숲 자, 녹일 융融 자를 써요. 여기서의 금은 광물 금gold이라기보다 돈을 뜻한다고 생각하면 됩니다. 융의 경우 좁게는 녹인다는 뜻이지만, 크게는 기존과 다른 상태로 변화한다는 의미에서 '융합', '융통성' 등에 쓰이는 한자고요.

그럼 금융은… 돈이 변화한다?

비슷합니다. 돈을 더하고, 나누고, 다른 곳으로 이동시키고, 빌리고 빌려줌으로써 불리고, 그렇게 돈의 형태를 변화시켜 적절한 곳으로 흐르게 하는 일을 금융金融이라 합니다.

finance
금융 = 돈(金)을 흐르게 하는(融) 일

물론 이건 한 번 더 풀어 설명한 뜻이에요. 사전을 보면 통상적인 의미에서의 금융은 '이자를 받고 자금을 융통해주는 것'에 그칩니다. 그러니까 돈을 빌려주는 일을 가리켜 금융이라 하는 거죠. 하지만 사전의 의미보다 실제 금융이 포괄하는 영역이 훨씬 넓다는 느낌이 들지 않나요?

그렇긴 해요. 주식이나 연금 이런 게 다 금융 아닌가요? 은행에서 금융상품으로 취급하던데….

맞아요. 그 때문에 먼저 풀어서 설명한 겁니다. 돈을 필요한 곳으로 잘 흐르게 만드는 일이 금융이라고요. 물론 깊이 들여다보면 결국 사전의 의미에서 크게 벗어나지 않는다는 걸 알게 될 테지만요.

금융의 진짜 역할

오늘날 금융의 모습은 정말 다양합니다. 어떻게든 잘 흘러가게 만들기 위해 돈의 형태가 이래저래 바뀌어 가기 때문이죠. 계좌에 예치하면 예금이, 채무를 증권화시키면 채권이, 회사에 투자하면 주식이 돼요. 다른 나라 화폐로 환전하면 외환이고, 금은을 비롯한 귀금속 역시 전부 금융자산으로 칩니다. 선물, 옵션 등 파생상품도 당연히 금융자산이고요.

전문용어가 나오니 다시 금융이 저만치 멀어지기 시작하네요….

하하, 금융 분야에서 쓰는 용어가 낯설다 보니 아무래도 어렵게 느껴질 거예요. 이어질 강의에서 힘닿는 대로 쉽게 설명해드리겠습니다.

여기서는 일단 금융의 역할이 뭔지만 이해하고 넘어갑시다. 기본은 이겁니다. 돈이 금융기관을 통해 금융자산으로 변하면 훨씬 넓은 세계로 나아갈 수 있습니다. 잉여 자금, 그러니까 누군가의 주머니 속에 고립돼 당장 쓸모가 없었던 돈이 필요한 사람에게 이동할 수 있게 되는 거지요.

솔직히 의외네요. 금융이라고 하면 투기나 도박 쪽에 가깝다는 이미지가 있었거든요.

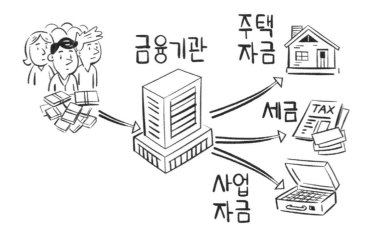

뉴욕 증권 거래소 내부. 주식, 채권을 비롯한 다양한 금융상품들이 천문학적인 규모로 거래된다.

물론 투기나 도박 등과 동의어처럼 여겨지는 금융도 있습니다. 하지만 본래 금융은 사회의 한정된 돈을 적재적소로 이동시키는 윤활유 역할을 해왔습니다. 금융이 발달한 사회일수록 자원을 효율적으로 이동시킬 수 있었고, 그래서 빠르게 성장할 수 있었죠. 금고에 잠자는 돈이 많은 사회보다 활발히 오고 가는 돈이 많은 사회가 발전 가능성이 큰 게 당연하니까요.

본격적인 이야기를 하기 전에 잠깐 과거로 돌아가볼까요? 오늘날 금융의 대표 주자가 된 주식과 보험이 처음에 왜, 어떻게 탄생했는지 살펴보면 금융이 어떤 일이고 사회에 어떤 가능성을 열어주는지 바로 이해할 수 있을 거예요.

처음 주식을 한 사람들

때는 중상주의 시대라 불리는 16~17세기입니다. 당시 유럽에서 큰돈을 벌 수 있던 투자 수단 중 하나가 아시아 장거리 무역이었습니다. 한 번 다녀와서 투자한 돈의 서너 배나 되는 이윤을 보는 경우도 많았어요.

문제는 초기 투자비가 엄청 들었다는 겁니다. 그럴 만도 했습니다. 한 자료에 따르면 17세기 초 포르투갈 리스본을 출발해 인도에 다녀온 무역선은 평균 500톤급에 선원은 1,000명까지 탑승할 수 있는 대형 선박들이었대요. 왕복에는 평균 20개월이 걸렸고요.

와, 옛날이라고 얕볼 수 없는 규모인데요. 게다가 다녀오는 데 거의 2년이 걸렸네요. 웬만한 상인은 그 기간을 버틸 돈이 없어서 무역에 손도 못 댔겠어요.

돈과 의지가 있는 상인이라도 원할 때마다 항해를 나가지는 못했어요. 수요가 일정하지 않은 사치품 위주로 무역이 이루어진 탓에 한 번 다녀오고 나면 공백기가 무한정 길어지기 일쑤였습니다. 자연히 배를 구매하거나 직접 만드는 것보다 필요할 때마다 배들을 빌려 무역을 다녀온 후 그 이익으로 배들을 빌린 빚을 갚는 방식이 정착했어요. 어떻게 보면 오늘날 항공사들이 항공기를 확보하는 방식과 비슷합니다. 일단 장기 대여한 후 비용을 할부로 갚아

대한항공의 에어버스 A330-322 모델. 한 대에 2,000억~3,000억 원 정도로 알려져 있다. 항공사는 수십 대에서 수백 대를 운영하기 때문에 항공기를 장기 대여(리스)한 후 소유하는 경우가 많다.

서 최종 소유권을 얻죠.

그런데 배를 구했다고 해서 무조건 무역에 성공하고 돌아올 수 있었던 건 아닙니다. 오가는 길에 해적을 만나기도 했고, 태풍과 암초를 만나 선박들이 침몰하기도 했죠. 그런 사고가 나면 투자자들은 원금을 날렸고, 무역상은 하루아침에 막대한 빚을 져야 했습니다. 배가 돌아오지 않더라도 빌린 돈은 갚아야 했으니까요.

성공했을 때 이익이 크다곤 해도… 저처럼 소심한 사람은 겁나서 투자 못할 거 같아요.

투자에는 항상 위험이 따르죠. 오늘날에도 자산을 늘리려고 투자를 했다가 투자 원금이 손실되거나 그 이상으로 빚을 졌다는 이야기를 많이 듣잖아요. 자산 증식에는 수익에 대한 기대만큼 손실의 가능성도 같이 따라옵니다. 이걸 우리말로 위험, 영어로는 **리스크**

테오도르 드 브리, 「리스본을 출발해 인도로 떠나는 선박들」, 1592년.

risk라고 불러요. 정확히는 불확실성이라고 이해하면 됩니다. 들어본 적 있죠?

'리스크를 관리한다'는 말을 많이 들어보긴 했어요. 뭘 어떻게 관리한다는 건지는 모르겠지만요.

스페인 보물선을 공격하는 영국의 드레이크 함대. 근대 초 유럽에는 국가와 계약을 맺고 타국의 선박을 털어가는 공인 해적들이 있었고 그중 프랜시스 드레이크는 영국의 영웅으로까지 숭배됐다.

투자 전문가가 아니고서야 리스크가 뭐고 어떤 식으로 하면 그게 관리되는지 술술 답하는 사람은 많지 않을 겁니다. 하지만 다들 상식 수준에서는 대충 알고 있을 거예요. 가능한 한 위험을 피하고 싶은 게 인간의 본능이니까요.

주식회사는 중상주의 시대 상인들이 그런 본능에 따라 만들어낸 발명품입니다. 어느 날 똑똑한 상인들끼리 머리를 맞대고 이런 이야기를 나눴을 거예요. "투자금을 잃는 것까지는 괜찮아. 그런데 한번 사고가 나면 엄청나게 빚을 지게 되잖아. 빚만이라도 피할 수 있으면 좋겠어. 방법이 없을까?"

너무 당연한 소망이네요. 할 수만 있으면 그렇게 해야죠.

허심탄회하게 이야기를 나눠보니 비슷하게 생각하는 상인이 한둘이 아니었습니다. 그래서 뜻이 맞는 100명이 모여 계약을 맺기로 했어요. "자, 우리 투자금을 10만 길더씩 모아 1,000만 길더로 무역 회사를 꾸리자. 그리고 여기서 발생하는 이익도, 회사를 운영할 권한도 100분의 1씩 나눠 갖는 거야."

이런 식이라면 이익을 혼자 다 가질 수는 없지만 혹시 사고가 나더라도 투자한 10만 길더 이상 날리지 않게 됩니다. 자기 지분만큼만 감당하면 되니 한두 선단쯤 사고를 당하더라도 사업을 완전히 접지 않아도 됐죠.

좋은 아이디어인데요! 왜 그전에는 그런 생각을 못 했을까요?

이전에도 동업 형태의 사업은 있었어요. 친한 사이거나 지인에게 소개받은 이들끼리 자금을 모아 사업을 하면 그게 동업이죠. 주식회사가 특별한 점은 그 규모를 엄청나게, 대중 범위로 키웠다는 거예요. 얼굴 한 번 본 적 없는 사람들끼리 돈을 모아 사업을 하고 리스크를 잘게 나눌 수 있도록 만들었지요. 1602년 설립된 최초의 주식회사 네덜란드 **동인도회사**가 바로 그랬죠. 모르는 이들끼리 회사 지분을 나눠 가졌고 수익을 배분받았어요. 돈이 많은 귀족이나 상인뿐 아니라 하녀, 직공 등 평범한 서민들까지 초기 주주로 참여했습니다.

자본금 규모가 엄청나게 커졌겠는데요. 어떻게 갑자기 그런 일이 성사될 수 있었죠?

나라에서 직접 관여했기 때문에 가능했죠. 초기에는 대부분의 주식회사가 나라의 도움을 받았어요. 네덜란드 동인도회사의 경우 나라에서 직접 주주를 모집했고요.

나라에서 회사 주주를 직접 모집했다고요? 그 정도면 동인도회사에만 특혜를 준 거 아닌가요?

맞아요. 무역을 늘리기 위해서였죠. 무역을 해야만 당시에 화폐로 쓰이던 금은을 외부로부터 끌어올 수 있었거든요. 국가에서 적극

권장한 덕분에 소수의 상인 집단이 독점하던 무역이 누구나 참여할 수 있는 주식회사의 몫으로 빠르게 변화했습니다.

주식회사를 육성하는 것 외에도 금융업자들이 활발하게 사업할 수 있도록 여러 제도를 정비한 덕분에 17세기 네덜란드는 세계적인 강대국이 됩니다. 강력한 권력자가 나라 전체를 다스린 전통적인 강대국과 달리 시민들이 주축이었던 네덜란드가 갑자기 부상할 수 있었던 이유에는 금융의 힘이 있었습니다.

보험도 금융일까

보험도 주식과 같은 시기, 같은 이유에서 탄생했습니다. 자원의 불확실성을 관리하려고 만들어진 발명품이죠. 실생활과 너무나도 밀접해서 알아차리기 어렵지만 보험도 엄연한 금융입니다.

자동차 보험, 생명 보험, 무슨 보험… 하도 흔하게 접해선지 보험을 금융이라고 생각해보지 못했어요. 무엇보다 보험은 자산을 불리는 게 아니라 피해를 보상해주는 일이잖아요.

네, 보험이 금융이라고 하면 의아해하는 분이 많아요. 하지만 돈의 흐름이라는 관점에서 생각해보세요. 평소 여럿이 돈을 모아 혹시 모를 사태에 대비하는 안전망이 보험이잖아요. 여러 사람의 주머니에 흩어져 있던 돈이 시공간의 제약을 넘어 피해를 입은 사람에게로 이동하는 금융입니다.

오늘날 보험사는 법적으로 은행은 아니지만 **제2금융권**에 속하는 금융기관이에요. 그래서 다음 기사처럼 은행 대출이 막히면 보험사를 찾아가는 사람들이 생기기도 하죠.

은행 대출 묶이자 보험사로 '풍선 효과'

올해 2분기에 보험사를 통한 주택담보대출이 1조 원 증가했다. 주택자금에 대한 수요가 여전한 가운데 금융 당국의 규제로 은행권의 대출이 묶이면서 풍선효과가 발생한 것으로 풀이된다. (…) 여기에 제2금융권 중에서도 보험사의 주담대 최저 금리는 2.91~3.57%이고, 약관대출 금리도 8%대다. 대출금리가 9%인 저축은행이나 12~13%대인 카드론 금리보다 유리하다.

— 《세계일보》2021.9.7

보험사에서 주택담보대출도 해줘요? 저축은행보다 금리가 낮다니 좀 혹하는데요.

네, 이자가 은행보다 더 비싸겠지만 보험사에서도 대출을 받을 수 있습니다. 덧붙이자면 저축은행은 엄밀히 말해 은행이 아닙니다. 보험사처럼 대출 업무도 하는 제2금융권 회사일 뿐이에요. 하도 오해하는 사람이 많아서 저축은행을 '저축 은행'으로 띄어 쓸 수 없게 돼 있죠.

저축 은행, 저축은행… 그게 그거 같은데요. 일반 은행과 다르다는 생각은 했지만 아예 은행이 아닌 줄은 몰랐어요.

저축은행은 이익 추구를 목적으로 하는 일반 회사에 가깝습니다. 웬만한 사람들은 이 차이를 모르지만 구분할 필요가 있어요. 은행 인지 아닌지에 따라 문제가 생겼을 때 구제받을 수 있는 범위가 다 르거든요. 은행은 사회 공익적인 업무를 일부 담당하는 만큼 국가 로부터 각종 혜택을 받습니다. 대신 관리 감독을 열심히 받아야 하 고요. 은행 아닌 금융기관에는 그런 혜택을 주지 않는 대신 규제를 좀 더 느슨하게 적용하죠. 아무튼 이처럼 우리 주변엔 은행이 아닌 금융기관이 생각보다 많고, 보험사도 그중 하나예요.

통계가 탄생시킨 보험

잠시 머릿속으로 여러분이 알고 있는 보험사들의 이름을 떠올려 보세요. 혹시 '○○해상', '○○ 화재' 하는 이름 아닌가요?

오, 지금 비슷한 이름을 떠올리고 있었어요. 어떻게 아셨죠?

하하, 많은 보험사의 이름이 이런 식이니까요. 해상무역이나 화재에 관련된 이름이 대부분이죠. 그럴 법한 게, 지금도 해상 사고나 화재는 한번 발생하면 온전히 복구하기 어려운 큰 사고잖아요. 가장 먼저 보험 제도를 필요로 할 만한 일이었지요.

그렇죠. 뭔가 도둑맞았다면 되찾을 가능성이라도 있지만, 불에 타버리거나 바다에 가라앉아버리면 아예 없어지니까….

사실 보험 비슷한 제도는 아주 옛날부터 있었어요. 그러다 역시 중상주의 시대부터 보험업이 체계를 갖추기 시작합니다. 무역으로 얻을 수 있는 이익이 커지면서 장거리 무역선에 투자하는 사람이 많아졌고 그만큼 리스크도 커졌기 때문이에요. 주식회사와 마찬가지였죠. 한 번의 장거리 무역으로 벌어들일 수 있는 돈이 10억 원이고, 해양사고가 발생했을 때 잃게 되는 돈이 100억 원이라면 선뜻 돈을 투자할 수 있을까요?

수익률이 -100%도 아니고,

(왼쪽) 프랑스 해상보험사의 기념 메달. 선박이 그려져 있고, 하단에 1789년이라고 적혀 있다. (오른쪽) 프랑스 화재보험사 기념주화. 19세기에 발매된 주화로, 불사조가 그려져 있다.

−1,000%네요? 무역이 열 번 성공해도 한 번 실패하면 말짱 도루묵이잖아요.

네, 쉽게 투자하기 어렵겠죠. 그런데 이러면 어떨까요. 사고가 일어날 확률이 희박하다는, 예를 들어 5%도 안 된다는 정보를 알게 됐어요. 그러면 투자할 수도 있지 않을까요?

여전히 100억 원이나 손해를 입을 가능성이 있지만, 그래도 수익이 워낙 크니까… 에라 모르겠다, 하고 투자하는 사람도 있을 것 같아요.

그렇죠. 여기서부터는 사고가 발생할 가능성이 얼마냐, 즉 확률의 문제로 넘어갑니다. 투자자나 보험사나 다 마찬가지예요. 보험사 입장에서는 보상금이 보험금보다 더 나간다면 회사를 유지하기 어렵겠죠? 그러니 사고가 날 확률에 관심이 많을 수밖에 없습니다. 이 상황에서 가상의 금융업자 스미스 씨는 어떻게 머리를 굴렸을지 한번 따라가 봅시다.

스미스 씨의 계산

영국 런던에 사는 스미스 씨는 어느 날 해상보험이라는 아이디어를 떠올립니다. 스스로에게 감탄한 스미스 씨는 바로 근 5년 동안 일어났던 해상무역 사고 자료를 찾아봤어요. 그 결과 무역선이 해양 사고를 입을 확률은 약 3%에 불과하다는 사실을 알게 됐죠.

생각보다 높지 않았군요

100척의 선박이 장거리 무역에 도전한다고 가정하면 그중 97척은 무역에 성공하고 3척은 실패하는 거죠. 수익만 따지면 97척의 선박이 거둔 이익은 총 97×10억=970억, 그리고 3척의 선박이 사고로 입은 손실은 3×100억=300억이에요. 개별 무역선마다 성공 여부는 갈리겠지만 전체를 놓고 보면 970억-300억=670억만큼 이익이 나는 사업이에요. 즉, 큰 이득을 볼 확률이 높은 사업이죠.

장거리 무역 선박 100척의 기대 이익과 손실

기대 이익	97×10억	970억
기대 손실	3×100억	300억
기대 순익	970억 원-300억	670억

실패보단 성공할 확률이 높으니까 도전하는 사람들이 있는 거겠죠.

문제는 혹여 사고가 날지도 모른다는 부담이 더 큰 투자를 막는다는 거였습니다. 원래 재난이라는 게 실제보다 더 과장되게 전해지기 마련이잖아요. 큰 손실이 날 가능성만으로 투자가 위축되기도 하죠. 이 문제를 해결하고자 스미스 씨가 낸 사업 아이디어는 이런 거였습니다.

먼저 장거리 무역선 100척을 대상으로 사고가 났을 때 피해 금액의 95%를 보상해주겠다는 약속을 해요. 대신 보험료를 3억 원씩 받는 겁니다. 그러면 스미스 씨의 예상 이익은 다음과 같겠죠.

장거리 무역 선박 100척의 보험

총 보험료	100×3억	300억
사고 보상금	3×100억×95%	285억
보험사 이익	300억-285억	15억

와, 사고 보상금을 주고도 15억이 남네요. 무역상 입장에서도 사고가 나서 100억 손실 날 걱정을 하는 것보다 스미스 씨에게 3억 내는 게 훨씬 나을 것 같고요.

물론입니다. 혹시 사고가 발생하더라도 피해 금액의 95%를 보전할 수 있다면 조금 더 과감하게 사업에 도전하겠죠. 결론적으로 무역상은 보험 가입을 통해 두 가지 이득을 얻을 수 있습니다. 하나는 사고가 일어났을 때 보상금을 받을 수 있다는 것이고요. 다른 하나는 미래에 발생할 손실을 정확히 예측할 수 있다는 것입니다. 혹시 모를 손실까지 관리할 수 있게 되는 거죠.

보험이 있고 없고에 따라 안정감이 엄청나게 다르겠어요. 주식회사처럼 보험 덕에 투자가 더 쉬워졌겠네요.

네, 이렇게 보험업은 확률을 바탕으로 체계화됐습니다. 같은 재해를 당할 위험이 있는 사람을 모아 일정 비용을 요청하고, 만약 사고가 발생하면 그 사고가 보상 대상으로 적합한지 평가해 보상금을 지급하는 오늘날의 보험 말이죠. 앞서 나온 스미스 씨의 보험 사업은 단순화한 모델이지만 근본적인 원리는 모든 보험이 다 마찬가지입니다. 핵심은 보험이 과거의 정보와 확률을 바탕으로 만들어진 비즈니스라는 거예요. 오늘날 우리 주변의 보험 상품 중 이 원리에서 벗어난 상품은 단 하나도 없습니다.

금융이라는 아이디어

지금까지 서양의 사례를 주로 소개했지만 돈이 시공간의 제약을 넘어서게 하려는 아이디어는 동양에서도 나타납니다. 우리 전통 사회에서 성행한 **계**契도 일종의 금융입니다. 많이들 알겠지만 보통 다음과 같이 운영되죠.

구성원들이 한 달에 한 번, 두 달에 한 번 하는 식으로 돈을 걷습니다. 그리고 미리 합의한 순서대로 차례차례 일정 금액을 받아가요. 먼저 받는 사람은 빠르게 큰돈을 만질 수 있고 뒤에 받는 사람은 더 큰 이자 수익을 얻을 수 있습니다.

적금 같으면서도 조금 다르네요.

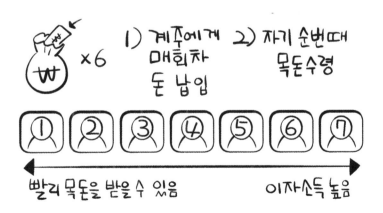

그렇죠? 계 역시 돈이 시공간 제약에서 벗어나 자유롭게 흐르도록 해주는 금융입니다. 오늘날에는 플랫폼을 온라인으로 옮겨 만들기도 하더군요.

이제 금융의 특성이 뭔지 감이 와요. 돈이 흘러가는 데 생기는 제약을 없애주는 발명품이네요.

맞습니다. 그렇게 나온 수많은 발명품 중 주식과 보험은 정말 시작일 뿐입니다. 어떻게 하면 돈을 잘 이동시킬지에 대한 아이디어는 인간의 욕망과 만나 계속해서 확장돼왔어요. 인류가 경제활동을 시작한 순간부터 지금 이 순간에 이르기까지 끊임없이 새로운 금융상품이 만들어지고 빠르게 복잡해지고 있습니다. 많은 사람이 도박과 다름없다고 느낄 만큼, 전문가가 아닌 사람이 봐서는 구조를 이해하기 힘들게 발전했죠. 아마 보기만 해도 머리가 멍해지는 듯한 투자 상품 이름에 질려본 경험이 다들 한 번쯤 있을 겁니다.

그래서 더욱 금융을 어려워하는 사람이 많은 것 같아요.

실제로 2008년에는 미국발 글로벌 금융위기 같은 문제가 터지기도 했죠. 토대가 부실한지 아닌지도 파악하기 어려운 복잡한 금융상품에 어마어마한 돈이 쌓이다가 결국 거품이 꺼져버리는 사태가 도미노처럼 이어져 세계경제를 뒤흔든 사건이었어요.

금융투자협회(dis.kofia.or.kr) 전자 공시 사이트에 접속하면 현재 우리나라 시장에서 운용 중인 모든 펀드의 정보를 볼 수 있다.

참 아이러니합니다. 돌이켜보면 처음에 주식과 보험 제도는 리스크를 분산하고 사업의 효율성을 높이기 위해 만들어졌습니다. 그런데 그 금융이 진화한 끝에 2008년 글로벌 금융위기처럼 오히려 위험을 증폭시키는 웃지 못할 상황에 이르게 된 거예요.

그러네요. 결국 위험은 사라지지 않고 그 자리에 그대로 있다는 걸 보여주는 거 같아요….

세상에 리스크 없는 이득이란 없으니까요. 주식, 보험을 포함한 모든 투자 상품의 리스크 관리 역시 리스크를 아예 없애진 못합니다.

2008년 미국에서 시작된 글로벌 금융위기는 전 세계적인 경기침체를 가져왔다.

최대한 줄이려는 목적일 뿐이죠.

금융의 확장에 대해서는 뒤에서 설명할 기회가 많을 테니 이제 우리가 이 강의를 시작한 곳, 금융이 이루어지는 무대, 자본주의의 심장이라고 할 수 있는 '은행'으로 다시 돌아가죠. 너무나 복잡해진 금융을 풀어낼 실마리가 그곳에 있습니다.

피할 수 없는 금융

○ ○

흔히 금융이라고 하면 복잡한 금융상품을 떠올리지만, 금융의 원래 목적은 따로 있다. 바로 필요에 따라 돈이 적재적소에 흐르게 하는 것이다.

금융이란?

개인의 삶에도, 산업에도 자원이 균등하지 않을 때가 있음. 이때 시공간의 제약을 넘어 불균등한 자원이 배분되도록 해야 함.

금융 돈을 적절한 곳으로 흐르게 하는 일.

주식회사의 탄생

중상주의 시대, 장거리 무역선 투자에 따르는 리스크를 줄이기 위해 여러 사람이 모여 이익과 책임을 나눈 일이 주식회사의 시작.
참고 리스크 투자에 따르는 위험.

보험의 원리

장거리 무역 사업이 많아지자 사고 날 확률을 파악해 피해를 보상하는 보험업이 체계화됨.

보험을 통해 무역선 투자자들은 사고가 나도 보상금을 받을 수 있게 되었으며, 미래에 발생할 손실을 예상할 수 있게 됨.
→ 사업 효율성↑

전통적인 금융, 계

계 정해진 회차마다 계주에게 돈을 내고 자기 순번 때 목돈을 받음.

순번이 앞쪽인 사람은 일찍 목돈을 받을 수 있고, 순번이 뒤쪽인 사람은 더 많은 이자를 받을 수 있음.

인류 역사가 시작한 이래 세 가지 위대한 발명품이 있다.
불, 바퀴, 그리고 중앙은행이다.

| 윌 로저스 |

02 자본주의의 심장, 은행

#시중은행 #예대마진 #신용창조 #뱅크런

오늘날 **은행**이 하는 일은 정말 많습니다. 하지만 처음 생겨났을 때와 마찬가지로 은행의 핵심 업무는 여전히 예금과 대출입니다. 돈을 맡긴 손님에게는 이자를 주고, 돈을 빌려준 손님에게는 이자를 받죠.

돈을 빌리는 수요자, 그리고 빌려주는 공급자 양쪽의 믿음을 사야 하는 신용의 비즈니스는 이제 평범한 사람은 상상도 할 수 없을 만큼 엄청난 규모로 성장했어요. '자본주의의 심장'이라는 표현이 전혀 어색하지 않을 정도로 많은 돈을 거래하죠.

갑자기 액수가 궁금해지는데요….

여러분이 이름을 들어본 은행이라면 몇십 조 원에서 많게는 수백 조 원 정도의 자산을 굴립니다. 우리나라 은행만 쳐도 말입니다.

한국의 은행 총자산 순위

순위	은행명	총자산
1	신한은행	490조 원
2	KB 국민은행	478조 원
3	하나은행	447조 원
4	우리은행	421조 원
5	IBK 기업은행	382조 원

출처: 금융소비자연맹, 2021년 은행 평가 순위 결과표 발췌

전 세계로 눈을 돌리면 더욱 엄청난 단위를 볼 수 있어요. 예를 들어 2020년 기준으로 전 세계에서 가장 자산이 많은 은행은 중국 공상은행으로, 자산이 무려 4,600조 달러에 달한다고 하죠. 우리나라 돈으로 환산하면 몇백 경 원이라는 천문학적인 수치예요.

경이요? 저로서는 도저히 실감이 안 나는 금액이네요.

아래 표를 보면 중국 공상은행을 포함해 4위까지는 모두 중국의 국영은행들이 차지하고 있어요. 중국의 인구가 워낙 많은 데다 국가가 운영하는 은행이다 보니 덩치가 큽니다.

세계의 은행 총자산 순위

순위	은행명	총자산
1	중국 공상은행(ICBC)	4,600조 달러
2	중국건설은행	4,400조 달러
3	중국농업은행	4,200조 달러
4	중국은행	4,100조 달러
5	JP 모건 체이스	3,700조 달러

출처: 2020년 S&P 글로벌 은행 순위 연간 보고서

당연하지만 은행들이 처음부터 이렇게 큰돈을 굴릴 수 있었던 건

세계 최대 규모를 자랑하는 중국공상은행의 본사

아닙니다. 인류의 경제활동이 규모를 키워온 만큼 은행이 관리하는 돈 역시 불어났어요.

잠시 은행이 존재하지 않았던 과거를 상상해봅시다. 예를 들어 조선시대라고 해보죠. 그때도 돈이 부족한 사람은 늘 있었을 거예요. 그 시절 보릿고개를 넘다 당장 굶어 죽을 위기에 부딪친 사람이 있다고 합시다. 벼농사로 먹고사는 사람이라 돈을 벌기까지 너무 오래 걸리는 상황이에요. 어떻게 해야 할까요?

굶어 죽을 정도면… 이웃에 도움을 청하든가 해야죠.

그렇죠. 어쩌면 너그러운 최 부잣집 같은 이웃이 있어 "여기 보리를 줄 테니 가을에 수확이 끝나면 돌려주시오." 할 수도 있을 테고요. 하지만 이건 전통적인 농경 사회의 경우입니다. 자본주의가 발전 할수록 인간의 욕망은 다양해지고 또 커졌어요. 끼니를 때우는 것 말고도 빚을 내서 하고 싶은 일이 점점 많아졌죠. 사람들의 욕망이 늘어난 만큼 대규모로 돈을 벌어들인 자산가 역시 늘어났습니다. 그 자산가는 재산을 안전한 데 맡겨놓거나 더 불리고 싶어 했어요.

무슨 말씀을 하시려는지 짐작되네요. 그러다 보니 은행이 생겨났 다는 이야기죠?

맞아요. 인류의 경제활동 규모가 커짐에 따라 자연스럽게 예금을 받고 대출을 해주며 전문적으로 장부를 관리할 만한 공신력 있는 기관이 필요해졌습니다. 그게 은행이죠.

은행의 어원

잠깐 가벼운 이야기를 해볼까요? 우리가 익숙하게 쓰는 은행銀行 이란 단어 말입니다. 한 글자 한 글자 뜯어보면 재미있어요. 은 은 銀 자, 다닐 행行 자가 쓰였거든요. 왜 그럴까요?

그러게요. 은이 어디로 간다는 뜻인가요?

행은 '간다'는 의미도 있지만 '길' 혹은 '거리' 같은 의미로 쓰이기도 합니다. 서로 다른 용건을 가진 행인이 분주하게 뒤섞이는 사거리처럼 말이죠. 그래서 가게란 뜻으로도 쓰입니다. 들어본 적 있을 거예요. ○○양행洋行 하는 기업들이 서양에서 수입한 물품을 판매하면서 성장한 기업들이니까요.

아! 들어봤죠. 양행에 그런 의미가 있었군요.

그래서 행 앞에 은 자가 붙은 은행은 은이 오가는 거리, 그러니까 '은이 오가는 가게'를 의미했습니다.

BANK
은행 = 은(銀)이 오가는 가게(行)

은이 오가는 가게가 오늘날 은행이 된 이유는 중국을 거치면서입니다. 중국에서는 17세기 청나라 때부터 은을 주된 화폐로 썼어요. 은을 사고 빌리고 맡기는 가게가 오늘날 은행의 역할을 하다가 그대로 이름이 굳어졌죠.

은행의 영어 어원도 흥미롭습니다. 은행을 영어로는 뱅크Bank, 프랑스어로는 방끄Banque, 스페인어로는 방코Banco, 이탈리아어로는 방카Banca라고 하는데요, 딱 봐도 비슷하게 생겼죠?

뿌리가 같은가 봐요.

맞습니다. 모두 탁자를 의미하는 이탈리아어 방카Banca에서 왔습니다. 중세 이탈리아 도시국가에서 오늘날 은행의 전신이 탄생했기 때문이죠.
르네상스의 무대기도 한 중세 이탈리아 도시국가들은 크기는 작았지만 대부분 교역에 일찍 눈을 떴습니다. 지리적으로도 강점이 있었어요. 다음 페이지 지도에서 보이듯 이탈리아반도 삼면이 지중해와 아드리아해로 둘러싸여 바다로 나가기에 좋았고, 동서양의 상인들이 몰려들던 오늘날의 터키 수도 이스탄불과도 비교적 가까웠습니다.

지도를 보니 두 지역이 생각보다 멀지 않네요. 아, 그럼 교역이 발달했기 때문에 은행이 생긴 건가요?

정답입니다. 교역을 많이 하면 할수록 시장의 크기도 커지죠. 시장이 커지면 돈을 빌리려는 사람도 돈을 빌려주려는 사람도 많아지고, 더불어 액수도 커지기 마련입니다. 이때 만약 화폐가 충분치

이탈리아반도는 동양과 서양을 나누는 경계인 이스탄불과 가까워 아시아와 교역하기 유리했다.

않으면 금융업이 발전하는 데 한계가 생길 거예요. 그런데 이탈리아 도시국가들은 동서 교류를 통해 귀금속이 많이 흘러 들어와 화폐가 충분했습니다. 자연스럽게 금융업에 특화된 사람들, 즉 대부업자가 많이 생겨났습니다.

이제 막 그런 대부업자가 생기던 시절에 사람들이 돈을 어떻게 빌렸을지 상상해보세요. 오늘날에는 스마트폰으로 대출 신청을 하고 계좌로 바로 돈이 들어오지만, 옛날에는 대부업자와 손님이 직접 만나야 했죠. 마주보고 앉아 계약서를 쓰고, 담보를 확인하고, 그러고 나서는 무겁기 짝이 없는 주화들, 그러니까 금속을 녹여 만든 동전들을 주고받았을 겁니다. 이렇게 대부업자가 종일 금고와 저울, 대출 장부가 놓여있는 탁자를 앞에 두고 손님을 상대했기 때문에 은행이 후일 뱅크란 이름을 얻은 거예요.

다른 건 알겠는데 저울은 왜 필요한가요?

돈을 빌려주는 사람과 빌리는 사람 서로가 서로를 믿지 못했기 때문이에요. 예를 들어 사정이 급한 상인이 부모님 유품을 담보로 금화 10파운드를 빌렸다고 해봅시다.

하필이면 왜 유품을….

금고 속 금화와 은화를 탁자 (banca)에 올려놓고 계산해 금화와 은화를 빌려주는 금융업자의 모습에서 은행(bank)이라는 단어가 탄생했다.

그런데 상점에 가서 어렵게 빌린 돈을 쓰려고 내밀었더니 이 금화에는 금이 많이 안 들어 있다며 거부당했어요. 금화의 무게를 재보면 금이 얼마나 들어 있는지 대충 나오거든요. 유품을 담보로 10파운드를 빌린 사람은 대부업자한테 따지러 갔죠. 하지만 대부업자는 자기가 건네준 금화는 제대로 된 금화였다며 발뺌할 뿐이었어요. 어쩌겠어요? 안타깝지만 지금처럼 엄격한 은행법이 있는 것도 아니고 구제받기 어려웠을 겁니다.

담보는 담보대로 잡히고 돈은 가짜고…. 너무 속상했겠어요.

대부업자도 처지는 마찬가지입니다. 돈을 갚는 손님이 진짜 금화를 내미는지 믿을 수 있겠어요? 피차 주화의 무게가 제대로인지 눈으로 바로 확인하고 싶어 했을 겁니다.

작정하고 치는 사기가 아니라도 애초에 유통되는 주화 속 귀금속의 중량이 발행 주체와 시기에 따라 제각각이었기 때문에 문제였어요. 예를 들어 A나라에서 발행한 금화는 순도 60%고 B도시에서 발행한 금화는 순도 80%인 식이었지요. 그 둘을 같은 금화 1개로 셈해서 거래해도 될까요?

(왼쪽) 무게 4.25g짜리 금화 디나르. (오른쪽) 무게 3.5g짜리 두카토. 디나르는 697년경 시리아 다마스쿠스에서, 두카토는 1400~1413년경 이탈리아 베니스에서 제작된 것으로 추정된다.

안 되죠. 어느 한 쪽이 손해를 볼 텐데요.

이러니 대출 장부를 정확히 기록하고 채무를 제대로 받아내기 위해 대부업자는 필연적으로 환전상을 겸해야 했습니다. 무슨 말이나면 A금화는 B금화와 4 대 3 비율로 교환할 수 있다는 식으로 비율을 설정해서 돈을 빌려주고 돌려받고, 그 업무를 확장해 나중에는 약간의 수수료를 받고 다른 주화끼리 서로 바꿔주기도 했다는 말이에요.

지금도 은행에서 외국 돈을 환전할 수 있잖아요. 이때부터 예금, 대출, 환전은 함께할 수밖에 없었네요.

맞습니다. 은행업을 성공적으로 정착시킨 초기 대부업자들 덕에 신뢰도가 제각각이고 종류도 무수히 많던 주화들이 비교적 수월하게 거래됐고 국제 무역시장이 빠르게 확장됐어요. 이들 중 일부는 왕까지 고객으로 유치할 만큼 명성을 떨친 가문으로 발전하기도 합니다. 중세 이탈리아의 메디치 가문과 독일의 푸거 가문, 근대로 오면 로스차일드 가문 등이 그런 가문이죠.

은행이 돈 버는 원리

앞서 주식과 보험이 중상주의 시대에 생겼다고 한 게 기억나나요?

은행이 돈을 버는 원리인 **예대마진** 역시 그 시절부터 있었습니다. 지금도 은행의 주요 수입원이죠.

그게 뭔가요? 낯선 말인데요.

보통 예금금리보다 대출금리가 더 높잖아요? 그 차이에서 발생하는 은행의 수익을 뜻하는 말입니다. 의식하면 뉴스에서 종종 들릴 거예요.

예대마진 3년 만에 최대… 내년에도 더 벌어진다

은행권 예대금리차(예대마진)가 내년에 더 벌어질 것이라는 금융 당국의 전망이 나왔다. 대출금리가 빠르게 상승하는 반면 예금 금리는 좀처럼 움직이지 않으면서 내년에도 대출 시장에서 서민 층의 부담이 늘어날 수밖에 없다는 관측이다.

—《문화일보》2021.11.4

예대마진이 어떻게 발생하는지 간단한 사례를 들어 설명해볼게요. 어떤 은행이 A에게 90만 원을 대출해주고 B에게서 100만 원의 예금을 받았다고 합시다. 1년 후 A에게는 이자 10%를 더해 99만

원을 돌려받았고, B에게는 3% 이자를 더해 103만 원을 지급했어요. 그럼 은행의 이익은 얼마일까요?

글쎄요, 산수에 자신이 없어서…. 그냥 답을 알려주시면 안 될까요?

간단합니다. 은행으로 들어온 돈만 따지면 100+99=199만 원이죠? 나간 돈만 따지면 90+103=193만 원이고요. 즉, 들어온 돈 199만 원과 나간 돈 193만 원의 차이인 6만 원이 은행이 얻은 예대마진입니다. 실제 계산은 이보다 복잡합니다만, 기본 구조는 같습니다.

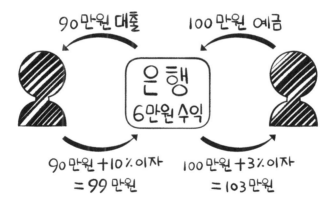

이런 거래가 엄청나게 많아지면 우리가 아는 은행이 되겠네요.

그렇죠. 이렇게 일반 대중을 대상으로 예금과 대출을 중개하고 예대마진을 얻는 금융기관을 **시중은행**, 다른 말로는 일반은행이라고 합니다. 우리가 주로 많이 가는 은행이죠.

은행			금융투자업자	여신금융회사	보험사
일반은행	특수은행	중앙은행	ex)증권사	ex)신용카드사	

아, 일반은행 말고도 다른 은행이 많군요. 증권사나 신용카드사는 은행이 아니고요.

맞습니다. 은행과 비슷한 역할을 하지만 다른 법과 원칙 아래 운영돼요. 특수은행도 가끔 이용할 일이 생기죠. 수협, 농협, 기업은행처럼 특수한 목적으로 만들어진, 주로 특정 집단을 위한 은행을 말합니다.

모든 금융기관을 통틀어 일상에서 가장 마주칠 일이 없는 은행은 중앙은행입니다. 우리나라에서는 한국은행이죠. 오로지 금융기관만을 손님으로 삼는 은행이기 때문에 일반인은 돈을 빌릴 수도, 맡길 수도 없는 은행이에요. 그렇다고 중요하지 않다는 건 아닙니다. 어쩌면 우리의 일상을 가장 크게 좌지우지하는 은행이라고 할 수 있죠. 수많은 금융정책을 결정하는 '금융 당국'의 역할을 하고 무엇보다도 돈, 그러니까 화폐를 발행하는 곳이니까요.

우리나라 돈은 다 거기서 만들어지잖아요. 마음대로 돈을 찍어낼
수 있다니 부럽다고 생각했어요.

글쎄요, 우리나라에서 유통되는 돈이 모두 한국은행이 찍어낸 화
폐일까요? 간단히 답할 수 있는 문제는 아닙니다. 왜냐하면 맨 처
음 돈을 찍어내는 건 한국은행이 맞지만, 그 돈이 다른 은행을 거
치며 스스로 증식하기 때문입니다. 그걸 **신용창조**라고 해요.

돈이 스스로 증식한다니 무슨 말씀인지 모르겠어요. 실제로 늘어

난다는 건 아니죠? 마법도 아니고….

맞아요. 돈이 은행과 은행을 거치면서 마법 같은 일이 일어나요. 이 신용창조를 이용해 처음으로 이득을 본 집단 중 하나는 중세시대 끝 무렵 금을 세공해 여러 가지를 만들어 팔았던 장인, 즉 **금장**입니다. 다시 과거로 돌아가 17세기 영국 런던에 살았던 가상의 금장들 이야기를 통해 신용창조가 일어나는 과정을 살펴볼까요? 돈이 은행을 거치며 확장하는 원리를 이해할 수 있을 겁니다.

금장 중산의 이야기

어느 날, 런던의 유명한 금장 제퍼슨에게 동료 금장인 중산이 찾아옵니다. 중산은 런던상인조합으로부터 금 팔찌 제작 주문을 받았는데 금이 모자라니 최대한 많이 빌려달라고 부탁하죠.

이름이 중산인가요? 어쩐지 지겨운 이름인데요….

하하, 만들어낸 이야기니 양해 부탁드립니다. 귀족들에게 부탁받아 금괴 총 100개를 창고에 보관 중이던 제퍼슨은 늘 금괴 중 90%가 창고에서 놀고 있는 게 아까웠기 때문에 금괴 1개를 이자로 받기로 하고 90개를 중산에게 빌려줬습니다.

자기 것도 아닌 금괴를 90개나 빌려주다니 배짱이 대단하네요. 물론 창고에 썩혀두는 것보다는 필요한 사람이 유용하게 사용하는 게 낫겠지만….

그런데 런던상인조합의 주문을 받은 건 사실 중산이 아니었습니다. 중산의 후배 금장인 닐슨이었죠. 닐슨이 중산에게 금괴를 최대한 빌려달라고 부탁하자 여분의 금이 없던 중산이 제퍼슨에게 금괴 90개를 빌려서 그중 81개를 닐슨에게 빌려준 겁니다. 금괴 2개를 이자로 요구하면서 말이죠.

후배가 곤경에 처했다는데 굳이 이자를 챙기다니 야박해라…. 그런데 중산도 가진 금괴 중 10%는 남겨놓고 빌려줬네요.

야박하지 않아요. 이자에 대해서는 후배 금장인 닐슨도 동의한 사항이었습니다. 상인조합에 팔찌를 납품한 후 받는 대가를 고려하면 이자를 포함해도 남는 장사라고 계산한 거죠. 오른쪽 그림을 통해 여기까지의 상황을 정리해볼까요.

오, 다 남의 금을 빌려줘가며 사업을 하네요.

그렇습니다. '금이 하나도 없던' 사람들이 각자 빌린 금을 활용한다는 게 핵심입니다. 금장들은 남에게 빌린 금괴 중 10%만 남기고 나머지를 남한테 빌려줬죠. 비록 실물로 존재하는 건 아니고 장부에 기록된, 빌려준 금괴지만 금괴의 수가 100, 90, 81개를 합한 271개로 늘어났어요. 같은 방법으로 런던의 금장들이 계속 금괴 일부를 남기고 빌려주기만 했다고 생각해보세요. 아래와 같이 빌

려준 금괴가 줄줄이 생길 겁니다. 모든 금장은 금을 빌려준 채권자이자 금을 갚아야 할 채무자가 되고요.

약간 징그러운데요….

이런 식으로 빌려줄 금이 하나도 없을 때까지 가면 금괴의 총량이 얼마나 될까요? 일일이 다 더해보긴 어려우니 간단히 수식으로 보여드리겠습니다.

$$총\ 금괴량 = 100 + 90 + 81 + 72.9 + 65.6 + \ldots$$
$$= 100 \times \{1 + 0.9 + (0.9)^2 + (0.9)^3 + (0.9)^4 + \ldots\}$$
$$= 100 \times \frac{1}{1 - 0.9} = 100 \times 10$$

=1000

무슨 말이죠? 이렇게 계속 무한대로 빌려주면 100개의 금괴가 1,000개로 늘어난다는 건가요?

정확히 말하면 실제 금괴가 1,000개로 늘어난 게 아니라 각 금장이 누군가에게 빌려준, 장부에 적힌 금괴의 총량이 1,000개가 된다는 뜻입니다. 창고에만 있었다면 아무런 역할을 하지 못했을 금괴가 세상을 돌아다니며 10배 규모의 경제활동을 가능하게 한 거죠. 만약 금장들이 실제로 보유한 금괴로만 사업했다면 첫 번째 금장인 제퍼슨을 제외한 다른 금장들은 금을 구하지 못했을 겁니다.

은행, 신용을 창조하다

이 이야기에서 금괴를 화폐로, 금장을 은행으로 바꾸면 오늘날 화폐가 은행들을 거치며 늘어나는 모습을 이해할 수 있습니다.

한국은행이 1,000만 원의 화폐를 발행해서 A은행에 대출해줬다고 가정해봅시다. 이때 이 1,000만 원이라는 돈은 앞에서 금장 제퍼슨이 귀족들로부터 맡아두었던 금괴 100개 같은 거예요. 이 1,000만 원만큼은 제퍼슨이 받은 현물 금, 진짜 돈인 셈이죠. 오늘날에는 중앙은행이 발행한 이 진짜 돈을 **본원통화**라고 부릅니다.

본원통화 = 중앙은행이 공급하는 현금통화
Monetary
Base

음, 그러니까 은행이 실제로는 없는 돈을 우리에게 빌려주는 거였군요….

없다고 해야 할까요. 실제로 중앙은행에서 처음 찍어낸 뒤 우리에게 오기까지 돈이 어떤 경로를 거치는지 차근차근 짚어보죠. 앞에서 금장 이야기를 이해했다면 어렵지 않을 겁니다.

먼저 A은행이 중앙은행으로부터 1,000만 원을 대출했다고 합시다. A은행은 예대마진을 얻기 위해 1,000만 원 중 10%만 현금으로 남기고 나머지는 대출해줬어요. 원래는 더 복잡하겠지만 여기서는 그 돈이 돌고 돌아 B은행으로 전부 갔다고 가정하죠. 그리고 마찬가지로 그 돈이 또 대출을 통해 C은행, D은행으로 계속 간다고 해봅시다. 각 단계에서 돈이 조금씩 늘어나겠지요? 결국 장부상에는 총 1억 원의 돈이 생깁니다. 마치 제퍼슨의 금괴 100개가 나중에는 1,000개가 됐던 것처럼요. 이게 신용창조, 또는 예금창조라고 부르는 은행의 핵심 기능이에요.

		보유 현금		대출금
은행 A	1,000 =	100.0	+	900.0
은행 B	→ 900 =	90.0	+	810.0
은행 C	→ 810 =	81.0	+	729.0
은행 D	→ 729 =	72.9	+	656.1
	→ …			
시중통화량	10,000 =	1,000	+	9,000

아, 존재하지 않던 예금이 생겨났다는 의미로 창조라고 한 거군요.

그렇습니다. 바로 이 기능, 그러니까 금융기관이 만들어내는 신용이 현대 경제를 팽창시키는 원인이라고 할 수 있어요. 실제로 시중에 풀린 전체 통화량 중 민간에서 유통되는 현금과 금융기관이 금고에 보관 중인 현금 외에는 다 신용창조의 과정을 통해 만들어진 돈입니다.

처음에 찍어낸 돈은 아주 일부에 불과하겠군요. 우리 사회는 정말 신용으로 지탱되고 있었네요.

맞아요. 만약 중앙은행이 발행한 본원통화가 수많은 은행과 대출받는 사람들의 계좌를 돌아다니며 팽창하지 않았다면 화폐를 구할 수 있는 사람은 엄청나게 줄어들 거예요. 하지만 신용창조 과정을 거치기에 처음 한국은행에서 1조 원을 발행하면 그 효과가 1조에 그치지 않고 10조로 늘어날 수 있죠.

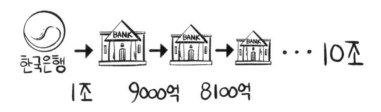

그런데 그럼 모든 예금주가 돈을 찾으러 우르르 은행에 몰려가면 제 예금을 못 돌려받을 수도 있다는 말씀 아닌가요? 장부상으로만 존재하는 돈이 더 많으니까요.

그런 걱정이 들 수 있습니다. 은행은 예대마진을 많이 남기기 위해 대출을 최대한 늘리기도 하니까요. 과거에는 은행이 그렇게 무작정 대출을 늘리다가 돈을 돌려줄 수 없는 지경에 이르러 파산해버리기도 했습니다.

설마 지금도 은행에 예금하며 그런 위험을 감수해야 하나요?

그런 일은 잘 일어나지 않습니다. 이제 예금자보호제도나 지급준비제도 같은 안전망이 잘 정비됐으니까요. 우리나라에 한정하자면 **예금자보호제도**란 은행마다 한 계좌에서 5,000만 원까지 국가가 보전해주는 제도입니다. 그러니 만약 자산이 5,000만 원 이상이라면 다른 조건에 차이가 없는 한 여러 은행에 분산해서 예금하는 게 좋겠죠.

지급준비제도란 대출로 돌리지 않는 현금을 일정 비율, 그러니까 **지급준비율**만큼 꼭 가지고 있으라고 규제하는 제도입니다. 우리나라는 이 비율이 최대 7%입니다. 갑자기 찾으러 올 가능성이 낮은 정기예금이나 적금 같은 예금에는 2%, 주택 마련을 위한 예금에는 0%로 훨씬 낮아져요. 은행은 대출을 주면 줄수록 이득이니 나머지 예금은 다 대출로 돌린다고 생각하면 되고요.

7%라니 생각보다 적은데요. 다 달려와서 자기 돈 돌려달라고 요구하면 못 돌려줄 거 같아요.

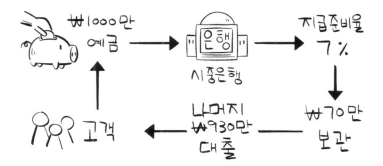

예금인출사태, **뱅크런**bank run이 아예 벌어지지 않는 건 아니에요. 은행이 파산할 거라고 믿는 사람들이 먼저 돈을 찾으려고 너도나도 은행에 뛰어가는 모습에서 유래한 단어가 뱅크런입니다. 실제로 은행 재정이 위태로울 때 발생하기도 하지만 사람들의 공포가 없는 문제를 만들어서 발생하기도 합니다. '은행이 며칠 새 망한다더라'라는 소문 때문에 갑자기 '내 돈 내놓으라'며 우르르 은행으로 몰려가는 사람들의 모습이 가끔 뉴스에 나오죠.

하지만 우리나라에서 예금인출사태가 벌어질 가능성은 작습니다. 사실 오늘날 미국을 비롯한 많은 선진국에서는 은행에 지급준비율을 강제하지도 않아요. 그럼에도 은행은 문제없이 영업을 이어가고 언제든지 사람들이 돈을 찾아가죠.

마음이 완전히 놓이는 건 아니지만 그나마 다행이네요.

2008년 홍콩에서 동아은행이 망할 수도 있다는 소문이 퍼지면서 뱅크런 사태가 일어났다.

오늘날 신용창조가 얼마나 일어나는지 알려면 시중에 돈이 얼마나 잘 순환되는지 나타내는 **통화승수**를 찾아보면 됩니다. '곱하는 수'를 뜻하는 '승수' 앞에 '통화'가 붙었잖아요? 통화량이 몇 배 늘어나는지를 말해줍니다. 이 용어 역시 의식하면 경제 뉴스에서 종종 들릴 거예요. 신용창조가 많이 일어나서 통화승수가 커지면 그만큼 시중에 돈이 잘 돌고 있는 거예요. 반대로 통화승수가 작으면 금융기관이 대출을 꺼리는 분위기, 오른쪽 기사에서 걱정하는 것처럼 돈이 잘 안 도는 상황이란 뜻이고요.

통화승수를 보고 경제 상황이 어떤지 대충 알 수 있군요.

시중에 돈이 안 돈다… 통화승수 역대 최저

(…) 통화승수는 2월 14.42배까지 떨어졌다. 지난 1월 14.44배에서 더 내려갔다. 이는 관련 통계를 집계한 이후 역대 최저 수준이다. (…)

—《뉴시스》2021.4.18

계산이 빠른 분은 눈치채셨을 수도 있지만, 통화승수와 지급준비율은 반비례합니다. 지급준비율이 높을수록 대출이 줄어들어 통화승수는 작아지는 원리죠. 아무튼 이때까지 나온 내용의 핵심을 한 문장으로 정리하자면 이렇습니다. 은행에서 지급준비금을 제외한 나머지 돈은 신용창조를 일으켜 통화승수만큼 통화량을 늘린다고요.

신용이 창조된다는 게 신기하지만 새삼 무섭기도 해요. 돈이 뻥튀기되거나 쪼그라들면서 수많은 사람의 삶을 쥐락펴락한다고 생각하니….

하하, 그 자체로 나쁘게 생각할 일은 아닙니다. 신용으로 만들어진 돈이 우리 사회를 더 풍요롭게 만드는 것도 사실이니까요. 신용은 별다른 게 아니에요. 우리가 돈을 빌릴 때 '이자 얼마를 더해서 언제까지 갚겠습니다'라고 하는 약속, 그 약속이 곧 신용입니다. 결국 우리가 발 딛고 살아가고 있는 이 세계는 과거부터 지금까지 수많은 사람이 맺은 약속을 통해 이만큼 팽창해온 셈이죠.

팽창한 세계에서 살아가기

예전에는 돈이라고 하면 단순히 있으면 좋은 거라고 생각했었는데… 절대적이지도 않고 상대적이지도 않은, 복잡한 뭔가였네요.

생각이 많아지셨군요. 보통은 돈을 어떻게 벌고 어떻게 사용할지 고민하기만도 벅차지 굳이 돈의 본질까지 고민할 여유는 없었을 테니 당연한 일입니다. 다음 강의에서 더 자세히 설명하겠지만 문제는 돈의 존재를 당연하게 여기기만 하다가는 그 믿음이 여러 이유로, 또 여러 방식으로 배신당할 수 있다는 거예요. 그렇기에 돈의 본질이 무엇인지 이해하는 게 중요합니다.

이번 강의에서는 돈이 오고 가는 핵심적 무대인 은행이 어떻게 돈을 버는지, 또 어떤 역할을 하는지 소개했습니다. 그리고 은행을 거치며 우리가 사는 세계의 신용이 어떤 식으로 얽혀 들어가는지까지 살펴봤죠.

1962년 화폐개혁 당시 조흥은행 앞. 새 돈으로 바꾸기 위해 모여든 사람들로 북새통을 이루고 있다. 재정적자 해소와 경제개발자금 마련을 명목으로 실시된 화폐개혁은 큰 사회적 혼란만 발생시키고 말았다.

은행이 제가 생각했던 것보다 더 많은 일을 하고 있었어요.

이제는 그 돈이 어떤 거대한 흐름으로 움직이는지 보여드릴 시간입니다. 돌, 금속, 지폐를 거쳐 디지털 화폐와 암호화폐까지 끊임없이 진화하고 있는 '돈'. 그 돈의 본질에 가닿을 수 있는 여정이 될 겁니다.

자본주의의 심장, 은행

○ ○

금융을 논할 때 은행은 가장 중요한 기관이다. 다양한 종류의 은행 가운데서도 우리가 흔히 가는 시중은행은, 예금과 대출을 통해 이익을 얻고 신용창조 과정을 통해 통화량을 증가시킨다.

왜 '은행'이라고 부를까?

은행 '은이 오가는 가게'라는 뜻의 한자어. 은을 화폐로 사용한 17세기 중국의 영향.

뱅크(Bank) 탁자라는 뜻에서 파생된 말. 탁자에 앉아 귀금속을 대출해주던 대부업자에서 유래.

은행의 수입원

예대마진 예금금리와 대출금리의 차이에서 발생하는 은행의 이득. 대출해준 돈의 이자에서 예금한 사람에게 줄 이자를 뺀 값.

은행의 종류

일반은행	특수은행	중앙은행
우리가 흔히 가는 시중은행	특수한 목적을 위해 만들어진 은행 예시 농협, 수협	금융기관만을 상대하며, 화폐를 발행. 예시 한국은행

돈이 증식하는 원리

신용창조 시중은행이 대출을 통해 통화량을 늘리는 일로, 이를 통해 만들어지는 시중 통화량은 본원통화의 수 배에 달함.

참고 본원통화 중앙은행이 공급하는 현금통화.

예시 금장들이 금괴의 10%만을 남겨놓고 나머지를 대출해줄 경우. 최초의 금괴가 100개였다면 총 금괴의 개수는 100+90+81+72.9+…=1,000개 까지 늘어남.

지급준비금 은행이 대출하지 않고 현금으로 보유하고 있어야 하는 일정 비율의 돈.

통화승수 시중에 돈이 잘 돌고 있는지 알려주는 지표. 신용창조가 커지면 통화승수도 커짐. 지급준비율과 반비례.

은행업의
결정적 순간

은행업의 핵심은 무엇일까요? 은행 안에서 일어나는 일을 예리하게 포착한 그림과 함께 생각해보죠.

존 홀스리, 「은행가의 개인실, 채무 협상 중」, 1870년.

젊은 여성 고객이 은행가와 마주 앉아 있습니다. 고객과 은행가 뒤에는 각각 고객과 동행한 노인과 기록을 담당하는 서기가 있죠. 이들의 시선은 고객과 은행가를 향해 있어요. 고객은 가져온 서류를 담보로 건네며 가능한 한 많이 대출해달라고 요청합니다. 무표정한 얼굴의 은행가는 대출을 해줄지, 해준다면 얼마나 빌려줄지 고심하고 있습니다.

과연 은행가는 자신의 손끝에 놓인 열쇠 꾸러미를 집어 들어 금고를 열까요? 대출을 놓고 협상하는 긴장감 넘치는 순간을 그린 이 그림에서, 우리는 은행의 핵심 업무가 무엇인지 실감하게 됩니다.

QR코드를 인식시키면 퀴즈를 풀 수 있어요.
여기까지 배운 내용을 점검해보세요!

II

어떻게 무에서
유를 만들어내는가

신용의 인플레이션

주화와 지폐의
초기 역사

'돈'이라고 했을 때, 우리에게 익숙한 돈은 동전인 주화와 지폐입니다. 둘 중에서 먼저 화폐로 사용된 건 주화였습니다.

역사상 가장 오래된 주화는 소아시아의 리디아에서 만들어졌습니다. 기원전 6세기 초에 만들어진 이 동전에는 포효하는 사자가 새겨져 있어요. 리디아 주화는 그리스 해상무역망을 통해 지중해 동부 지역으로 널리 전파되었습니다.

동양의 초기 주화로는 기원전 3세기 초 진시황이 기존 화폐들을 통일한 뒤 발행한 주화가 대표적입니다. 값어치가 반냥半兩짜리여서 반냥전이라고 부릅니다. 바깥쪽은 둥글고 중앙에 사각 구멍이 뚫린 형태예요. 하늘은 둥글고 땅은 네모라는 천원지방天圓地方의 관념을 담아 이렇게 만들었다고 합니다. 이후 반냥전의 형태가 동아시아 주화의 기본 모델이 되었죠.

지폐가 처음 사용된 곳은 중국입니다. 10세기 송나라에서 유통된

교자交子라는 종이돈이었어요. 지폐는 주화보다 가볍다는 큰 장점이 있었지만, 단점도 만만치 않았습니다. 언제든 지폐를 액면가대로 주화와 교환할 수 있다는 사회적 신뢰가 있어야만 했지요. 국가 재정이 부실해지거나 왕조가 무너질 위험에 처하면 사람들은 지폐를 꺼렸습니다. 이런 이유로 근대 이전까지 대부분의 나라에서 지폐는 뿌리를 내리지 못했습니다.

**은행을 털 수 있는 가장 좋은 방법은
은행을 소유하는 것이다.**

| 윌리엄 커트 블랙 |

01 돈이란 무엇일까

#화폐 #인플레이션 #유동성 #잉글랜드은행

남태평양 괌 남서쪽에는 얍Yap이란 이름의 작은 섬이 있습니다. 이 섬의 원주민들이 쓰는 라이Rai라는 화폐가 있는데요. 이 화폐는 우리에게 익숙한 종이 화폐도, 그렇다고 금속 화폐도 아닙니다. 정체는 바로 돌, 그것도 어지간한 성인은 혼자 들기 힘들 정도로 무겁고 거대한 돌입니다.

아니… 들기도 어려우면 돈을 어떻게 주고받나요?

거래할 때 라이를 굳이 옮기지 않아요. 보통은 라이의 소유권만 넘깁니다. 그렇다고 따로 장부 같은 게 있어서 소유권 변동 사항을

수많은 돌 화폐 '라이' 앞에 서 있는 원주민 여성의 모습. 이렇게 돌 화폐가 모여 있는 곳이 사실상 은행이다.

기록하는 것도 아니에요. 대신 각 돌의 가치와 역사, 소유권에 대한 정보를 사회 구성원들이 입에서 입으로 전해나가죠.

그렇게 하면 거래는 되겠군요. 무거우니까 누가 훔쳐 가기도 어려울 테고.

맞습니다. 그러다 보니 이런 일화도 전해집니다. 라이는 무거운 화강암 재질로, 얍 섬에서 480킬로미터가량 떨어진 팔라우섬 채석장에서 다듬어 가져온다고 합니다. 그런데 누가 지나치게 큰 라이를 싣고 오다가 그만 배가 바다에 가라앉아 버렸대요.

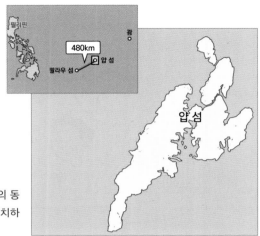

얍 섬의 위치. 필리핀의 동
쪽, 괌의 남서쪽에 위치하
고 있다.

역시 너무 욕심을 부리면 문제가…. 어쩌겠어요. 건져 올려야죠.

그랬을 것 같죠? 하지만 굳이 건지지 않았어요. 왜냐하면 돌이 바
다에 빠지는 장면을 본 사람들이 여럿이라 얍 섬 공동체에서 돌의
가치와 소유권을 인정받을 수 있었기 때문입니다. 만약 거래할 일
이 생기면 이렇게 말하면 되는 거예요. "저기 앞바다에 가라앉아
있는 내 라이가 지름 3미터 정도 되는 거 알지? 그거 자네한테 줄
테니까 집을 넘기라고."

말이 되는 것 같으면서도 좀 황당하네요. 실제 그 돌이 바닷속에서
어떤 상태일지 누가 알아요.

돌 그 자체보단 사회 구성원의 합의가 화폐의 존재와 그 가치를 보증하는 거죠. 먹을 수도, 입을 수도, 심지어 눈으로 볼 수도 없는 거대한 돌덩어리지만 구성원들이 화폐로 쓰기로 약속했기에 화폐인 겁니다. 세대를 이어 내려오면서 그 약속이 구성원들의 암묵적 동의를 통해 유지됐고요. 얍 섬의 주민들은 오늘날까지도 일부 경제활동에서 라이를 사용하고 있습니다.

화폐의 본질은 믿음이다

라이 사례는 화폐의 본질이 무엇인지 직관적으로 알려줍니다. 바로 약속이죠. 돈, 그러니까 화폐의 본질은 인간이 만든 모든 발명품을 통틀어 가장 신뢰와 가깝습니다.

돈과 신뢰는 잘 안 어울리는 말 같아요. 보통 돈 때문에 신뢰를 잃는다고 하지 신뢰 때문에 돈이 있다고 여기진 않으니까요.

하지만 신뢰에서 출발한 게 사실입니다. 화폐 가치는 '이 안에는 어느 정도의 가치가 있다'는 구성원 간 믿음으로 결정돼요. 그래서 대부분의 화폐가 그 자체로는 큰 가치가 없는 물건들이죠. 그중 하나가 카우리입니다. 지금은 수공예 재료로 아는 분이 많지만 중국에서는 3,000년 전부터 화폐로 사용했어요. 대항해시대에는 유럽인들이 몰디브에서 대량으로 가져와 아프리카에 팔기도 했고요. 남중국 일대에서 쓰인 화폐인 만큼 돈이나 거래에 관한 한자어에는 거의 다 이 카우리 조개를 뜻하는 한자인 조개 패貝 자가 들어갑니다. 물건을 사고판다는 의미의 매매買賣에도, 재물을 뜻하는 재물 재財에도, 무역貿易에 쓰는 바꿀 무貿에도 들어 있죠.

다른 건 모르겠지만 조개가 화폐면 보기에는 좋겠네요. 만약 지금 국가에서 조개를 화폐로 쓰기로 약속하면 우리도 조개를 화폐로 사용할 수 있을까요?

그건 어려울 거예요. 라이와 카우리 조개

카우리 조개껍데기

는 아무 돌이나 아무 조개가 아니라 특별히 화폐의 조건을 갖추고 있으니까요.

화폐의 조건을 만족시키는 재료들

화폐로 쓸 사물은 일단 수량이 제한돼야, 즉 어느 정도 희소성이 있어야 합니다. 구성원 누구나 쉽게 얻을 수 있으면 화폐로 쓰기 어렵다는 말이에요. 정당한 거래를 통해 얻는 게 아니라 길에서 줍는 게 더 편할 테니까요. 라이의 경우 거대한 돌이니 구하기 어려운 게 당연하고, 카우리 조개 역시 아주 귀한 건 아니지만 그렇다고 어디서나 서식하는 조개는 아니에요.

조개 중에서도 특별히 카우리 조개가 화폐로 쓰인 이유가 있었군요.

내구성도 중요한 조건입니다. 돈을 금고에 넣어놨는데 썩거나 녹거나 해서 변질되면 곤란할 테니까요. 그 외에도 분할이 쉽다든가 운반이 편하다든가 하는 화폐가 되기 위한 조건이 이것저것 있습니다만 희소성과 내구성만큼 필수 조건은 아닙니다.

1. 희소성
2. 내구성
+ 분할가능성, 이동성…

이 조건을 충족하는 대표적인 재료가 구리, 니켈, 아연 같은 금속 류예요. 태생적으로 화폐가 가져야 할 조건을 만족시킵니다. 쉽게 얻을 수 없고 내구성도 강하죠. 녹여서 비슷한 모양으로 표준화하기도 쉽고요. 그런 금속을 녹여 대량생산한 화폐를 **주화**라고 부릅니다. 2,000여 년 넘게 동서양 수많은 국가에서 애용한 화폐 형태죠. 우리가 쓰는 100원짜리 동전은 물론 금화와 은화를 비롯해 박물관에 전시된 엽전까지 다 금속으로 만든 주화입니다.

이제야 진짜 돈이라 할 만한 게 나오네요. 옛날 돈이라면 역시 금화나 골드바 같은 보물 이미지가 있거든요.

당연히 금은을 빼놓을 수 없을 겁니다. 그 자체로 번쩍이고 아름다워 가진 사람의 권위를 격상시켜주는, 인류가 오랫동안 욕망해온 물질이죠. 비교적 말랑말랑해서, 그러니까 연성이 뛰어나서 가공하기도 편리하고요. 그 덕에 많은 문명권에서 자연스레 화폐의 자리를 차지했습니다.
특히 오늘날 국제 거래에서 달러화가 많이 쓰이는 것처럼 과거엔 금과 은, 그중에서도 은이 더 자주 그 역할을 했습니다. 거래할 때도 은화를 이용하고 상품 가치도 은을 기준으로 표시했죠.

금이 아니라 은이 더 널리 화폐로 사용됐던 건가요? 은화보단 금화가 더 익숙한데….

금도 중요했지만 화폐로 쓰기에는 채굴량이 충분치 않았습니다. 물론 은이라고 충분한 건 아니었어요. 특히 사치품을 수입하느라 늘 무역적자에 시달렸던 유럽인들에겐 은이 점점 더 절실해졌죠. 그 때문에 대항해시대 유럽인들은 아메리카 대륙에서 은을 들여오기 시작합니다.

동서양을 연결한 국제화폐, 은

처음부터 유럽인들이 금은을 털어가기 위해 아메리카 대륙을 점 찍은 건 아니에요. 스페인 왕실의 후원을 받은 콜럼버스가 인도를 찾아 떠났다가 우연히 아메리카 대륙에 도착했다는 이야기는 들어봤죠? 당시 금은과 향신료를 얻는 데 혈안이 된 유럽 탐험가들이 꿈의 대륙 아시아에 이르는 길을 찾겠다며 헤매다가 엉뚱하게 아메리카 대륙으로 가는 항로를 개척하게 됐다는 이야기 말입니다.

다음 이야기도 알아요. 아메리카 대륙 원주민에게도 금은이 그냥 돌덩이는 아니었으니 강제로 빼앗았죠.

맞습니다. 가장 먼저 아메리카 대륙에 도착한 스페인 탐험가들은 그곳을 지배하던 아즈텍 제국과 잉카 제국을 정복한 후 원주민들

볼리비아의 도시 포토시와 세로리코 광산. 포토시는 고도 4,000미터에 위치한 도시로 1545년에 처음으로 은광이 발견된 이후 200여 년 동안 전 세계 은의 절반 이상을 생산했다.

에게서 금은을 포함한 보물을 빼앗았습니다. 그도 모자라 광맥을 직접 찾아 나섰고 마침내 오늘날 볼리비아 포토시에 있는 은 광산을 발견합니다. 그 광산에서 엄청난 양의 은을 채굴해 유럽으로 보낼 수 있었죠.

자기들 땅도 아닌데 마음대로 광산을 개발하다니 참 치사했네요.

치사한 정도가 아니에요. 지극히 잔인했습니다. 채굴에 동원된 수많은 원주민 노예가 가혹한 채찍질을 당하다 죽었어요. 포토시는 은광을 찾아온 사람들로 인해 한때 파리나 런던만큼 호황을 누렸지만 도시 가운데 우뚝 솟은 세로리코 광산은 '사람 잡아먹는 산'

포토시 광산의 은광석 채굴 작업. 인디오 원주민들이 옷도 거의 걸치지 않은 채 채굴을 하는 모습이다.

이라는 악명을 얻었죠.

그림을 보니 사람들이 산에 잡아먹힐 것 같네요….

그런데 이처럼 힘들게 채굴한 은의 최종 목적지는 유럽이 아니라 아시아였습니다. 당시 대다수 은이 이동했던 경로를 오른쪽 지도에서 확인해보세요. 아메리카 대륙에서 출발한 은이 스페인과 서유럽을 통과한 후 최종적으로는 중국과 인도로 흘러가고 있죠?

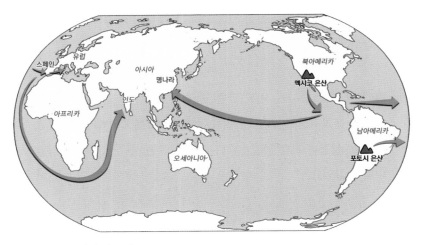

은의 국제적인 이동 경로

이상하네요. 유럽인들 자기네가 쓰려고 채굴한 은 아닌가요?

맞습니다. 그래서 처음에는 은이 아메리카 대륙에서 은광을 먼저 개발한 스페인으로 이동합니다. 그런데 당시 스페인 지도자들이 무리하게 전쟁을 일으키거나 사치품을 구매하는 등 지출을 늘린 통에 은이 서유럽 전체로 퍼져나가요. 그렇게 은을 갖게 된 서유럽 국가들이 중국과 인도 등과의 무역에서 은을 사용했기에 아메리카 대륙에서 들어온 엄청난 양의 은이 아시아로 흘러든 겁니다. 특히 중국, 그러니까 당시 명나라와의 무역에 은이 엄청나게 많이 쓰입니다.

이때부터 서유럽 국가의 은이 중국에 흘러 들어갈 만큼 무역이 활발했다는 게 좀 신기한데요.

일찍부터 차, 도자기, 비단 같은 중국 특산물이 유럽에서 굉장한 인기를 끌었거든요. 반면 당시 유럽에는 중국에 수출할 만한 경쟁력 있는 상품이 거의 없었습니다. 그러니 은을 중국에 계속 넘겨줄 수밖에 없었죠.

청나라 건륭제에게 교역 조건 조정을 요구하는 영국 매카트니 특사의 모습이 담긴 풍자화. 거만하게 그려진 황제의 태도를 통해 당시 영국과 중국의 외교 관계를 짐작할 수 있다.

아메리카산 은으로 주조
해 스페인이 사용한 주화

국제 무역시장에서 중국이 최대 수출국이었던 셈이네요. 지금도
크게 다른 거 같지 않지만….

그렇죠, 물론 수출하는 품목과 국제적인 입지는 그때와 아주 다르
지만요. 아무튼 전 세계 은이 아시아로 흘러 들어가자 중국에서는
은을 중심으로 하는 화폐경제가 만들어집니다. 그렇게 은은 최초
로 전 세계 경제를 연결하는 국제통화로 자리매김했어요.

주화의 시대를 넘어 지폐의 시대로

은이 화폐로서 지위가 낮아지기 시작한 건 금을 기반으로 한 경제
가 등장하면서부터입니다.

아까 금은 화폐로 쓰기엔 양이 너무 적다고 하셨잖아요.

신용 있는 공적 은행권, 즉 지폐가 모자란 금화를 대신했어요. 최초의 지폐인 영국의 파운드화부터 그랬습니다.

금화는 금이고 지폐는 종이잖아요. 처음에 사람들이 지폐의 가치를 의심했을 것 같은데요. 그냥 국가가 밀어붙인 걸까요?

물론 지폐가 금을 완전히 대신하기까지 시간이 좀 걸렸죠. 그리고 그냥 대체된 게 아니라 지폐가 금으로 교환되던 시기가 있었습니다. 화폐 가치가 금 실물과 연동돼 있었죠. 지금 우리는 시장의 수요 공급에 따라 변동하는 가격을 지불하고 금을 사죠? 한때 영국에선 그럴 필요 없었어요. 지폐를 은행에 가져가면 바로 금으로 바꿔줬으니까요.
이렇게 지폐를 귀금속과 바꾸는 걸 **태환**이라고 해요. 금은과 교환할 수 있는 지폐를 **태환지폐**라 하고, 그럴 수 없는 오늘날의 지폐는 **불환지폐**라 합니다.

태환지폐를 사용했을 때는 누구나 은행에서 금이나 은을 받아올 수 있었던 거군요. 은행이 초대형 금은방 같았겠어요.

하하, 맞아요. 은행이 지폐를 금으로 바꿔주면 **금본위제**, 은으로 바꿔주면 **은본위제** 나라라고 했죠. 중상주의 시대 기준으로 볼 때 은이 많이 채굴되거나 흘러 들어갔던 중국, 일본, 독일을 비롯한 중부 유럽이 대표적인 은본위제 국가였고, 필요한 은을 충분히 구할 수 없었던 영국은 금본위제 국가였습니다.

그럼 영국에서는 은보다 금을 더 구하기 쉬웠던 건가요?

사실 영국에선 금이든 은이든 다 충분치 않았습니다. 그래서 원래는 금과 은을 모두 사용하는 복複본위제를 썼어요. 복본위제하에서 국가는 금화와 은화의 교환 비율을 정해 놓습니다. 예컨대 1:15라면 금화 1개를 은화 15개로 환전할 수 있도록 고정해 금은을 바꿔 쓸 수 있게 했죠.

복본위제도 괜찮아 보이는데 왜 굳이 금본위제로 바꾼 건가요?

문제는 은이었어요. 당시 영국도 다른 유럽 국가처럼 중국, 인도 등 아시아 국가를 상대로 무역적자를 겪었습니다. 영국 내의 은이 줄면서 가치가 너무 뛰다 보니 고정된 금은의 교환 비율을 유지하기 어려워졌고, 금본위제에 정착할 수밖에 없었죠.

상황이 여의치 않았던 거군요.

그런데 그게 후일 영국을 압도적인 경제 대국으로 이끈 실마리가 됩니다. 다른 나라들이 편하게 은화를 화폐로 사용하고 있을 때 일

찌감치 지폐를 쓰는 어려운 길을 택했기 때문이죠.

사실 당연한 결과였습니다. 금본위제 사회에선 거래가 이뤄질 때마다 비싼 금을 일일이 다 싸들고 다녀야 했으니 위험하고 비효율적이었거든요. 그래서 은행에 금을 넣어두고 금 보관증을 받아 지폐처럼 사용하는 방식이 자연스레 발달한 거예요.

지폐가 있으면 금이 일상에서 사용할 만큼 충분하지 않다는 문제도 해결됩니다. 방법은 간단합니다. 은행이 금고에 보관 중인 금보다 더 많은 액수의 지폐를 발행하면 돼요. 실제로 금본위제 당시 영국 중앙은행이 보관하고 있던 금의 양은 실제 유통되는 지폐의 액면가액보다 훨씬 적었습니다.

그래도 되는지의 문제는 접어두고, 다른 나라는 왜 그런 방법을 쓰지 않았나요? 경제학을 잘 몰라서요?

다른 나라들은 영국처럼 전 세계 영토의 20%를 식민지로 차지하지 못했으니까요. 아시다시피 영국은 18세기 후반에 세계 최초로 산업혁명을 시작합니다. 이후 대영제국 또는 '해가 지지않는 제국'이라 불리던 시절 영국은 그 식민지들을 모두 파운드화 결제 네트워크로 연결했습니다. 쓸데가 많았으니 지폐 가치가 보장될 수밖에요. 어차피 사람들이 필요로 했던 건 교환 수단이었지 금 그 자체가 아니었어요. 거기에다가 언제든지 금으로 바꿔주리란 믿음까지 함께했으니 교환도 보관도 훨씬 편한 지폐를 안 쓸 이유가 없

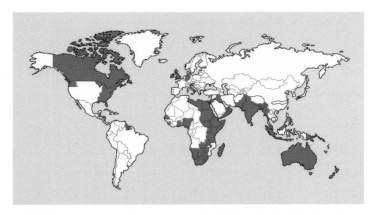

대영제국의 전성기인 19세기 후반 영토. 넓은 경제권 덕에 금본위제 기반 파운드화 결제 시스템이 전 세계로 확장됐다.

었습니다.

사람들에게 정말로 필요한 건 금이 아니라 교환 수단이었다… 생각해보니 당연하네요.

19세기 후반이 되면 프랑스와 독일, 미국, 일본 등이 경쟁적으로 공업화에 뛰어들며 영국처럼 금본위제를 바탕으로 한 지폐 경제를 채택합니다. 그렇게 금본위제가 세계 각국의 보편적인 통화정책으로 완전히 자리를 잡게 되죠.

그런데 지금 우리는 금본위제, 은본위제, 복본위제 중 어디에도 속하지 않잖아요. 뭔가 일이 있었나 보죠?

맞아요. 전 세계가 금본위제를 포기할 수밖에 없었던 이유가 있습니다. 계기는 전쟁이었습니다.

마침내 불환화폐로

20세기 초, 1차 세계대전이 발발하자 참전국들은 급한 대로 엄청난 양의 지폐와 국채를 발행해 전쟁 자금을 마련할 수밖에 없었어요. 지폐를 액면가만큼의 금으로 바꿔줄 수 없으리라고 의심하는 사람이 점점 늘어갔죠. 결국 지폐를 금으로 바꿔달라는 사람들이 한꺼번에 은행에 몰려들었고, 은행은 태환해줄 금이 없다며 두 손

1929년 주식시장 붕괴 당시 패닉에 빠져 런던 증권 거래소 앞에 모인 사람들. 금본위제 경제의 붕괴를 알리는 신호탄이었다.

두 발 들 수밖에 없었습니다.

가진 금 이상으로 지폐를 찍어낼 때부터 그럴 줄 알았어요. 명색이 국가인데 사기를 치면 안 되죠.

이 일로 인해 수십 년 동안 쌓아 올린 금본위제 경제의 신뢰도가 모래성처럼 무너져버립니다. 이후 다시는 금본위제로 돌아가지 못했어요. 그렇게 본격적인 신용화폐 경제가 열렸습니다.

전쟁이 끝났으니 결국에는 안정이 찾아왔을 텐데, 왜 금본위제로
돌아가지 않았을까요?

1차 세계대전이 종전한 후 몇몇 유럽 국가가 금본위제로 돌아가
려는 시도를 했으나 바로 대공황과 2차 세계대전이라는 엄청난
위기가 닥쳐왔습니다. 보유한 금의 양만큼만 화폐를 발행해서는
견딜 수 없는 상황이었어요.

결국 본위제는 태생적 한계를 갖고 있던 거죠. 시장 규모는 점점
커지는데 금과 은의 양은 한정돼 있으니 말입니다. 화폐를 새로 찍
기 위해서는 광산을 뚫어 금은을 더 캐거나 국가와 가계, 기업이
금은 생산량에 맞춰 씀씀이를 줄이는 수밖에 없는데 현실적으로
둘 다 불가능에 가깝습니다. 2차 세계대전 이후 세계경제의 중심
이 된 미국이 금 실물을 화폐와 연동하는 일을 시도했습니다만 결
국에는 한계를 느껴 포기하게 되죠.

씀씀이를 늘리기는 쉬워도 줄이기는 어렵죠….

결국 세계는 아무 담보 없는, 그저 국가의 공신력만을 기반으로 발
행하는 **신용화폐**를 사용하게 됐어요. 국가 차원에서 말하자면 **관리
통화제도**를 택하게 된 겁니다. 쉽게 말해 화폐의 신용을 금은의 가
치에 기대지 않고 전적으로 국가가 책임진다는 뜻이에요. 이 때문
에 우리는 인플레이션이 만성적으로 발생하는 시스템 속에 살게

된 겁니다.

무섭게 들리는데요. 영원히 물가가 오를 거라는 뜻 아닌가요?

네, 신용화폐를 사용하는 이상 높은 확률로 그렇게 될 테지만 무서워할 필요는 없습니다. 우리에겐 이미 익숙한 일이니까요.

통화지표가 보여주는 신용의 팽창

한국은행 홈페이지에 매달 올라오는 주요 경제지표 중 시중 통화량 지표를 보면 인플레이션이 어느 정도 추세로 일어나는지 확인할 수 있습니다. 아래 표를 보세요. 2021년까지 우리나라 통화량이 과거보다 얼마나 증가했는지 나와 있습니다. 숫자라고 지레 긴장하지 말고 굵게 표시돼 있는 현금통화 부분을 한번 살펴보세요.

한국 통화량 변화

단위: 조 원

	현금통화	M1	M2
2006년	**20.7**	330.1	1,076.7
2015년	**76**	636.6	2,182.9
2021년	**155.8**	1,281.6	3,430.4

출처: 한국은행

뭔지 잘 모르겠지만 옛날과 비교해 확실히 늘었네요.

그렇죠. **현금통화**는 은행 계좌에 예금해놓은 돈이 아니라 말 그대로 현금 상태의 화폐를 의미합니다. 당장 여러분의 지갑 안에, 혹은 금고 안에 고이 넣어둔 지폐와 동전 있잖아요? 그걸 다 합친 금액이 현금통화로 집계돼요.

그러니까 지금 대한민국에 흩어진 지폐와 동전을 한곳에 모으면 156조 원이라는 거잖아요? 그걸 알 수 있다니 멋진데요!

하하, 2006년에는 현금통화가 약 21조 원이었는데, 9년 뒤인 2015년에는 76조 원으로, 그로부터 6년 뒤인 2021년에는 156조 원 정도로 늘어난 모습입니다.
그런데 이 현금통화는 시중에 풀린 통화량 중 아주 일부에 해당합니다. 우리의 소비생활을 돌아보면 금세 이해할 수 있어요. 편의점에서 지폐나 동전을 내미는 경우는 많지 않지요? 그보다는 은행 계좌에 돈을 넣어두고 계좌와 연결된 카드를 이용합니다.

당연하죠. 요새 웬만한 사람들은 돈이 들어오면 약간 적금 붓고 나머지는 통장에 넣어 카드값으로 빠져나가게 하지 않나요? 현금이 필요하면 그때그때 뽑아 쓰고요.

좋은 답을 해주셨어요. 그 현실을 반영한 지표가 M1과 M2입니다. 앞선 표에서 현금통화 오른쪽 열에 M1, M2가 있었죠? 참고로 여기에서 M은 통화Money의 약자입니다.

M1은 우리말로 **협의의 통화**입니다. 현금통화에 예금통화가 합쳐진 금액을 말하죠. 입출금식 통장에 있는 돈, 그러니까 여러분이 이자를 기대하지 않고 통장에 넣어둔, 수시로 넣고 빼고 할 수 있는 돈이 M1으로 집계되는 돈입니다. 현금은 아니지만 현금에 가장 가까운 금융자산이죠.

그래서 M1이 현금통화보다 액수가 훨씬 더 큰 거군요.

맞습니다. 2021년 수치를 보면 M1이 1,282조 원 정도입니다. 순수한 현금통화의 8배 넘는 금액이 은행에 예금 상태로 존재하고 있죠.

저는 별생각 없이 돈을 넣었다 뽑았다 했는데 이게 다 집계되고 있었다니 신기해요.

광의의 통화에 해당하는 **M2**는 여기서 더 넓어진 현금 개념입니다. M1 금액에 더해 만기가 짧은 금융상품, 예를 들어 정기예금, 적금, 일부 채권까지 포괄하는 지표가 M2예요. M2에 추가되는 자산은 대체로 이자 수익을 포기해야 하기 때문에 원금을 잘 찾으려 들지 않는 종류입니다. 그래도 마음만 먹는다면 당장 현금화가 가능한 돈이긴 하죠. 보통 M1와 M2를 합쳐 **현금성 자산**이라고 부릅니다.

어떤 지표를 기준으로 삼느냐에 따라 경제 상황에 관한 판단이 달라질 수 있겠네요.

맞아요. 보통 시중에 돈이 많이 풀렸는지 여부를 판단할 때는 M2를 기준으로 해요. 돈이 풀렸다는 뜻으로 '유동성을 공급했다', '유동성이 증가했다'라고 표현하는 걸 많이들 들어보셨을 거예요. 시중 통화량과 늘 짝으로 나오는 **유동성**은 현금성 자산 M2로 이해해도 무방합니다. 시중에 돈이 많이 풀렸다는 내용의 다음 기사에서도 M2를 기준으로 유동성을 파악하고 있습니다.

넘치는 유동성…10월 시중에 풀린 돈 38兆 증가

지난 10월 시중에 풀린 돈이 38조 원 늘었다. (…) 한국은행이 발표한 '2021년 10월 중 통화 및 유동성'에 따르면 지난 10월 시중 통화량 평균잔액은 광의통화(M2) 기준 3,550조 6,000원으로 전월 대비 38조 원(1.1%) 늘었다. (…)

—《조선비즈》 2021.12.15

경제 뉴스에 종종 나오는 '유동성 위기'의 뜻이 이제 짐작되나요? 현금이 부족해 빚을 갚기 힘든 위기 상황을 의미합니다. '유동성이 넘쳐 부동산과 주식 가격이 오른다'고 하면 시중 통화량이 늘어나서, 즉 인플레이션이 일어나서 가격이 오른다는 의미고요.

이제 좀 이해가 되네요. 근데 유동성을 판단할 때 M2가 기준이라면 M1이나 현금 같은 건 복잡하게 왜 따지나요?

각 자료가 파악하는 대상에 차이가 있잖아요. 그렇기 때문에 이들이 어떻게 변하는지를 보면 유동성이 흘러가는 방향을 알 수 있어요. 예컨대 다음 기사에서처럼 M1의 증가율을 통해 늘어난 가계대출이 예금으로 흘러갔다는 사실을 알 수도 있죠. 기사에서는 이렇게 늘어난 유동성이 물가 상승 위험을 더하고 있다고 해요.

시중 통화량 한 달 만에 24조 원 증가… 금리 인상 추가 압박

(…) "코로나19 확산 이후 급증한 가계대출이 위험자산 쪽으로 흘러갔는데, 투자 자금을 수시입출식 예금에 준비해두면서 M1 증가율이 높게 잡혔었다" (…) 문제는 늘어난 시중 유동성이 물가 상승을 부추길 수 있다는 점이다. 소비자물가상승률은 지난해 10월부터 올 1월까지 4개월 연속 3%대를 나타내며 한은 목표치인 2.0%를 크게 웃돌고 있다. (…)

—《세계일보》2022.2.18

궁금한 게, 물가가 올랐는데 금리까지 올리면 사람들이 더 힘들어질 텐데 왜 금리 인상 압박이라는 제목이 붙었나요?

서민 경제가 어려워졌다는 이유로 금리를 낮추면 오히려 경제가 더 나빠질 수 있어요. 금리가 낮아져 대출이 활발해지면 통화량이 더 늘어날 테고, **인플레이션**, 즉 물가 상승이 더 심해질 테니까요. 그렇다고 반대가 좋은 건 아니에요. 거래에 필요한 통화가 부족하면 **디플레이션**으로 이어질 수 있습니다. 누구도 소비하지 않고 누구도 사람을 고용하지 않는, 마치 죽어가는 듯한 위기가 디플레이션입니다. 투자와 대출이 줄어 은행의 재정은 악화하고, 가계와 기업은 진 빚을 감당할 여력이 없어 우르르 파산하죠. 대개 인플레이션보다 회복하기 어렵다고 봅니다.

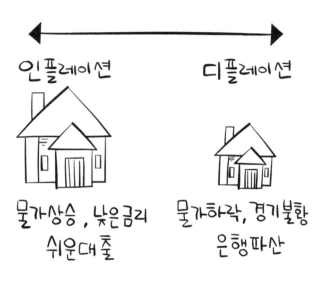

인플레이션　　　　디플레이션

물가상승, 낮은금리　　물가하락, 경기불황
쉬운대출　　　　　은행파산

그러니까 인플레이션이나 디플레이션을 막으려면 국가가 통화량을 잘 조절해야 하는 거군요. 어렵겠네요.

정말 어려운 일이에요. 통화량은 마치 제멋대로 움직이는 수도꼭지 같은 면이 있습니다. 약간만 찬물이 나오게 하려 했는데 완전히 얼음장 같은 물이 나온다든가 따뜻한 쪽으로 틀었는데 엉뚱하게

차가운 물이 나오기 일쑤예요. 경제 정책의 가장 기본이 되는 지표가 바로 통화량이지만 물가와 금리, 환율, 미래에 대한 기대 등에 영향받아 시시각각 예상치 못한 방향으로 튀는, 조절이 어려운 지표이기도 합니다.

만약 오늘날 화폐가 금이나 은을 기반으로 하는 화폐였다면 지금보다는 화폐 가치가 안정적이고 경기 변동도 심하지 않았을 거예요. 하지만 우리는 이제 귀금속이나 실물에 구속되지 않는, 완전히 국가의 신용만으로 가치를 담보하는 신용화폐를 쓰고 있습니다. 아주 섬세한 조절이 필요할 수밖에 없죠.

여러 변수를 동시에 고려해야 할 것 같아요.

맞습니다. 제멋대로 움직이고 제한 없이 팽창하는 통화량을 적절한 수준으로 조절하는 곳이 각국의 중앙은행, 우리나라로 치면 한국은행입니다. 이들이 만드는 돈의 물길이 우리의 경제 생활을 알게 모르게 좌우하고 있기 때문에 중앙은행이 무슨 일을 하는지 이해하는 게 아주 중요합니다.

일단 어쩌다 이토록 중요한 역할을 맡게 됐는지 가장 초기의 중앙은행인 잉글랜드은행을 들여다봅시다. 국가를 상대로 엄청난 거래에 성공한 한 사람을 만나볼 수 있을 거예요.

은행들의 은행이 영국에서 탄생하다

대항해시대 이후 활성화된 무역에 힘입어 유럽 경제는 빠르게 성장했습니다. 시장의 범위가 전 세계로 확대된 만큼 금융도 새로운 시대의 경제를 탄탄하게 보조해줄 필요가 있었어요. 17세기 말 네덜란드, 스웨덴, 영국 등 유럽에서 하나둘 중앙은행이 만들어진 건 그 시대의 요구를 반영한 결과였습니다.

비슷한 시기에 여기저기서 만들어졌군요. 그래도 파운드화가 앞서나간 지폐라고 하셨으니 영국이 1등으로 만들었을 것 같은데요.

중앙은행의 역할을 무엇으로 정의하는지에 따라 어떤 은행이 최초의 중앙은행인지가 달라집니다. 중앙은행으로 볼 수 있는 은행들의 목적과 기능이 조금씩 달랐기 때문이죠. 영국의 잉글랜드은

행은 그중에서도 '국가에 돈을 빌려주기 위해' 탄생한 중앙은행이
었습니다.

이상하네요. 어렵게 갈 거 없이 부자한테 돈을 빌리면 되지 왜 은
행까지 만들어서 돈을 빌렸나요?

실제로 당시 영국 국왕이었던 윌리엄 3세는 평범한 개인 사업자
에게서 돈을 빌리려 했습니다. 스코틀랜드의 금융업자 윌리엄 패
터슨이라는 사람이었죠. 이 패터슨이 만든 회사가 바로 이후에는
중앙은행이 된 잉글랜드은행이에요.

잉글랜드은행 건물 전경. 오른쪽에 보이는 건물은 런던 증권 거래소다.

윌리엄 3세 때 영국 정부의 재정적자 수준은 상당했습니다. 나중에는 해가 지지 않는 나라로 세계 최강국 지위를 누린 영국이지만 이 무렵에는 대내외로 큰 혼란을 겪고 있었어요. 왕위 계승권 다툼과 종교 갈등으로 매년 전쟁이 끊이지 않았습니다. 영국 국왕이 만기에 빚을 갚지 못하는 사태가 반복되면서 국채의 신용도가 상당히 낮아진 상태였죠.

그러던 17세기 말, 프랑스와 9년전쟁을 앞두고 다시 세금 수입을 넘어서는 큰돈이 필요해져요. 영국 정부는 급한 대로 높은 이자율로 국채를 발행했지만 사겠다는 사람은 나타나지 않았습니다.

여러 번 돈을 갚지 않은 전력이 있는데 누가 선뜻 빌려주겠다고 하겠어요.

맞아요. 참고로 국채란 재정을 확보하기 위해 한 나라의 정부가 이자를 약속하고 발행하는 채권, 그러니까 빚 보증서예요. 국가가 망하는 일은 흔치 않으니 웬만해서는 원금과 이자를 돌려받을 수 있는 안전한 투자처로 여겨지지만, 나라의 재정 상태가 나빠지면 다른 채권과 마찬가지로 시장에서 수요가 줄면서 채권의 가격이 떨어지고 이율은 높아집니다.

당시 영국 국채를 갖고 있던 채권자들 역시 불안해져서 얼른 빚을 갚으라며 영국 정부를 압박했어요. 하지만 아무리 찾아도 돈 나올 구석이 없었습니다. 그때 패터슨이 나타나 자신이 돈을 지원해주겠다고 제안한 거예요. 곤경에 처한 윌리엄 3세 정부는 그 제안을 받아들였죠.

분명 순수하게 나라를 위해서는 아닐 것 같고… 계산속이 있었겠죠?

맞습니다. 먼저 패터슨은 다른 채권자들의 국채를 인수하고 그 대가로 자기가 설립한 잉글랜드은행의 주식을 지급했어요. 또 정부가 높은 이율로 발행한 국채를 자발적으로 낮은 이율에 사주기까지 합니다. 나라의 빚을 자기 회사로 떠안은 셈이죠.

특별히 정부에서 요구하지도 않았는데 이율을 낮춰 사줬다고요? 굳이 왜 그랬을까요?

언뜻 이자 수익이 적게 들어오니 패터슨에게 손해라고 생각할 수 있겠습니다만, 역시 멀리까지 내다본 계산속이 있었어요. 앞서 패터슨은 국채를 사준 대가로 정부에 한 가지 조건을 요구했어요. 잉글랜드은행이 확보한 국채를 담보로 은행권, 즉 지폐를 발행할 권한을 달라는 거였죠. 그런데 영국 국채의 신용도가 낮으면 그걸 담보로 발행할 지폐의 가치도 떨어지니까 일부러 국채의 이자율을 낮춰 안정적인 투자처로 만들고자 했던 겁니다.

아… 그렇게 개인 회사가 발행하는 지폐가 갑자기 국채와 연동됐군요. 머리 좋은데요.

이 과정을 정리해보면 그림과 같습니다. 잉글랜드은행은 영국 정부와 민간, 양쪽을 상대로 거래해요. 이때 국채를 매입한 대가로 영국 정부에 지불한 돈은 다른 돈이 아니라 잉글랜드은행권이었습니다. 사실상 담보 없이 그냥 찍어낸 지폐로 국채를 사 이자수익을 얻은 거죠. 정부뿐 아니라 민간에 이 지폐를 대출해주기도 했어요. 은행

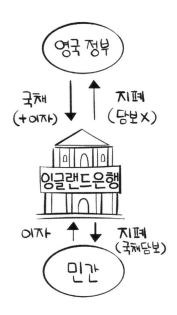

에 가져오면 금으로 바꿔주는 태환지폐긴 했습니다만 잉글랜드은행은 가진 금 이상으로 지폐를 발행하고 그걸 대출해주며 이자 수익을 얻을 수 있었어요. 왜냐하면 금뿐만 아니라 국채를 담보로 지폐를 발행해도 됐으니까요. 즉, 패터슨은 말 몇 마디로 정부에서는 국채 이자를, 민간으로부터는 대출 이자를 이중으로 받아낼 수 있었던 거예요.

어떻게 생각하면 없는 돈을 창조한 거잖아요. 사기 같지만 대단한 아이디어네요.

지폐가 활발히 유통되지 못했던 당시로선 정부와 민간 양측의 요구를 모두 만족시킨 금융 혁신이라 볼 수도 있죠. 이후 잉글랜드은행은 정부에 꾸준히 채무 상환을 요구하면서도 국채 금리가 적절한 수준으로 유지될 수 있도록 국가 경제를 관리하는 역할을 합니다. 채권자 입장에서 담보물의 가치를 유지하기 위해 노력하는 건 당연한 일이니까요.

패터슨 입장에선 혹여 국가가 망하기라도 하면 국채고 지폐고 다 쓸모없어질 테니… 운명 공동체가 됐다고 할 수 있겠네요.

그렇습니다. 가치가 높아진 영국 국채는 역시나 잉글랜드은행권으로 살 수 있었기 때문에 지폐의 사용량이 빠르게 늘어났죠. 자연스럽게 영국 시장은 잉글랜드은행의 지폐가 압도하게 됐어요.

잉글랜드은행권이 등장하기 전에는 여기저기서 발행된 각종 은행권들이 뒤섞여 유통되고 있었어요. 아직 중앙은행이 존재하지 않았을 때라 시중의 어느 은행이나 금을 담보로 지폐를 발행할 수 있었으니까요. 정확히는 지폐라기보다 금장이 발행한 금 보관증에 가깝지만요.

17세기 금장이 작업대에서 주화를 다루는 모습

금장이요? 앞서 나온 금장 말인가요?

맞습니다. 아직 기억나죠? 금괴를 빌려 조금만 남기고 나머지는 다른 사람에게 빌려주던 금장들 말입니다.

기억나요. 그래서 장부상의 금이 계속 늘어났잖아요.

지금과는 비교할 수 없을 정도로 치안이 불안했던 17세기 유럽, 자산가들은 튼튼한 금고를 가진 금장에게 가진 금을 맡겨두곤 했습니다. 금장들은 금을 맡긴 사람들에게 보관증을 발행해주고 그 금을 필요한 사람에게 빌려주면서 이익을 얻었어요. 사실상 은행처럼 예금과 대출업무를 했던 거죠. 사람들은 무거운 금 대신 보관증만 주고받으며 거래했어요.

과거　　현재

그렇게 아무나 은행 역할을 했다고요? 제가 그 당시 사람이면 보관증을 거래의 대가로 준다고 했을 때 위조가 아닌지 의심했을 거 같아요.

당연히 신용도가 크게 떨어졌죠. 보관증을 금장에게 가져갔는데 액면가만큼 금을 찾지 못하는 경우들도 있었습니다. 보관증을 발행한 금장이 부도났을 수도 있고, 보관된 금 이상으로 몰래 액면가를 고친 탓에 금고에 있는 금과 차이가 났을 수도 있죠. 이에 비해 잉글랜드은행에서 발행한 은행권은 금장의 보관증과는 차원이 다른, 믿을 수 있는 지폐였습니다. 나중에는 영국 정부가 잉글랜드은

오늘날 한국은행권에도 발행한 한국은행 총재가 가치를 보증한다는 표시가 들어가 있다.

행에 금은을 예치해놓고 쓰기까지 했으니 신용은 더 높아졌죠. 게다가 정부가 전쟁을 준비하며 소비한 지폐가 매우 많았을 거 아니에요? 높은 신용을 확보한 잉글랜드은행권이 시중에 광범위하게 유통되자 소규모 은행들의 은행권은 경쟁력을 잃어갔어요. 결국 지폐 발권을 포기하고 잉글랜드은행권을 확보하기에 이릅니다. 이때부터 잉글랜드은행은 확실히 평범한 은행을 넘어 독점적으로 화폐를 발행하는 공적 은행, 오늘날의 중앙은행의 역할을 합니다. 실제로 다른 은행이 위기에 처하면 아예 특별대출을 해주면서 구제하는 일까지 맡아 했어요.

국채의 가치를 유지하기 위해 노력하는 건 그렇다 치더라도 잉글랜드은행이 왜 다른 은행을 구제해주는 역할까지 했나요?

왜 그랬을지 생각해보죠. 오늘날에도 일반은행들은 돈이 필요한 사람이나 기업에 돈을 빌려주잖아요. 만약 그 은행이 망하면 어떻게 될까요?

은행에 예금한 사람, 돈 빌려준 사람 다 같이 망하는 거 아닌가요?

그렇겠죠. 은행이 파산하면 그 피해는 해당 은행에 그치지 않습니다. 옛날이나 지금이나 마찬가지예요. 돈을 못 갚고 파산한 은행들이 빌려주고 빌린 돈이 꼬리에 꼬리를 물고 국가 전체의 피해로 번

지게 되죠. 사람들이 내 돈 돌려달라고 한꺼번에 은행에 몰아닥치기라도 하면 건전한 재정을 유지했던 은행들조차 파산해버릴 수 있습니다. 예컨대 대공황이 있었던 1930년, 미국에서 600개 이상의 은행이 그렇게 도산해버렸죠.

600개라니 그게 다 얼마죠….

그래서 국가와 운명을 공유할 수밖에 없는 중앙은행은 일반은행이 가능한 한 파산하지 않도록 노력해야 합니다. 지금은 신용화폐 시대니 정말 위급한 상황이 되면 돈을 찍어낼 수 있어요. 늘어난 통화량으로 인해 추후 인플레이션이 오겠지만 당장 급한 불을 꺼 은행들이 줄도산하는 일을 막을 수 있습니다. 즉 국가 경제를 지탱하는 최후의 보루 역할을 할 수 있는 겁니다.

한국은행을 막연히 돈 찍어내는 곳이라고 생각했는데 중요한 역할을 많이 하고 있었네요. 은행이 급할 때는 돈을 빌려줘서 파산하지 않도록 막아주고요.

그렇다고 중앙은행이 방만한 금융기관을 무차별적으로 도와준다는 뜻은 아닙니다. 위기 때 구제를 해주니만큼 평소에는 일반은행의 자산운용을 규제하거나 감독하기도 하고, 때로는 예금자만 보호하기도 하죠.

방식이 완전히 같진 않지만 잉글랜드은행이 맡았던 공적인 기능들은 현대까지도 이어지고 있습니다. 화폐를 발행하는 것, 정부의 국채를 사줌으로써 시중에 돈을 유통하는 것, 또 정부의 예금계정을 설치해두고 출납을 관리하는 것 모두 중앙은행이 오늘날에도 하는 일들이에요.

중앙은행에 설치된 정부의 예금계정이 바로 **국고**입니다. 이 국고를 관리하고 정부에 자금을 대출해준다고 해서 중앙은행을 '정부의 은행'이라고 부르기도 하죠.

아, '국고가 바닥났다' 이런 말을 들어봤어요. 그게 실제 금고가 아니라 중앙은행에 설치된 예금계정을 말하는 거였군요.

맞습니다. 지금까지 패터슨 개인의 영리를 위해 만들어진 잉글랜드은행이 정부의 은행, 그리고 은행의 은행으로 자리 잡는 과정을 함께 따라가 봤는데요. 영국에서 잉글랜드은행이 성공적으로 안착하자 뒤이어 프랑스와 스페인, 그리고 미국에서도 독점적 화폐 발행권을 가진 중앙은행이 설립됩니다. 일본이나 우리나라, 중국 등 그보다 나중에 자본주의 경제로 진입한 나라들에서는 정부가 주도해서 설립했죠. 실물 금과 은이 화폐 가치를 보증하지 못하는 신용화폐 경제에서는 국가 경제를 안정적으로 이끌고 뒷받침하는 역할을 맡을 중앙은행이 필수기 때문입니다.

오늘날 중앙은행이 구체적으로 어떤 역할을 하는지 잘 이해하기 위해서는 전 세계 금융 당국이 공통의 적으로 삼고 있는 인플레이션과 디플레이션 문제를 조금 더 깊이 있게 살펴봐야 합니다.

돈이란 무엇일까 ○ ○

대항해시대까지 가장 흔히 사용되던 은이 유럽 밖으로 유출되자, 금을 기반으로 한 지폐가 등장한다. 하지만 이제 지폐의 가치는 금으로부터 독립하고, 중앙은행이 신용화폐의 통화량을 조절한다.

화폐의 조건

화폐의 본질은 신뢰. 예시 얍 섬의 라이.

필수 조건은 희소성, 내구성 등.

국제 화폐, 은

대항해시대까지 은이 국제 화폐로 쓰임.

은의 이동 경로 아메리카→유럽→중국 or 인도. 차, 도자기 등 중국산 특산물이 인기를 끌었기 때문.

지폐의 등장

파운드화 금은이 부족했던 영국은 지폐를 사용하는 길로 나아감. 초기에는 금 교환증 개념.

참고 태환지폐 금속과 교환할 수 있는 지폐.
↕
불환지폐 금속과 교환되지 않는 지폐.

신용화폐의 시대

1차 세계대전 이후 금본위제가 서서히 막을 내림. 이후 복원을 시도했으나 실패.

신용화폐 귀금속과 연동되지 않고, 국가의 공신력을 바탕으로 발행되는 화폐.

신용의 팽창 신용화폐 채택 후 인플레이션이 만성적으로 발생. 신용화폐의 통화량을 조절하는 곳이 바로 중앙은행.

중앙은행이 탄생하다

잉글랜드은행 인기가 없던 영국의 국채를 사들여 국채를 담보로 은행권 발행. 정부에 자금을 제공하고 다른 은행들을 구제하는 역할 → 현대 중앙은행의 역할.

돈이 없으면 적막강산이요 돈이 있으면 금수강산이라.

| 한국 속담 |

02 목표는
물가 안정?

`#물가` `#금리` `#국채` `#양적완화`

일상에서 가장 피부로 느끼는 경제라면 물가를 빼놓을 수 없을 겁니다. 하다못해 어린아이가 받는 세뱃돈에조차 영향을 끼치는 게 물가죠. 중앙은행이 온갖 복잡한 경제지표와 금융정책을 동원해 달성하려는 목표도 결국 물가 안정입니다. 한국은행, 미국 연방준비제도, 일본은행, 유럽중앙은행 다 마찬가지예요.

생각보다 목표가 거창하지 않네요. 당연하게 들리기도 하고요.

그럼 물가가 뭔지부터 확인하고 넘어가죠. 물가가 구체적으로 어떤 물건의 가격인지 생각해보신 적 있나요?

서울시 중구에 있
는 한국은행 본관
전경

물가의 등락을 보여주는 지표들

물가요? 대충 모든 물건의 평균 아닐까요? 애매하기는 하지만….

애매하면 수치를 낼 수 없죠. 구체적인 기준과 측정법이 있습니다.
대표적으로 **소비자물가지수**(CPI)라는 게 있어요. 통계청이 선정한
460개 대표 품목의 가격 변화를 지수로 만든 건데요. 상품과 서비
스를 부문별로 분류하고, 동종 품목군을 대표할 만한 상품을 선정
해 가격을 조사합니다. 라면을 예로 들면 다양한 라면 중에서도 가
장 대중적인 제품을 골라 일정 기간 가격이 얼마나 오르거나 내렸는
지 추적하는 거예요. 그 값이 라면의 물가상승률이 되는 식입니다.

자동으로 계산되는 게 아니라 일일이 조사하는 거군요.

소비자물가지수에서 가격을 측정하는 품목 수(2021년 기준)

- 식료품 및 비주류 음료: 133개 품목
- 주류 및 담배: 7개 품목
- 의류 및 신발: 30개 품목
- 주택, 수도, 전기 및 연료: 16개 품목
- 가정용품 및 가사 서비스: 49개 품목
- 보건: 32개 품목
- 교통: 32개 품목
- 통신: 6개 품목
- 오락 및 문화: 55개 품목
- 교육: 20개 품목
- 음식 및 숙박: 44개 품목
- 기타 상품 및 서비스: 36개 품목

그렇습니다. 라면이나 과자, 의류는 물론 상하수도 요금과 전기료, 쓰레기봉툿값 등도 물가상승률을 재고, 주기적으로 새로운 품목을 추가하기도 합니다. 2020년에는 코로나19 사태로 인해 마스크가 새로운 항목으로 추가됐어요. 전체 물가상승률을 낼 때는 최대한 우리 소비 현실과 가까운 결괏값이 나오도록 품목을 더하거나 빼죠.

하지만 몇몇 품목만 전체 물가상승률에 포함되는 거니 실제와 완전히 똑같다고 할 수는 없을 것 같은데요.

그건 그렇습니다. 전체 물가상승률의 품목별 가중치가 각자 중요하게 생각하는 정도와 다를 수도 있죠. 많이들 지적하는 문제는 부동산이나 주식 같은 자산 가격이 포함되지 않는다는 거예요. 하지만 소비자물가지수의 초점은 어디까지나 실생활 소비에서 체감하는 물가 변화를 살피는 데에 있기 때문에 감안하고 봐야 합니다. 만약 자산 가격까지 포함한다면 부동산이든 주식이든 지난 수십 년간 큰 폭으로 오른 데다 거래량도 엄청나게 증가했으니 물가상승률 수치가 훨씬 높아지겠죠.

편의점에 진열된 다양한 라면들. 라면은 소비자물가지수 산정 시 밀가루, 두부보다는 높고 쌀, 돼지고기보다는 낮은 가중치를 적용받는다.

절대적인 게 아니라 여러 제약이 있는 지수군요.

소비 시장이 매우 커진 만큼 물가를 정확히 측정하기란 거의 불가능해요. 소비자물가지수는 전체 시장의 대략적인 변화를 가늠하는 지수라고 알아두면 됩니다.

물가 지수에 소비자물가지수 한 종류만 있진 않습니다. 식품과 에너지처럼 시기에 따라 너무 가격 변동이 큰 품목을 제외하고 산출하는 **핵심소비자물가지수**(Core CPI), 기업의 생산원가를 측정하는 **생산자물가지수**(PPI)도 자주 쓰이는 물가지수입니다. 지수마다 측정 품목과 주목하는 부분이 조금씩 다르니 아래 뉴스처럼 소비자물가지수와 함께 살펴보면 시장 상황을 더 정확히 알 수 있죠. 기사에서는 유가 상승이 생산원가를 높이고 생산원가의 상승이 곧 소비자물가를 상승시킨다는 점을 짚고 있어요.

생산자물가 9% 폭등, 13년 만에 최대

국제 유가가 급등세를 보이는 가운데 수요 회복 속도도 빠르게 진행되며 지난 10월 생산자물가지수가 1년 만에 9% 가까이 급등했다. 국제 유가의 영향으로 오른 수입 물가가 거의 시차를 두지 않고 생산자물가 상승으로 이어지고 다시 소비자물가까지 자극

> 하고 있다. (…)
>
> —《서울경제》 2021.11.19

간단히 물가상승률이라고 불렀지만 어떻게 재는지 살펴보니 여러모로 복잡하네요.

그렇죠? 하지만 아무리 복잡해도 측정하는 걸 포기할 수는 없어요. 물가가 임금 인상이나 정책의 근거로 활용된다는 점을 차치하더라도 실질적으로 국민의 행복과 연결되기 때문이죠.
물가가 오르면 국민의 구매력은 떨어집니다. 소득이 물가상승률만큼 오르지 않는다면 더 불행해지죠. 간혹 쌀값이나 달걀값, 라면값 등이 비정상적으로 폭등할 때 정부에서 해당 상품의 물가를 통제하는 건 바로 그런 이유 때문이에요. 가격을 정부가 통제한다는 건 어찌 보면 시장의 자유를 침해하는 일이지만 국민 생활에 막대한 영향을 끼치기에 불가피하게 취하는 조치라고 할 수 있습니다.

그런데 정말 물가를 잡기 위해 정부가 노력하고 있는 건지는 모르겠어요. 물가는 계속 오르잖아요. 정책이 실패한 걸까요?

조금씩 올라가는 것까지는 의도된 결과입니다. 앞서 말했죠? 신용화폐의 등장으로 우리는 인플레이션이 당연한 사회에 살게 됐다고요. 그래서 대부분의 국가는 완만한 인플레이션, 그러니까 '느리지만 꾸준한 물가 상승'을 경제 목표로 삼고 있어요. 물론 완만한 상승이어야 합니다. 지나치면 고통스러운 결과가 따르죠.

짐바브웨의 초인플레이션

아마 여러분도 한 번쯤 '지금 나에게 거금 얼마만 있으면 이러저러한 걸 할 수 있을 텐데…' 하는 행복한 상상을 해본 적 있을 거예요. 여러분과 다르게 국가는 당장이라도 가능한 일입니다. 독점적 화폐 발행 권한을 지닌 한국은행이 양껏 찍어내면 되니까요.

엄청난 능력 같아요. 뉴스를 보면 국가에서 몇조 원의 예산으로 뭘 했다는 이야기가 맨날 나오잖아요. 저는 평생 그 반의 반의 반도 손으로 만져보지 못할 거 같은데….

하지만 국민 전체를 불행하게 만들 작정이 아니라면 국가도 절대 화폐를 무분별하게 발행하지 못합니다. 그래서는 안 되고요. 단적인 예를 하나 소개할게요. 다음 페이지 사진을 보세요.

지난 2008년 짐바브웨에서 실제 발행됐던 지폐입니다. 금액 부분을 자세히 보시면 0이 14개, 그러니까 액면가 100조짜리 지폐라

2008년 발행된 100조 짐바브웨달러짜리 지폐

는 걸 알 수 있습니다.

아무리 다른 나라 화폐라지만 너무 엄청난 액수네요. 이런 금액이라면 정말 국가 예산에서나 볼 수 있었을까….

하지만 당시 이 100조짜리 지폐 한 장으로 살 수 있는 물건은 고작 달걀 3개 정도였습니다. 300조 짐바브웨달러가 미국 돈으로 1달러 정도였다고 하니 100조 짐바브웨달러의 가치는 우리 돈으로 400원 정도였죠.

달걀 3개를 사는데 100조면 집이나 승용차처럼 비싼 물건은 대체 얼마를 들고 가야 살 수 있었을까요….

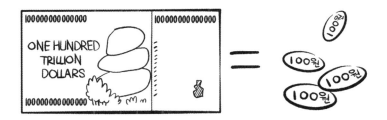

당연하지만 당시 짐바브웨에선 자국 화폐를 쓰기보다 물물교환하거나 암시장에서 미국 달러화로 거래하는 경우가 많았다고 합니다. 사실상 화폐가 화폐의 기능을 못 하는 상황이었죠. 교환 수단도 가치의 저장 수단도 되지 못했으니까요. 단순히 화폐가 쓰이지 못한 것보다 더 심각한 문제는 물가 상승이었습니다. 짐바브웨의 물가상승률은 가장 심각했을 때 하루 98%에 달했다고 해요.

매일 가격이 2배씩 올랐다는 거니까 오늘 1,000원 하는 게 내일은 2,000원, 모레는 4,000원 했다는 거네요?

맞습니다. 그런 식으로라면 1,000원짜리가 한 달 뒤에는 약 1조 738억 원이 되죠.

돈을 번다는 게 아무 소용없는 일이었겠는데요.

상황이 이렇게 악화된 건 잘못된 정책 때문이었습니다. 짐바브웨

짐바브웨 국민들이 잘못된 정책으로 경제를 망가뜨린 무가베 정권에 책임을 묻고 있다.

경제는 원래부터도 최악이었어요. 주변국의 전쟁에 무리하게 개입한 탓에 적자가 엄청나게 쌓인 데다 외국 자본이 빠져나가며 기업이 연쇄적으로 도산하고 있었죠. 짐바브웨 정부는 돈을 찍어 당장의 위기를 모면하려 했는데, 결국 그 정책이 **하이퍼인플레이션**을 일으킨 거예요. 초인플레이션이라고도 부르는 하이퍼인플레이션은 1년에 수백 퍼센트 이상 극단적으로 물가가 상승하는 현상을 말합니다.

세계 최고 액면가 지폐인 100조 짐바브웨달러는 1년 만에 사라집니다. 나중에는 국가가 화폐 발행을 아예 포기하고 공식적으로 미국 달러화를 사용하는 처지에 이르렀어요. 그 과정에서 발생한 온갖 혼란과 피해는 고스란히 짐바브웨 국민들이 떠안았고요.

정책 하나로 이 정도까지 경제를 망쳐놓을 수도 있다니…. 우리나라에서도 그런 일이 벌어질지 모른다고 생각하니 불안해지네요.

당연히 마음이 편치 않을 겁니다. 짐바브웨만큼 극단적이지는 않지만 하루가 다르게 오르는 물가를 보면 결코 남의 나라 이야기 같지 않죠. 다만 알아야 할 게 있습니다. 앞서 말했듯 약간의 인플레이션은 피할 수 없는 일입니다. 각국 중앙은행에서 꾸준히 돈을 찍어내기 때문에 화폐 가치는 하락하고 물가는 오를 수밖에 없어요. 게다가 물가 상승이 긍정적인 역할을 할 때도 있지요.

긍정적인 역할이요? 물가가 오르면 아무도 좋아하지 않을 거 같은데요.

물가 상승은 화폐 가치의 하락

물가가 오르면 좋아하는 사람도 있어요. 대표적으로 토지, 공장, 아파트 혹은 금은처럼 실물자산을 보유한 사람에겐 인플레이션이 이득입니다. 인플레이션이 일어나면 화폐 가치가 떨어지면서 상대적으로 실물자산 가치가 오르기 때문입니다. 물가가 오르면 집 값도 오르고 그걸 이유로 집주인이 세입자에게서 월세를 올려 받잖아요? 모든 영역에서 비슷한 일이 일어납니다.

그렇군요…. 그럼 반대로 실물 자산이 없으면 인플레이션이 불리하겠네요.

맞아요. 대개 부자일수록 실물자산의 비중이 큽니다. 부자가 아닐수록 언제 어떻게 돈이 필요해질지 모르기 때문에 자산을 현금 형태로 보유하기를 선호하죠. 그러다 보니 인플레이션이 발생하면 서민들이 더 손해를 보는 편입니다.
채권자와 채무자의 관계에서는 채무자가 이득이에요. 인플레이션

상황이라도 갚아야 할 빚 자체가 늘어나는 건 아니므로 사실상 감당하는 부담이 줄어들기 때문이죠.

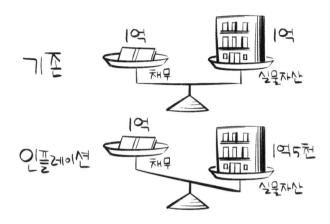

돈을 빌려서 땅을 샀다가 엄청난 인플레이션이 일어나면 빚도 갚고 완전 인생 역전할 수 있겠어요.

하하, 그런 현상을 가리켜 '인플레이션이 빚을 녹여버린다'라는 표현을 쓰기도 해요. 채권자의 처지는 채무자와 반대겠죠? 돈을 빌려주고 확정된 이자를 받는 사람들, 채권 투자자 등은 상대적으로 불리합니다. 고정된 연금으로 생계를 꾸리는 연금 생활자도 손해를 보기 쉽고요. 화폐 가치가 떨어지니까 고정된 돈을 받는 사람은 불리하고 고정된 돈을 내는 사람은 유리해지는 겁니다.

내심 인플레이션을 바라는 사람이 있겠어요.

인플레이션이 바꾼 유럽의 운명

인플레이션이 사람들 사이에 어떤 변화를 만드는지 보여주는 유
명한 역사적 사례가 있어요.

16세기 유럽 사람들이 아메리카 대륙에서 은을 강제로 채굴했다
고 했잖아요? 당시 은이 쏟아져 들어오며 유럽에 전례 없는 수준

의 인플레이션이 발생했어요. 게다가 역사상 최악의 전염병인 흑사병을 조금씩 극복하면서 한때는 3분의 1 가까이 줄었던 인구도 늘고 있었죠. 쓸 사람이 없어 남아돌던 자원이 다시 비싸지기 시작했고 화폐로 쓰이던 은의 공급량까지 늘어나니 물가가 크게 상승할 수밖에 없었어요. 15세기 말에서 17세기까지 150년 동안 유럽의 평균 물가가 무려 6배 가까이 올랐습니다.

음… 150년 동안 6배 오른 게 많이 오른 건가요?

지금 기준으로 보면 얼마 안 된다고 생각하실 수도 있지만, 물가라

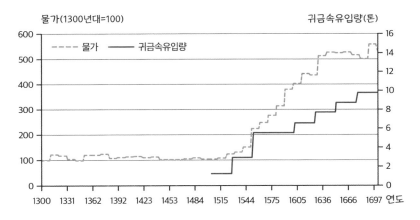

출처: 양동휴, 「16세기 영국 가격혁명의 재조명」, 《경제론집》53(2)(2014), 131쪽에서 재인용

는 게 수백 년이 지나도 거의 변하지 않는다고 생각했던 당시 유럽인들에게는 엄청난 충격이었습니다. 이 장기 인플레이션 현상을 학자들은 **가격혁명**Price Revolution이라 부릅니다. 혁명이라는 단어에서 짐작할 수 있듯 이 사건을 기점으로 유럽 사회에 큰 변화가 찾아오는데요, 특히 전통적인 신분 질서가 위기를 맞게 됩니다.

설마 인플레이션으로 손익을 본 사람들 사이에 차이가 나서요?

정확합니다. 인플레이션은 현물을 가진 사람, 그리고 채무자에게 유리하고 현금을 가진 사람과 채권자 등에게 불리하다고 했죠. 소유한 자산의 종류가 이후 사람들의 운명을 갈랐습니다.

예를 들어 돈을 빌려 사업하는 상인이나 수공업자들의 채무 부담은 가벼워졌습니다. 땅 주인에게 임대료를 내며 농사 짓던 농민의 수익도 상승했죠. 반면 돈을 빌려주거나 고정적인 이자를 받던 땅 주인, 그리고 연금수급자였던 상당수 귀족의 입지는 약해졌습니다. 기존 신분 질서의 변화는 16~17세기에 상공업이 발달하고 시민혁명이 일어나는 경제적 바탕이 되었습니다. 인플레이션이 낳은 엄청난 파급효과였죠.

인플레이션이 역사를 바꿔놓았네요.

인플레이션의 사회 전체적인 이득

인플레이션에는 경제성장을 촉진하는 측면도 있습니다. 월급을 지급하는 고용주, 그러니까 사업가 입장에서 생각해봅시다. 일반적으로 매년 임금 계약을 할 때 물가상승률을 반영하긴 하지만 꼭 지켜지는 약속은 아니잖아요? 임금인상률이 물가상승률보다 낮은 경우 물가가 상승한 만큼 상품을 비싸게 팔 수 있는데 임금은 그보다 적게 올랐으므로 그 격차만큼 사업가가 이득을 볼 수 있습니다.

실시간으로 물가상승률을 반영해 월급을 올려주진 않겠죠.

'빚을 녹여버리는' 인플레이션의 효과 때문에 빚내서 새로운 사업에 투자할 때도 부담이 적습니다. 투자가 확대된다는 건 누군가에게는 새로운 소비의 기회를, 누군가에게는 고용을 의미하기에 경기 활성화의 신호탄이 될 수 있죠.

인플레이션의 선순환 작용

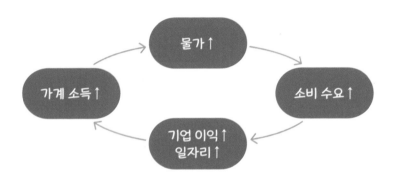

피고용인 처지에서도 마찬가지입니다. 한 달 월급으로 300만 원을 받는다고 가정해봅시다. 연봉 협상을 앞둔 이 사람은 두 개의 세상 중에서 하나를 선택할 수 있어요. 물가상승률이 0%이되 임금은 그대로 300만 원을 받는 세상, 다른 하나는 물가상승률이 5%지만 월급이 315만 원으로 인상되는 세상입니다. 여러분이라면 어느 쪽 세상을 택하겠어요?

금액으로 보면 똑같은 거 아닌가요?

물가상승률0% 임금인상률0%

VS.

물가상승률5% 임금인상률5%

맞아요. 그런데 연구 결과에 따르면 이성적으로는 두 선택지의 가치가 같다는 걸 알면서도 응답자 대부분이 후자를 선호했다고 합니다. 대부분의 사람은 인플레이션을 고려한 **실질가치**보다는 **명목가치**에 구애되기 마련이거든요.

하긴… 당장 통장에 찍히는 돈이 315만 원인 편이 더 행복할 것 같긴 하네요.

자산을 되파는 사람들의 심리도 비슷합니다. 물가가 올라서 조금이라도 차액을 남길 수 있을 때 쉽게 거래를 결정한다고 해요. 이처럼 거래가 많이 일어난다는 면에서 인플레이션은 사회적으로 이득이 될 수 있습니다. 설령 조삼모사 같은 면이 있다 할지라도 말이죠.

인플레이션은 무조건 나쁘다고 생각했는데 덕분에 거래가 활성화

된다면 결과적으로 경기가 더 좋아질 수도 있으니 마냥 나쁘다고
보기는 어렵겠어요.

물가상승률-5%   물가상승률2%
판매가격-3%   판매가격3%

물가가 오른다고 하면 일단 부정적으로 느껴질 수 있지만, 사회가
감당할 수 있을 정도의 완만한 인플레이션은 경제를 잘 돌아가게
만드는 윤활유 역할을 해요. 잘만 이용하면 전체 경제에 도움이 될
수 있죠.

인플레이션도 인플레이션 나름이다

물론 인플레이션이라고 해서 다 같은 인플레이션은 아닙니다. 앞서 본 인플레이션, 그러니까 투자가 활발해지고 소비가 촉진되면서 생기는 인플레이션을 **수요 견인 인플레이션**이라 합니다. 물가가 상승해도 그만큼 소득 증가가 뒷받침되므로 긍정적인 영향이 크죠. 하지만 생산 비용이 상승해 발생하는 공급 측면의 인플레이션은 부정적인 영향이 커요.

생산 비용이 상승해서 일어나는 인플레이션이요? 그런 게 잘 일어나나요?

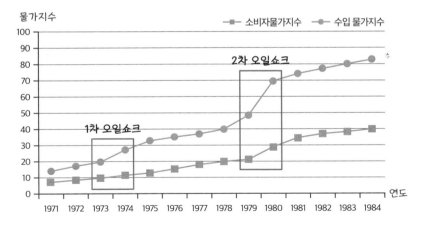

1, 2차 오일쇼크 당시 한국의 물가지수

1970년대 오일쇼크 같은 사태가 한 예죠. 원유를 비롯한 원자재의 가격이 상승해 거의 모든 생산 및 운송 비용, 제품 가격까지 연달아 상승하며 인플레이션이 발생했어요. 이런 경우를 가리켜 **비용 상승 인플레이션**이라고 합니다. 국가 간 무역이 중단될 때 공급망에 차질이 생겨 일어나는 인플레이션도 여기에 해당하죠.

이런 인플레이션은 대개 일시적 충격이 원인이기에 비교적 빨리 수습되지만 소득의 증가 없이 물가만 급등하므로 사회 전반에 미치는 악영향이 큽니다. 실제로 두 차례의 오일쇼크는 경기는 침체하지만 물가는 상승하는 **스태그플레이션**을 일으켰죠.

소득은 그대로인데 물가만 급등한다니, 상상도 하기 싫은 상황이네요.

또 유구한 역사를 자랑하는 인플레이션 중에는 화폐 그 자체의 가치 하락으로 인한 인플레이션이 있습니다. 로마 멸망에 한몫한 것도 그런 인플레이션이었죠.

로마 제국을 멸망시킨 인플레이션

잠깐 역사상 가장 대단했던 제국 중 하나인 로마 제국의 멸망을 이야기해볼까요? 로마 제국이 한창 잘나가던 시절에 발행한 은화는 순도 100%에 가까웠어요. 영토가 계속 팽창해 수입이 넉넉했기 때문에 가능한 일이었습니다. 그런데 지중해 주변 국가를 모조리 정복하고 나자 기세가 빠르게 꺾이기 시작하죠. 수입은 급격히 줄은 반면 거대한 영토를 유지하기 위한 군사비는 막대하게 들어갔으니까요.

정부의 재정적자가 심화할 때 자금을 마련하는 가장 쉬운 방법을 우리는 이미 알죠. 화폐를 추가 발행하는 겁니다. 주화를 쓰던 시절엔 금화나 은화의 순도를 떨어뜨리는 방법으로 더 많은 양을 발행할 수 있었어요. 소량의 금속만으로 더 많은 주화를 찍어내는 방법이었죠.

악명 높은 네로 황제 시절 로마 제국은 은을 89%만 넣고 나머지는 저렴한 동과 구리를 섞어 은화를 발행하는 화폐개혁을 단행합니다. 네로보다 더 악명 높은 콤모두스와 카라칼라 황제 시대를 지

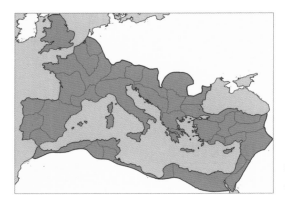

전성기 로마가 통치
하던 지역

나고 나면 은화의 순도는 50% 이하까지 떨어져요. 심지어 제국
말기에는 은이 거의 들어 있지 않게 되고 맙니다.

그러면 사람들이 제국의 돈을 믿고 사용하지 못했을 텐데요.

그렇습니다. 당장 돈이 급하니까 써서는 안 될 방법까지 써버린 거
죠. 이렇듯 화폐 가치, 즉 액면가와 실제 가치의 차액만큼 발행 국
가가 가져가는 이득을 **시뇨리지**라고 합니다.

화폐 발행 주체가 얻는 이득

시뇨리지요? 처음 듣는 말 같아요.

중세 유럽의 영주를 뜻하는 시뇨르seigneur에서 유래한 말입니다. 영주는 봉건적 방식으로 각 지방을 다스렸던 귀족들을 일컫죠. 중세 시대에는 개별 영주가 지방에서 통용되는 화폐를 발행할 독점적 권한까지 갖고 있었습니다.

중세 시대의 주조소 풍경

그 시기 시뇨리지란 이런 겁니다. 예컨대 어느 지역 영주가 특정 주조소, 즉 주화 제작소를 지정해 거기에서 만든 은화로만 세금을 받는다고 공표합니다. 이제 세금을 내려는 사람들은 해당 주조소에 은을 가지고 가서 은화 제작을 의뢰해야 하겠죠. 그런데 그 과정의 차익을 영주가 챙깁니다. 누군가가 은괴 10킬로그램을 주조소에 맡기며 은화를 만들어달라 요청했다고 해보죠. 그러면 주조소에서 이 은괴 중 9킬로그램만큼만 써서 은화를 만들어줍니다. 그리고 남은 1킬로그램의 은은 영주가 수수료 명목으로 챙긴 후 은화를 추가로 찍어냅니다. 이렇게 영주들이 금화나 은화의 주조를 통제해 얻은 이익을 시뇨리지라고 불렀습니다.

영주는 가만히 앉아서 10%의 이익을 얻는 거예요? 돈 벌기 진짜 쉽네요….

이렇게 매번 추가로 주화를 찍어내면 시중 통화량이 그만큼 늘어나니 인플레이션이 생기겠죠? 영주가 부채를 지고 있는 경우 그 과정에서 또 이득이 발생합니다. 부채가 상대적으로 줄어드는 효과까지 누릴 수 있으니까요.

아, 인플레이션은 빚을 녹여버릴 수 있다고 하셨죠!

맞아요. 하지만 영주를 제외한 모든 사람은 물가 상승으로 인해 주머니 속 돈의 가치가 하락하는 손해를 입습니다. 인플레이션으로 인해 생기는 손해가 마치 세금 내는 것과 같아서 이를 **인플레이션 세금**Inflation Tax이라 부르기도 해요.

그렇네요. 직접 세금을 안 거뒀을 뿐 물가가 오르면서 생기는 손해는 나머지 구성원들 몫이겠네요.

네, 당장 우리가 쓰는 원화의 경우도 마찬가지예요. 한국은행을 비롯해 화폐를 발행하는 국가는 막대한 시뇨리지를 누립니다. 5만 원짜리 지폐를 한 장 만드는 데 들어가는 모든 비용을 합치면 약 200원 수준이라고 해요. 나머지 4만 9,800원은 한국은행의 시뇨리지가 되는 거죠.

와, 금액을 들으니 실감 나네요. 화폐를 발행할 수 있다는 건 정말 엄청난 특권이군요.

하하, 그렇죠. 하지만 시뇨리지를 노려 무리하게 화폐를 발행했다가는 도리어 인플레이션으로 수습하지 못할 역풍을 맞을 수 있어요. 과거 로마 제국도 그렇게 멸망을 재촉했죠. 전성기 이후 은화의 순도가 떨어지자 화폐의 신뢰도가 낮아지면서 화폐를 통한 경

경상북도 경산에 있는 한국조폐공사 화폐본부에서 5만 원권 지폐가 인쇄돼 나오고 있다. 이 지폐는 한국은행이 인쇄 비용만 지급하고 사들인 뒤, 일련번호와 한국은행 총재의 사인을 등록한 후 유통시킨다.

제 활동이 위축됐고, 물가 상승으로 민심을 잃어버려 거대한 제국이 순식간에 무너져버렸습니다.

화폐 가치가 떨어지면 무역이 필수인 요즘에는 더 큰 문제가 일어날 수 있습니다. 1997년 IMF 외환위기 때 우리나라가 몸소 겪은 사태기도 하죠.

화폐 가치가 떨어진다는 건 똑같은 상품을 수입해올 때 더 많은 돈을 내야 한다는 뜻, 즉 수입 상품의 가격이 비싸진다는 뜻이에요. 수입 물가가 상승하면 국내 상품 가격에 영향을 미치면서 시장 전체에 인플레이션 압력이 높아집니다. 그러면 실물 자산에 대한 수요가 커지며 다시 화폐의 상대적 가치가 떨어지죠. 악순환에 빠지는 거예요. 외화 보유액이 선진국에 비해 적어 화폐 가치 하락을 방어하기 어려운 개발도상국에서는 이런 외환위기가 더 쉽게 일어납니다.

아무튼 외환위기로 인한 인플레이션도 소득의 증가 없이 물가만 상승하는 인플레이션이고, 그래서 장점이 거의 없는 인플레이션이죠.

안 그래도 어려운 시기에 인플레이션 위험까지 커지는 거군요. 난감하겠네요.

어떨 때는 특별한 이유 없이 사람들의 기대만으로 물가가 오르거나 내리기도 해요. 이 현상을 **기대인플레이션**이라고 합니다.

기대는 현실이 되고 현실은 기대가 되고

여러분은 앞으로 서울 아파트값이 오를 거 같나요? 아니면 내릴 거 같나요?

글쎄요. 제가 부동산 전문가는 아니지만 적어도 내려가지는 않을 것 같아요. 돌이켜보면 거의 오르기만 했으니까….

그렇다면 아파트값의 기대인플레이션이 있다고 볼 수 있어요. 사회 구성원 대다수가 미래에 가격이 오를 거라고 여긴다면 상대적으로 가격이 저렴한 지금 아파트를 구매하려 하는 사람들이 많아집니다. 그렇게 수요가 늘면 아파트값이 실제로 상승하죠. 기대인플레이션이 실제 인플레이션을 유발하는 겁니다.

여럿이 믿으면 그게 현실이 된다더니… 딱 그 말 그대로네요.

금리도 기대인플레이션의 영향을 받아요. 보통 우리가 아는 금리는 **명목금리**입니다. 은행에 예금하거나 대출받을 때 적용되는 금리죠. 그와 달리 **실질금리**라는 게 있습니다. 이 금리는 물가상승률을 고려한 실제 이자율이에요.

이를테면 2년짜리 정기예금에 가입할 때의 수익률을 추산해본다고 합시다. 은행이 약속하는 금리 5%, 이게 명목금리입니다. 그런데 그 2년 동안 물가가 2% 오를 거라고 예상된다 쳐요. 기대인플레이션값이 2%라는 거죠. 실질금리는 명목금리에서 기대인플레이션값을 뺀 3%입니다.

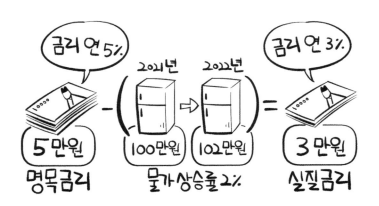

만약 명목금리가 1%대라면 그사이 물가는 2% 오를 테니 실질적으론 손해겠네요

네, 실질금리가 마이너스면 예금하기보다는 다른 데 투자하는 게 이득이죠. 그러니 시중은행에선 적어도 사람들이 생각하는 기대인플레이션보다 높은 수준의 명목금리를 약속해야 예금이 빠져나가지 않게 막을 수 있습니다. 은행도 예대마진을 봐야 하니 대출금리는 예금금리보다 더 높아질 테고요.

기대인플레이션값이 높으면 자연스레 실질금리가 떨어지기 때문에 소비 수요가 커집니다. 부작용은 인플레이션의 공통 부작용, 그러니까 부채율이 늘어나고 경기가 과열될 우려가 있다는 거죠. 그

래서 기대인플레이션값에 따라 금융 당국이 선제적으로 **기준금리**를 인상하기도 합니다. 기준금리는 국가 정책적인 관점에서 결정되는 금리라 정책금리라고도 부릅니다.

소비자물가 급등에 한은 금리 인상 '만지작'

국내 소비자물가가 급등하면서 인플레이션 우려가 현실로 다가왔다. 급격한 경기 회복으로 물가 상승세가 가팔라지면 한국은행이 기준금리 인상을 서두를 것이라는 관측이 나온다. (…)

—《매경이코노미》 2021.6.7

눈치 싸움 같네요. 인플레이션을 예상해서 기대인플레이션이 높아지는데 그 기대인플레이션을 보고 실제로 금리를 인상하고….

맞습니다. 기대인플레이션값은 사람들의 경험에 영향을 받아 움직여요. 예컨대 1990년대 우리나라에서 대기업을 다녔던 직장인에게 물어봤다면 기대인플레이션값이 굉장히 높았을 겁니다. 대다수 직장인의 연봉이 해마다 10~20%는 어렵지 않게 인상됐을 때니까요. 고성장, 고물가가 계속되리라고 여겼을 겁니다.

반대로 저성장 사회로 접어든 지 오래된 요새 일본 직장인에게 물어보면 기대인플레이션값이 굉장히 낮을 겁니다. 일본은 지난 10년 동안 경제성장률과 기대인플레이션값이 계속 마이너스였어요. 그 말은 곧 일본에서 경제활동을 하는 사람들은 물가가 하락하리라고 예상하면서 행동한다는 겁니다. 1990년대 우리나라 사회와 비교했을 때, 사람들의 소비가 어떻게 다를 것 같나요?

집을 살까 말까 고민할 때 점점 가격이 내려갈 거 같으면… 확실히 안 사려고 하겠네요.

그렇습니다. 생필품을 살 때조차도 소비 심리가 위축됩니다. 한 달 뒤에 가격이 내려갈 게 뻔하니 당장 지갑을 열지 않고 기다리게 되죠. 이렇게 모두가 가격이 내려가기만을 기다리면서 소비와 투자를 미루기 때문에 경기는 점점 더 나빠집니다. 거래가 잘 이루어지지 않으니 시장이 침체되고, 세금 수입과 정부가 쓸 수 있는 돈은 줄어들고… 이게 디플레이션입니다.

디플레이션, 악순환의 고리

한번 디플레이션이 시작되면 악순환의 고리를 끊기 쉽지 않아요. 소비와 투자가 위축되고 경기침체와 물가 하락이 동시에 일어나 쉽사리 경기가 회복되지 않습니다.

디플레이션의 악순환 작용

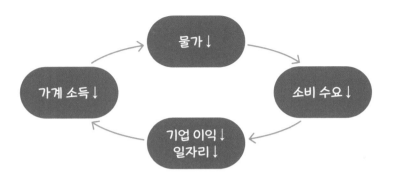

하지만 물가가 하락하면 같은 값에 많은 걸 살 수 있으니 좋아하는 사람이 있지 않을까요?

어떤 사람에게는 반가운 소식이 될 수 있겠지만, 빚이 있는 사람들에게는 이보다 나쁜 상황이 없을 거예요. 인플레이션과 정반대로 디플레이션은 채권자보다 채무자에게 불리하거든요. 소득과 자산 가치는 하락하는데 상환할 대출액은 일정하니 실질적으로 채무자가 갚아야 할 부채는 커지죠. 예컨대 대출 2억 원을 끼고 3억 원짜리 집을 샀는데, 디플레이션 때문에 집값이 2억 원 아래로 떨어지는 상황을 상상해보세요.

집을 팔아도 투자한 돈 1억 원을 건지긴커녕 대출도 못 갚겠네요? 정말 무서운 상황인데요.

네, 그러다 보니 가계가 채무를 불이행할 가능성이 커지죠. 가계의 위기는 곧 은행의 위기로, 은행의 위기는 다시 기업의 위기로 이어집니다. 은행이 가계로부터 채무를 회수하지 못하면 기업에 돈을 충분히 대출해줄 수 없고, 자금 사정이 좋지 않은 기업은 가장 먼저 투자와 고용을 줄입니다.

더 나아가 기업이 자금을 확보하기 위해 가진 자산을 팔기 시작하면 전체 자산 가격이 내려갈 테고 그 결과 건전한 재정 상태를 유지했던 가계와 은행, 기업에까지 피해가 번질 겁니다. 작은 부문에서 시작된 경기침체가 점점 눈덩이처럼 몸을 불려 경제위기가 되는 과정은 대개 이렇습니다. 이게 디플레이션의 무서움이죠.

물가가 올라도 떨어져도 문제라니… 중앙은행도 여간 머리가 아픈 게 아니겠어요.

그렇죠. 최악의 위기라 할 수 있는 디플레이션을 피하기 위해서라도 각국의 금융 당국은 대부분 완만한 인플레이션을 목표로 정책을 운영합니다. 길을 걷다 운 나쁘게 맨홀에 빠지는 일을 방지하려면 좀 돌아가더라도 아예 맨홀을 피해 걷는 편이 좋겠죠? 마찬가지로 디플레이션이라는 위험에 빠지지 않도록 약간의 인플레이션을 용인합니다. 디플레이션으로부터 안전거리를 확보하려는 거죠.

디플레이션보다는 인플레이션이 상대적으로 낫다는 거네요.

맞아요. 여러분은 화폐 가치가 하락한다고 하면 왠지 달갑지 않을 거예요. 하지만 전체 사회 관점에서는, 특히 경기를 조절하는 금융당국으로서는 완만한 인플레이션이 이어져야 디플레이션이 찾아왔을 때 빠져나갈 구멍이 생겨요. 평소에도 경기가 적당히 활기를 띠고요. 그래서 대부분의 중앙은행이 다양한 정책을 통해 '2%대 인플레이션'을 달성하려고 노력합니다. 지금부터는 그 노력이 구체적으로 어떤 식으로 이루어지는지 소개해드릴게요. 그래야 우리 미래에 어떤 변수가 있을지 예상할 수 있으니까요.

경기 안정 정책, 누가 결정할까?

혹시 뉴스에서 기준금리를 발표하는 장면을 본 적 있나요? 본 적 없더라도 기준금리를 높였다던가 낮췄다던가 하는 이야기는 들어봤을 겁니다. 기준금리는 물가를 비롯해 고용, 환율, 경제성장, 국제수지 등 경제 전반에 직접 영향을 미치기 때문에 발표할 때마다 상당한 이목이 쏠리죠.

맞아요. 그런데 기준금리는 대체 누가 결정하는 건가요? 고위 공무원? 아니면 한국은행?

비슷하지만 더 정확하게는 **금융통화위원회**, 줄여서 금통위라 불리는 한국은행 산하 기구에서 회의를 거쳐 결정됩니다.

한국은행에 속한 기구면 그냥 한국은행인 거 아니에요?

금통위는 정책 방향을 결정하는 의결 기구고 한국은행은 그 결정을 집행하는 기관입니다. 금통위는 기준금리뿐 아니라 한국은행의 운영 방향을 결정하거나 우리나라의 각종 금융정책을 기획하고 심의하는 역할도 맡고 있습니다. 아주 중요한 기구죠.

엄청난 권한이 있네요. 사진 속 저분들이 우리나라에서 아주 중요한 분들이군요.

금융통화위원회가 소집되어 한국은행 총재의 주재하에 회의가 진행되는 모습. 언론의 취재 열기가 뜨겁다.

그렇죠. 대통령이 임명하는 7인의 위원으로 구성되고 이 중 의장은 한국은행 총재가 맡습니다. 이 의장을 '경제 대통령'이라고까지 부르더라고요. 나머지 6인은 의장과 주요 경제 관련 기관장들이 추천한 인사들입니다.

이분들끼리 회의를 거쳐 기준금리를 올리고 내리는 금융정책을 결정하는군요. 그러고 보니 뉴스에 경제부의 총리도 자주 나오던데… 여기에는 없나요?

하하, 경제 부총리를 '경제부 총리'로 오해하신 모양이군요. 경제부란 건 없고, 우리나라에는 부총리가 교육 부총리, 경제 부총리 둘 있는데 그중 경제 부총리는 기획재정부 장관이 겸임합니다. 기획재정부는 친숙하죠? 국가 예산을 수립 및 편성하는 행정 부서죠. 한국은행이 주로 시장과 통화량이란 관점에서 통화정책을 펼친다면, 기획재정부는 국민의 행복을 위해 돈을 어떻게 쓸지 결정하는 재정정책을 담당합니다.

결국 기획재정부 장관과 금융통화위원회 다 대통령이 임명하는 거네요? 경제정책은 정부의 의지를 따라 움직이겠군요.

꼭 그렇진 않습니다. 정부와 중앙은행 모두 국민 경제 안정이라는 공통의 목표를 갖고 있지만 서로 더 우선시하는 가치에 따라 대립

하고 견제하기도 해요.

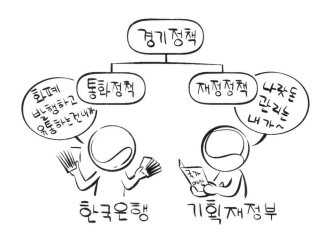

통화량 조절은 어떻게 이루어지나

중앙은행의 핵심 관심사는 금리와 통화량입니다. 경기가 침체되면 금리를 낮춰서 통화량을 늘리고, 경기가 과열되면 금리를 높여서 통화량을 줄이려 해요. 가장 쉬운 방법은 시중은행을 대상으로 한 대출 규모를 조절하는 겁니다. 시중은행에 빌려주는 돈을 늘리거나 줄이거나 하면 통화량을 조절할 수 있죠.

통화량을 조절한다고 해서 막무가내로 돈뭉치를 나눠주고 뺏어가고 하는 게 아니군요.

그럴 리가요. 예전에는 은행의 지급준비율이 통화량 관리 수단으로 자주 활용됐었어요. 지급준비율이 뭐였는지 기억을 되살릴 겸 예를 들어볼까요?

만약 한국은행이 7%였던 지급준비율을 10%로 올렸다고 해봅시다. 즉 은행들이 현금으로 가지고 있어야 하는 돈을 3%p만큼 더 확보해야 하는 상황이 됐죠. 이 상황은 대출을 받으려고 하는 일반 고객한테는 어떤 영향으로 돌아올까요?

대출할 수 있는 돈이 줄어드니까 대출을 받기 위한 경쟁이 치열해지지 않을까요?

맞아요. 그 결과 대출금리가 올라갑니다. 수요 공급의 법칙에 따라 돈의 양과 금리가 반대로 움직이는 거죠. 그리고 금리가 높아지면 높아질수록 대출이 줄어듭니다. 대출이 줄어든다는 건 민간의 소비와 투자가 위축된다는 뜻이고요.

지급준비율을 낮추면 반대 효과가 나타나겠죠. 시중은행이 지급준비금으로 묶어뒀던 돈을 민간에 대출해줄 수 있으니 시중에 돈이 풀리면서 통화량이 늘어나고 금리는 낮아집니다.

금리를 올리거나 내리고 싶을 때 지급준비율을 바꾸면 되겠네요.

그런데 지급준비율을 조절하는 방법은 자주 쓰이지 않아요. 지급준비율을 바꾸려면 법을 개정해야 하기 때문입니다. 매번 법을 손보는 방식으로는 급변하는 시장 상황에 적절히 대응하기 어렵죠.

중앙은행의 두 번째 무기

그보다는 **재할인율**을 조정하는 게 더 쉽습니다. 중앙은행이 은행의 은행이라고 했죠? 재할인율이란 중앙은행이 시중은행에 돈을 빌려줄 때 적용하는 금리입니다. 쉽게 시중은행의 대출금리라 봐도 무방해요.

시중은행에만 적용되는 금리가 따로 있군요.

은행의 특권이죠. 시중은행에서 우리가 돈을 빌릴 때 적용받는 금리는 **시중금리**라고 해요. 들쭉날쭉하긴 해도 보통 시중금리가 기준금리보다 꽤 높잖아요? 그런데 재할인율은 기준금리보다 약간 높거나 낮습니다. 그러니 시중은행은 낮은 이율로 대출을 받아 높은 이율로 민간에 대출해주면서 이익을 얻을 수 있죠.

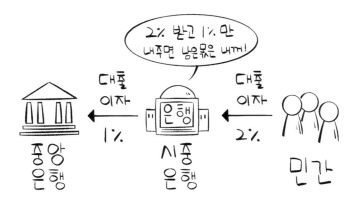

한국은행은 왜 민간까지 대출을 열어놓지 않을까요? 이익이 더 많이 날 수 있을 텐데요. 꼭 제가 더 낮은 금리로 대출을 받고 싶어서 그러는 건 아니고요….

하하, 한국은행은 사기업처럼 이익 극대화를 위한 조직이 아니에요. 안정적인 경제 운영이라는 공익적 목적이 있고, 이 목적을 달성하려면 시중은행과의 거래에 집중해야 합니다.

재할인율 역시 통화량을 조절하기 위한 중앙은행의 무기예요. 경기가 과열됐을 때는 재할인율을 높이는 전략을 씁니다. 시중금리와 재할인율 사이의 금리 차이를 이용해 이익을 얻는 시중은행은 자연스레 민간에 대출하는 금리를 따라 높이겠죠. 금리가 전체적으로 올라가면 대출 수요가 줄어들고 과열됐던 경기가 진정될 수 있습니다. 재할인율을 낮추면 그 반대일 테고요.

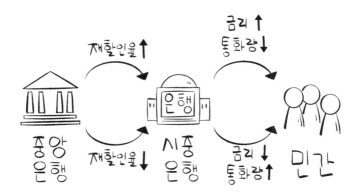

중앙은행이 시중은행과의 관계에 집중하는 이유를 알겠어요. 잘 협력해야 하는 관계네요.

그런데 이 무기 역시 과거보다는 잘 작동하지 않습니다. 무엇보다 시중은행이 중앙은행에서 돈을 잘 꾸지 않아요. 밖에서 볼 때 은행 스스로 해결 불가능할 만큼 자금 여력이 없다고 해석할 수 있기 때문입니다. 그러다 신뢰를 잃고 뱅크런이라도 터지면 큰일이잖아요? 그래서 중앙은행은 지급준비율과 재할인율 조정보다 공개시장운영이란 방법을 가장 많이 활용합니다. 대부분의 사람에게는 생소한 내용이겠지만 중앙은행은 수시로 공개시장운영을 하며 금리와 통화량을 미세하게 조절하고, 그것이 우리의 대출금리에까지 직결돼요.

공개시장운영이라는 무기

대출금리와 직결된다니 솔깃하긴 한데 정말 낯선 이름이네요.

공개시장운영이란 중앙은행이 직접 채권시장에 참여해 채권을 공개적으로 사고팔며 통화량을 조절하는 일을 뜻해요. 다시 말해, 시중은행을 비롯한 대형 금융기관과 중앙은행이 엄청난 규모의 채권 거래를 하는 거죠. 채권 중에서는 주로 만기가 짧은 국채를 거래하고요.

한국은행이 국채를 금융기관으로부터 사들이거나 가진 걸 팔아넘긴다…는 거잖아요. 그게 어떻게 통화량에 영향을 주죠?

일단 알고 있어야 할 게, 대부분 금융기관은 현금이 생기면 그냥 쌓아놓지 않아요. 아무리 보전이 필요한 돈이라도 원금을 떼일 우려가 없는 안정적인 상품, 그러니까 국채 같은 걸 이용해 조금이라도 차익을 남기려 하죠. 그래서 보통은 적든 많든 국채를 갖고 있습니다.
그렇기 때문에 한국은행은 통화량을 늘려야 할 때 이들에게서 국채를 사들일 수 있어요. 한국은행이 채권을 사면 그 대가로 돈을 지급하니 시중 유동성이 풀리죠. 반대로 한국은행이 확보하고 있던 국채를 팔 수도 있습니다. 이번에는 시중의 돈이 한국은행의 금고 속으로 빨려 들어가며 유동성이 줄어드는 효과가 생기죠. 국채와 돈을 교환함으로써 통화량을 조절하는 겁니다.

와, 국채로 그런 일까지 할 수 있군요.

그런데 중앙은행이 국채를 거래하는 과정에서 통화량만 변하는 게 아니에요. 국채를 사거나 팔면 국채 가격이 변동하고 그에 따라 채권의 이자율, 즉 금리도 변화합니다.

예컨대 어떤 이유에서 우리나라 국채가 채권시장에 한꺼번에 나왔다고 가정해봅시다. 채권 가격이 갑자기 내려갈 겁니다. 그만큼 국채의 금리는 높아지겠죠.

앞에서 알려주셨던 것 같은데 기억이 잘 안나요. 왜 가격이 내려가면 채권 금리가 높아지죠?

쉬운 예를 들어보죠. 액면가가 1만 원이고 금리는 1%짜리인 우리나라 국채 가격이 9,000원까지 떨어졌다고 칩시다. 어떤 투자자가 9,000원에 국채 한 장을 샀어요. 만기가 돼서 그 국채를 발행자인 정부에 돌려주면 금리에 상당하는 이자 100원과 원금 1만 원을 받을 수 있죠. 그런데 애초에 9,000원에 샀으니 거기에서

1,000원의 차익까지 수익으로 계산해야 합니다. 이 상황을 '국채 수익률이 올랐다' 또는 '채권 금리가 올랐다'고 합니다.

아, 실제 구매한 금액이 낮아지니까 수익률이 높아지는군요? 채권 값이 떨어지면 금리는 올라가는 거네요.

맞아요. 중앙은행이 국채 금리를 떨어뜨리려면 반대로 시중의 국 채를 사들이면 됩니다. 그러면 시장에 풀린 국채 물량이 줄어드니 가격은 올라가고 금리는 내려갑니다. 한번 정리해볼게요.

중앙은행이	채권을	통화량은	채권값은	채권 금리는
	산다	늘어난다	올라간다	낮아진다
	판다	줄어든다	내려간다	올라간다

딱딱 맞아떨어지는군요.

중요한 건 중앙은행이 공개시장운영으로 기준금리를 조절할 때 가장 많이 활용하는 채권이 다름 아닌 국채라는 거예요. 국가의 주 요 재원이자 금리와 물가에 직접적인 영향을 미치는 국채는 한 국 가의 화폐경제를 좌우하는 핵심 요인입니다. 여기서 국채에 대해 서 조금 더 자세히 알아볼까요?

현대 국가의 국채 발행 과정

국채는 용도에 따라 여러 종류가 있어요. 교육, 치안, 국방 등 일반적인 정부 재정으로 쓰이는 채권은 대부분 **국고채**입니다. 보통 기획재정부에서 다음 해에 필요한 예산과 예상되는 세입을 계산한 후, 필요한 만큼 발행하죠. 안정적인 투자처를 찾는 국내외의 다양한 금융기관들이 그 국채를 사들입니다. 그러면 정부는 예산 집행에 필요한 현금을 얻을 수 있고, 투자기관은 해당 국가가 망하지 않는 한 안정적인 이자 소득을 가져다줄 거래 가능한 금융 자산, 즉 국채를 얻게 됩니다.

저도 국채를 살 수 있나요? 파는 걸 못 본 것 같은데요.

국채도 회사채와 같은 다른 채권과 마찬가지로 채권시장에서 거래됩니다. 하지만 보통 사람은 살 수 없어요. 우리나라의 경우, 정부에서 발행 업무를 위탁받은 한국은행이 채권을 시장에 일괄 등록하면, 국채를 사고팔 자격을 얻은 국내 시중은행과 증권사 등만 사갈 수 있습니다. 이들을 국고채 전문 딜러라고 부릅니다.

제가 못 본 이유가 있네요. 정부가 국채를 발행하기로 하면 한국은행이 팔고 금융기관만 살 수 있는 거군요.

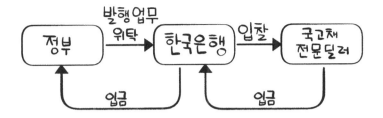

그렇죠. 너무 아쉬워할 필요는 없는 게, 국채는 안전한 투자처이긴 해도 일반 채권보다 수익률이 훨씬 낮습니다. 물론 이율은 발행국의 신용도와 채권 기간에 따라 천차만별이지만요. 2022년 3월 29일 기준으로 우리나라의 1년 만기 국채 수익률은 1.6% 정도입니다. 0.9%인 홍콩보다 높고 2.1%인 중국보다 낮은 수준이죠. 그런데 이건 채권시장에서 부르는 가격에 따라 정해진 금리고, 처음 발행했을 때는 이보다 높거나 낮았을 거예요. 그렇다면 처음 국채를 발행할 때는 어떤 식으로 금리가 결정될까요?

글쎄요. 발행하는 정부 마음 아니에요?

아니에요. 처음부터 경쟁 입찰로 정해집니다. 즉 투자자들끼리 경쟁을 통해 금리를 정하죠. 쉽게 말해 "2년 만기 대한민국 국채를 1조 원어치 발행하겠습니다. 여러분이 받고 싶은 금리를 써 내주세요" 하며 입찰에 부치는 거예요. 국내외 각종 투자기관에서 원하는 이율을 써내면 정부는 낮은 이율을 써낸 이들부터 순차적으로 1조 원까지 낙찰시킵니다.

이렇게 발행된 국채 이율은 낙찰된 이들이 써낸 금리 중 가장 높은 금리로 일괄 책정돼요. 이런 식이니 정부 신용이 안정적이고 전망이 밝은 국가일수록 입찰 경쟁률이 높아지면서 국채 금리도 정부에 유리하게 정할 수 있죠.

반대로 생각하면, 정부 재정이 불안정하고 위태로운 국가일수록 국채가 인기 없고 안 팔려서 이자율이 높게 책정돼버릴 수도 있겠네요.

그렇습니다. 신용이 높은 사람일수록 저금리로 돈을 빌릴 수 있다는 원칙은 국채에도 적용돼요. 비정하지만 당연한 일이기도 합니다. 국제 경쟁력을 갖춘 산업이 많고 인구와 경제 규모가 큰, 그리고 치안이나 인프라 등 사회 기반 시설이 안정된 국가일수록 정부

세수가 안정적으로 걷힐 테고 투자금을 회수할 가능성도 높을 테니까요.

그래서 국가 신용도가 중요합니다. 신용이 탄탄한 국가들은 적은 비용으로 자금을 조달하면서 국가 경제를 안정적으로 운영할 수 있어요. 영국이 19세기에 가장 강력한 국가가 될 수 있던 것도 바로 이 신용도 높은 국채 덕분이었습니다.

국채, 역사를 뒤바꾼 주역

오늘날 같은 국채 제도는 시민혁명과 함께 등장했습니다. 특히 17세기 말 영국에서 일어난 명예혁명이 중요한 계기가 되었어요. 혁명 이후 의회는 국채를 왕 개인의 채무가 아니라 국가가 책임지는 채무로 바꾸고 의회가 상환을 보증하는 등 제도를 정비합니다. 자의적이고 강압적으로 세금을 거두던 왕가와 달리 의회가 상환을 보증하니 국채의 신뢰도가 높아지는 건 당연한 일이었죠.

사실 이때까지만 해도 영국은 그렇게 힘이 센 국가가 아니었습니다. 일찍이 아메리카로 가는 항로를 발견한 스페인이나 오랜 경쟁국인 프랑스에 비해서도 경제 규모가 뒤지는 상황이었죠. 이때 잘 정비된 국채 제도를 만들었기에 후일 쟁쟁한 나라들과의 전쟁에서 영국이 승리할 수 있었던 겁니다.

국채 덕분에 전쟁에서 승리했다니, 국채가 전쟁이랑 무슨 관련이 있나 보죠?

깊은 관련이 있어요. 전쟁은 적대적인 관계에 있는 둘 이상의 국가가 자신의 자원을 불태워 가며 버티는 싸움입니다. 병사, 무기, 식량 등을 대려면 돈이 어마어마하게 많이 들어요. 예외가 없진 않지만 국가 간 경제력 순위와 군사력 순위가 비슷하게 나타나는 건 당연한 일입니다.

그러네요. 당장 미국과 중국만 해도 군사력으로 따지면 세계에서 가장 강력한 나라 중 하나니까요.

그래서 국채는 전쟁의 승패에 중요한 영향을 미칩니다. 예컨대 경

'권리장전'에 비준하고 있는 윌리엄 3세와 메리 여왕. 1688년 그림. 명예혁명을 이룬 영국 의회는 당시 네덜란드 총독이었던 윌리엄 공과 그의 아내 메리에게 즉위의 조건으로 의회와 국민의 권리를 보장하는 권리장전을 승인하도록 요구했다. 이를 통해 영국은 절대왕정 시대를 종결하고 시민 중심 사회로 이행했다.

제력이 100인 A국가와 80인 B국가가 전쟁을 한다고 가정해보죠. A국가는 상대를 봐가며 자신이 가진 100 중 80을 전쟁에 동원합니다. 그런데 B국가는 자국의 경제력을 넘어선 120을 동원해 승리합니다. 미래의 돈을 끌어다 주는 국채를 이용했기 때문이죠.

그럼 돈을 꿔다가 전쟁을 한 거예요? 잘은 몰라도 그러면 안 될 것 같은데요….

120의 경제력을 계속 발휘하기는 어렵겠지만 전쟁은 단기잖아요. 그러니 외부에서 최대한 돈을 빌리고, 국가 내부에서도 동원 가능한 민간 자본을 전쟁에 투입함으로써 단기간 경제력을 집중하는 게 가능합니다. 일단 전쟁에서 이기기만 하면 상대에게서 전쟁 보상금을 받아낼 수도 있고 점령지에서 얻을 자원을 기대할 수도 있으니까요.

일단 수단과 방법을 총동원해 이기고 보자는 생각으로 국채를 발행했겠네요.

물론 상환 능력 이상의 국채를 발행할 경우 나중에 갚아야 하는 부담이 만만치 않긴 합니다. 그런 부담을 피하고자 이자를 연금 형태로 지급하는 장기국채를 발행한다거나, 나중에는 아예 만기가 없는 영구채를 발행하기도 했죠. 1751년 영국에서 처음 발행된 콘

솔Consol이 영구채의 예입니다. 영국이라는 나라가 존재하는 한, 그리고 영국 정부가 원금까지 상환하지 않는 한 이 채권의 소유자는 연금 형태로 이자를 영원히 받을 수 있다는 조건의 국채예요.

영원히 이자를 지급해야 한다니… 길게 보면 영국 정부에 엄청나게 손해 아닌가요?

꼭 손해는 아닙니다. 물가상승률과는 상관없이 원금은 고정이고 그에 대한 이자만 지급하면 되니까요. 그동안 물가가 엄청나게 상승했으니 지금 약 300년 전에 발행된 콘솔을 가져가면 굉장히 미

영국 국채의 증가 추이

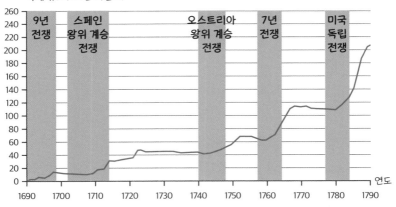

국채 규모(100만 파운드)

출처: R. Harris, 'Government and the economy, 1688~1850,' R. Floud and P. Johnson eds., *The Cambridge Economic History of Modern Britain, Vol. 1*, Cambridge: Cambridge University Press(2004), pp. 217.

미한 금액만 받을 수 있을 거예요.

중상주의 시대에 패권국이 되기 위해서는 군사력이 매우 중요했습니다. 영국은 군사비를 조달하는 수단으로 국채를 적극적으로 활용했어요. 앞의 그래프에서 볼 수 있듯이 대규모 전쟁이 발발할 때마다 눈에 띄게 국채 발행량을 늘렸습니다. 이게 영국이 해상지배권을 장악하는 데 엄청난 힘이 되었어요.

저 궁금한 게 생겼는데… 영국이 그렇게 국채로 대성공을 거뒀는데 다른 경쟁국들은 그 전략을 따라 하지 않았나요?

물론 다른 나라들도 국채를 적극적으로 활용했습니다. 하지만 이 국채라는 게 양날의 검 같아서 발행하고도 전쟁에서 패하면 그 빚이 큰 족쇄가 될 수밖에 없거든요. 지나치게 자주 전쟁을 일으켰던 스페인은 거의 15년에 한 번꼴로 국채를 못 갚겠다며 채무불이행을 선언했고, 프랑스도 국채를 활용했지만 종종 전쟁에서 패배했습니다.

이렇게 국채를 발행하고도 패배한 국가는 나중에 새로운 국채를 발행할 때 대단히 불리해져요. 일단 전쟁에서 졌으니 막대한 전쟁배상금을 물어야 하고, 거기에 국채 이자를 포함한 무시무시한 빚 부담을 짊어져야 했죠. 그렇다고 국가 재건을 위해 국채를 발행하지 않을 수도 없습니다. 가장 큰 문제는 국가 신용이 추락해버려 국채를 이전보다 높은 금리로 발행해야 한다는 겁니다. 안 그래도

프랑스와 영국의 운명을 결정지었던 1815년 워털루 전투

어려운 상황에 이자까지 비싸게 불러야 국채가 팔리는 거죠.

빚을 내서 전쟁하면 역시 문제가 생길 거 같았어요.

승리한 국가, 이를테면 영국의 사정은 반대였습니다. 명예혁명 이후 국채 금리가 10%에서 6%, 가장 잘나갈 때는 2%대까지 떨어졌죠. 당시 전 세계 어디에서도 찾아보기 힘든 수준이었어요. 나라의 부강함이 곧 국채시장에서의 신용도를 높이는 효과를 가져온 겁니다. 이렇게 싼값으로 돈을 조달할 수 있는 높은 신용은 18, 19세기까지 영국이 승승장구하도록 든든한 기반이 돼줬습니다.

나라도 빈익빈 부익부네요. 얄궂게도….

국채 발행의 도미노 효과

오늘날 국채가 어떤 식으로 국가 경제를 좌지우지하는지 구체적으로 가정해볼까요? 만약 기준금리가 1.5%이던 시점에 기획재정부가 국고채 1조 원어치를 이자율 2%로 발행했다고 칩시다. 한국은행이나 외국 중앙은행뿐 아니라 국내 연기금과 금융기관에서도 이 채권을 사갈 거예요. 국채가 팔렸으니 시중 통화량은 대략 1조 원이 줄어들었겠죠.

아, 국채를 발행했으니 시중 통화량이 한국은행으로 흡수되겠군요.

맞아요, 통화량이 줄어드니 의도치 않게 경기를 위축시킬 위험이 있습니다.
이어지는 상황도 가정해보죠. 더욱 강력한 경기 부양의 필요성을 느낀 우리나라 정부가 국책 사업을 추진하려고 국고채 추가 발행을 예고합니다. 그러자 국고채 금리가 갑자기 2.5%까지 폭등하죠. 국고채 가격이 하락할 것을 예상한 시장참여자들이 너도나도 국고채를 팔고자 하면서 가격이 하락하고 기대되는 수익률, 곧 채권 금리가 2.5%로 상승한 거예요.

발행한 것도 아니고 예고한 것만으로도 가격이 떨어지고 금리가 올라가네요.

그런데 이제 정부가 예고한 대로 국고채를 발행하기 어려워졌어요. 2.5%보다 높은 금리로 발행해야 채권이 팔릴 텐데 그렇게 국채 공급을 늘리면 가격은 더 하락하고 금리는 더더욱 높아지는 악순환이 이어질 테니까요. 금리가 높아지면 이자를 갚아야 하는 정부의 부담이 커질 테니 앞으로 국채 발행은 점점 더 어려워질 수밖에 없습니다.

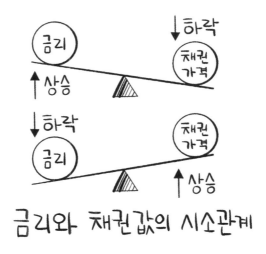

국채 발행은 예고부터 신중히 해야겠어요.

정부의 부담만 커지는 게 아니라 민간의 부담도 가중돼요. 국채 금리가 오르면 시중금리도 따라 오르기 때문이죠. 국채 금리가 2.5%라는 건 우리나라 돈으로 살 수 있는 가장 안정적인 투자 상품의 이율이 2.5%라는 뜻입니다. 그러니 이보다 위험성이 큰 채권, 이를테면 금융기관이 발행하는 금융채, 기업이 발행하는 회사채 등의 이율도 덩달아 상승 압력을 받아요. 국채보다 낮은 이율을 제공한다면 굳이 더 불안정한 채권을 살 이유가 없으니까요.

아, 그러니까 제 대출금리도 도미노처럼 연이어 올라버릴 수 있다는 건가요?

맞아요. 그렇게 민간의 소비와 투자는 위축될 가능성이 커집니다. 우리나라 정부가 국채를 추가 발행하려던 의도가 경기 회복이었다면 그 의도와 정반대 결과를 가져오는 겁니다. 이를 어려운 말로 **구축효과**라고 합니다. '구축'은 몰아서 쫓아낸다는 뜻이에요. 즉 정부의 지출이 민간의 소비와 투자를 쫓아내는 현상을 의미합니다.

복잡하지만 이해됐어요. 국채를 발행할 때 무작정 발행하지 말고 금리가 어떻게 움직일지 예측해야 한다는 거죠?

구축효과 = 정부의 지출 확대가 민간의
　　　　　소비·투자를 쫓아내는 현상

맞습니다. 국채를 발행했을 때 사줄 수요가 충분한지도 고려해야 합니다. 발행을 예고했는데 사겠다고 나서는 투자자들이 없으면 '아, 한국 국채가 인기가 없구나' 하면서 시장에 채권이 대량으로 풀리겠죠. 곧 국채 가격 하락, 국채 금리 상승, 시중금리 상승이 연달아 일어날 겁니다. 정부가 재정 확보에 어려움을 겪는 건 물론, 금리 상승으로 우리나라 경제 전체에 상당한 충격을 미치겠죠.

무리하게 국채를 발행했다가는 금리만 높아지겠군요. 아예 국채를 발행하지 않으면 안 되나요?

그럴 수가 없습니다. 국채는 국가 재정의 핵심이에요. 세상 어떤 정부도 국채 없이 세금만으로 재정을 운용하지 않습니다. 대출 없이 자기 자본만으로 경영하는 기업이 거의 없는 것과 마찬가지예요. 자, 정부가 국채를 많이 발행할 때가 언제일지 한번 예상해보시겠어요?

음, 돈이 필요할 때겠죠? 세금이 부족해질 때?

개인도 갑자기 예상치 못한 병에 걸린다거나, 생애주기에 따라 돈이 많이 필요한 시기가 있잖아요? 국가도 마찬가지입니다. 예기치 못한 사고나 재난이 닥칠 때, 정치적으로나 경제적으로 중요한 변화가 있을 때 재정 확장이 필요해지죠. 최근에 벌어진 코로나19 사태가 좋은 예입니다. 정부와 중앙은행이 발 빠르게 돈을 풀어 경제위기에 대처하는 모습을 보여줬죠. 지난 일이라 많이 잊었을 것 같은데요. 기억나나요?

뉴스에서 매일같이 경제 정책을 발표하던 건 어렴풋이 기억이 나요.

코로나19 바이러스는 세계경제에 누구도 예상하지 못한 충격을 안겼습니다. 감염병이 어떻게 경제위기로 확대될 수 있는지, 그 위기 상황에서 정부와 금융 당국의 역할이 얼마나 중요한지 이해하게 된 시간이었죠.
정부와 중앙은행의 대응이 코로나19 이후 경기 회복을 결정하는 만큼, 그 이야기를 좀 해보려고 합니다. 밀려올지도 모를 경제 공황의 파도를 피하기 위해 중앙은행과 정부가 무슨 시도를 할 수 있고, 그게 국민경제 전체에 어떤 결과를 낳는지 말입니다.

위기 탈출 넘버 원, 금리 인하

2020년 3월, 코로나19 감염병의 갑작스런 창궐로 실물경제가 일순간 멈춰버렸고, 그 여파로 전 세계 금융시장이 빠르게 위축됐습니다. 미국 등 선진국을 비롯해 세계 곳곳이 국경을 봉쇄한 데다 경제가 침체될 거라는 우려가 확산되면서 주가는 유례없는 수준으로 하락했죠.

2018~2020년 코스피와 글로벌 주가

코로나19가 확산한 이후 주가 지표가 전례없이 하락했다. 미국은 다우지수, 선진국과 신흥국은 MSCI 지수 기준(2018년 1월=100).

출처: KOSCOM, Bloomberg

그런데 잠깐뿐이고 금세 회복하지 않았나요?

맞습니다. 경기침체에 대한 불안이 예상보다 빨리 진정되면서 주가도 금세 회복됐어요. 심지어 하락폭보다 더 큰 폭으로 반등하면서 바야흐로 '개미 투자자'의 시대가 열리기도 했고요. 이처럼 금융시장이 빨리 회복될 수 있었던 건 국가 차원의 전방위적인 대응을 빼놓고는 설명할 수 없는 일입니다.

위기가 터진 후 전 세계 중앙은행이 가장 먼저 한 일은 긴급히 기준금리를 내리는 거였어요. 한국은행도 3월에 기준금리를 0.5%p, 5월에는 0.25%p를 더 내렸죠. 미국 중앙은행인 연방준비제도, 즉 연준은 2020년 3월에만 두 차례, 무려 1.5%p를 내리며 이른바 '제로금리'의 시대를 열었습니다.

저도 그 말은 들어봤어요. 금리가 0%라는 거죠?

딱 0%는 아니더라도 0%대면 보통 제로금리라고 합니다. 기준금리 변동은 통상적으로 0.25%p씩 진행돼요. 이걸 **베이비스텝**Baby Step이라고 부르고, 이례적인 0.5%p 변동은 **빅스텝**Big Step, 0.75%p 변동은 **자이언트 스텝**Giant step이라고 부릅니다. 그런데 빅스텝을 넘어 한 달 사이에 기준금리를 1.5%p나 낮췄다는 건 그만큼 강력한 경기 부양책이 필요했다는 의미죠.

좀 색다른 방법은 없나요? 왜 금리만 손대는지 모르겠어요.

기준금리 조정은 시중금리, 즉 예금금리와 대출금리에 직접적인 영향을 미치는 가장 빠르고 강력한 정책 수단이에요. 초단기 금리인 기준금리는 그보다 장기인 금리에 연쇄적으로 영향을 미치니 그 효과가 눈덩이처럼 불어나죠. 한국은행에 따르면 2021년 말 기준으로 기준금리를 0.25%p 올렸을 때 가계의 이자 부담이 2조 5,000억 원가량 증가한다고 합니다. 반대로 기준금리를 내리면 그만큼 대출 부담이 가벼워지기 때문에 경기가 활성화되는 효과를 기대할 수 있지요.

고작 0.25%p인데 실제 금액은 엄청나군요. 가계 이자 부담만 2조 5,000억 원인 거지, 기업까지 더하면 수치가 훨씬 커지겠어요.

금리를 인하하거나 인상하는 정책은 중앙은행이 국민에게 보내는 중요한 신호입니다. 예컨대 불황의 조짐이 보일 때 중앙은행이 기준금리를 0.5%p 인하한다면 '그만큼 중앙은행이 경기를 부양할 준비가 돼 있다', '경기 안정을 위해 노력할 거다'라는 메시지를 전하는 거예요. 잔뜩 긴장했던 사람들이 그걸 보고 졸라맸던 허리띠를 다시 느슨하게 풀 수 있겠죠. 그러면 금리 인하의 효과가 더 강력하게 나타나면서 불황의 불씨가 초기에 진압될 수 있습니다.

기준금리를 낮추는 게 사람들을 안심시키는 거군요.

대중의 막연한 불안이 문제를 더 키우지 않도록 초기에 손을 쓰는 거죠. 금리 인하는 1930년대 대공황 당시 연준의 잘못된 대처를 반성한 결과이기도 합니다. 공황을 극복하려면 금리를 낮춰야 했는데 연준이 도리어 금리를 올려 경기 회복을 더 어렵게 만들었죠. 이후 연준의 정책을 두고 많은 연구가 이루어진 결과, 기준금리 인하는 경제위기 시에 중앙은행이 해야 할 첫 번째 임무로서 하나의 공식처럼 자리 잡았어요.

금리 인하 정책의 한계

코로나19 사태 이전인 2008년에도 심각한 금융위기가 찾아온 적 있었죠. 그때 기준금리를 조절하는 것만으로 경기가 나아지지 않자 연준은 이전과는 다른 대응책을 내놓았어요. 연준이 시도한 통화정책이 바로 **양적완화**quantitative easing입니다. 아마 신문이나 뉴스에서 한 번쯤 들어보셨을 거예요.

맞아요. 정확한 내용은 모르지만 낯이 익네요.

양적완화 정책은 비유하자면 심장 충격기 같은 거예요. 심폐소생술을 할 때 먼저 가슴 압박을 진행하고, 그래도 의식이 돌아오지 않으면 심장 충격기를 사용하라고 하잖아요. 쓰러져버린 경제에 기준금리 인하로 1차 충격을 줬는데 정신이 돌아올 기미가 보이지 않자 아예 심장 충격기를 사용하는 게 양적완화입니다.

양적 완화는 보통 연준이 어마어마한 양의 국채를 계속 사들여 시중 통화량을 늘리는 형태로 나타납니다. 돈이야 찍어내면 되니까요. 수치화된 데이터로 돈이 존재하는 요즘에는 단순히 클릭 몇 번만으로 한 달에 몇십조 원씩 풀 수 있습니다. 이 과정이 마치 헬리콥터에서 돈을 뿌리는 것과 비슷하다고 해서 '헬리콥터 머니'라는 별명이 붙기도 했어요.

양적완화의 면면을 살펴보기 전에 기준금리 인하로는 부족했던 이유부터 확인하고 가죠. 오른쪽 그래프를 보시면 2008년 전후로 미국 기준금리 추이가 나와 있습니다.

2008년에 기준금리가 확 떨어지네요. 4~5%대에서 1년 만에 제로금리로요.

미국 기준금리 추이

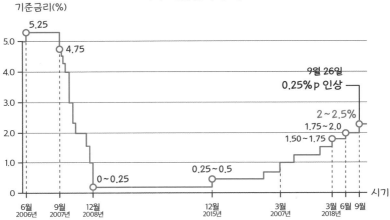

연준이 기준금리를 빠르게 인하한 겁니다. 자세히 보시면 2007년 말, 기준금리가 4%대였을 때는 아직 금리를 인하할 여유가 충분했죠. 그런데 2008년에는 기준금리가 이미 0.25%까지 떨어진 상황이에요. 더 이상 금리를 내릴 여력이 없는 거죠. 아예 마이너스까지 가지 않는다면 말입니다.

그러게요. 마이너스 금리도 괜찮나요? 그래프를 보니까 거기까지는 안 간 것 같은데….

가능하긴 하지만 섣불리 시도하기는 어려워요. 경기 부양 효과는 있지만 부작용이 발생할 수 있기 때문입니다. 이 부작용에 대해서는 뒤에서 다시 살펴보기로 하고요. 아무튼 핵심은 하한선이 있기 때문에 금리 인하라는 카드를 계속 쓸 수 없었다는 거예요.

실제로 코로나19 바이러스가 막 퍼지던 초기에는 기준금리 인하 조치가 효과가 있을지 우려가 컸어요. 이미 전 세계가 저금리 기조를 이어가던 상태라 떨어뜨릴 수 있는 정도가 제한적이었거든요.

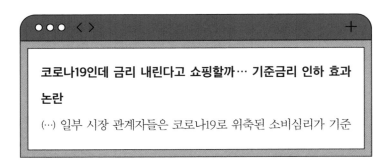

코로나19인데 금리 내린다고 쇼핑할까… 기준금리 인하 효과 논란

(…) 일부 시장 관계자들은 코로나19로 위축된 소비심리가 기준

금리 인하로 살아나기는 어렵다는 의견을 보였다. 이미 사상 최저 수준인 기준금리 인하의 체감 효과가 과거와 같지 않다는 지적도 나온다. 직관적인 근거 외에도 한은의 금리 여력이 얼마 남지 않았다는 점은 기준금리 인하가 소비와 투자 증가로 연결되지 않는 '유동성 함정' 우려를 일으키는 요인이다. (…)

—《연합인포맥스》 2020.2.19

금리 인하가 과연 경기 부양 효과를 제대로 발휘할지 모르겠다는 기사 내용이죠. 기준금리 인하가 소비와 투자 증가로 연결되지 않는 **유동성 함정**을 함께 언급하고 있습니다. 유동성 함정이란 시중에 유동성은 충분한데 경기가 함정에 빠진 것처럼 회복하지 못하는 상태를 의미해요.

왜 회복되지 않는데요?

경제주체들이 장래를 나쁘게 전망하는 게 가장 큰 원인입니다. 금융 당국에서 금리를 낮추며 위기에 대처할 준비가 됐다는 신호를 주는데도 다들 안 믿는 거예요. '금리를 내린다고? 조금 내리다가 어차피 다시 올릴 거 아니야? 그 정도로는 경기가 살아날 리 없지' 하면서 소비와 투자를 늘리지 않는 겁니다. 그러면 원래는 발휘됐어야 할 정책의 효력이 사라지죠.

마치 연인 관계 같네요. 한쪽이 사랑을 고백하는데, 상대편이 믿지 못하는 경우가 있잖아요. '처음에만 저러다가 금방 식어버리겠지?' 하면서요.

하하, 그럴 때 필요한 건 더 지속적이고 강력한 확신 아닐까요? 말보다는 행동으로 꾸준히 사랑을 증명해야죠. 2008년 글로벌 금융위기와 코로나19 사태를 극복하기 위해 연준이 단행한 양적완화 조치를 그에 비유할 수 있을 것 같은데요. 제한 없이 돈을 풀면서 경기 회복에 적극 나서겠다는 단호한 메시지를 던졌기 때문입니다.

양적완화는 무엇일까?

제한 없이 돈을 푼다고요? 위험할 것 같은데… 미국이라서 가능한 건가요?

미국이 양적완화 조치를 처음 시도한 나라는 아닙니다. 2001년 일본이 만성적인 불황을 벗어나고자 처음 시도했고, 이후 2008년 글로벌 금융위기 때 미국이 세 차례에 걸쳐 실행했어요. 그로 인해 금융위기를 비교적 빠르게 극복했다는 평을 받았고요. 탄력받은 연준은 2020년 코로나19 사태 때도 초기부터 어마어마한 양의 국채를 사들이면서 대대적인 양적완화를 실행했습니다.

결국 양적완화도 돈을 많이 찍어내서 그 돈으로 국채를 사주는 거군요. 그게 일반적인 통화량 조절 정책과 뭐가 다른가요?

그전까지 유동성을 공급한다고 하면 만기가 짧아서 안전한 초단기 국채만을 사들였습니다. 그런데 2008년 연준은 그 대책만으로 부족하다고 판단했어요. 왜냐하면 보통 초단기 국채를 사들이면 금리 인하 효과가 장기채권까지 도미노처럼 확대돼야 하는데 장기채권의 금리가 높은 곳에서 꼼짝하지 않았거든요.

하긴, 저라도 그럴 거 같아요. 한 치 앞도 모르는 위기 상황에 어떻게 만기가 5년, 10년짜리인 채권을 선뜻 사겠어요?

빠르게 도로 갚아야 하는 단기채권보다 결국 장기채권이 팔려야 은행이 민간에 대출해줄 현금을 안정적으로 확보할 수 있어요. 그래서 연준이 직접 장기채권 시장에 뛰어듭니다. 단기국채뿐 아니라 장기국채까지, 즉 평소에 매수하던 것보다 더 폭넓게 국채를 사들이기 시작하죠. 장기국채 금리가 내려가면 다른 채권 금리도 내려가 민간에 자금이 흘러갈 테니까요. 이렇게 중앙은행이 장기국채를 매입해서 경기를 부양한다는 점이 기존 통화량 정책과 양적완화의 차이입니다.

아, 단기채권만 사던 중앙은행이 장기채권까지 사들이면서 돈을 뿌리는 게 양적완화군요. 용어 때문에 더 어렵게 느껴지는 것 같아요.

기준금리가 이미 제로에 가까운 상태에서 통화량만 공급하는 정책이라 '양적'이란 용어가 붙었어요. 아무튼 코로나19 위기에 이르면 양적완화는 다음 기사처럼 '무제한적'으로 실행되기에 이릅니다. 말 그대로 미국 연준은 '어느 정도 규모의 자산을 언제까지 매입하겠다'라는 식으로 고지하지 않고 경기 회복의 기조가 나타날 때까지 계속 유동성을 공급하겠다고 선언했어요. 그러면서 기업어음까지 사들이기 시작했죠.

美 Fed "무제한 양적완화 하겠다"

(…) Fed는 이제까지 기준금리를 제로 수준으로 인하하고 7,000억 달러 규모의 양적완화와 1조 달러 규모의 기업어음(CP) 매입에 나서겠다는 방침을 밝혔다. 하지만 주가가 폭락하고 투기등급 회사채 금리가 급등하는 등 금융시장의 불안이 여전하자 '무제한 양적완화'라는 카드를 꺼내들었다. 글로벌 금융위기 때 7년간 6조 7,500억 달러의 양적완화를 시행했지만 이번엔 그 한도를 없앴다. Fed는 "어려운 시기를 겪고 있는 가계, 기업, 미국 경제를 돕기 위해 모든 수단을 동원할 것"이라고 강조했다. (…)

—《한국경제》2020.3.24

기업어음이 뭐길래요?

기업어음이란 기업이 자금 조달용으로 발행하는 어음을 말해요. 미래에 현금을 지급하겠다는 약속 문서 같은 거죠. 증권사를 통해 발행해야 하는 회사채와 달리 신용에 상관없이 발행할 수 있고 그 래서 회사채보다 만기가 짧은 편입니다. 즉 연준이 기업어음을 매 입한다는 건 부도 위기에 처해 당장 돈이 시급한 기업에까지 직접 돈을 빌려주겠다는 뜻이에요. 원래 중앙은행은 금융기관만 상대 하는 기관이니 이례적인 일입니다.

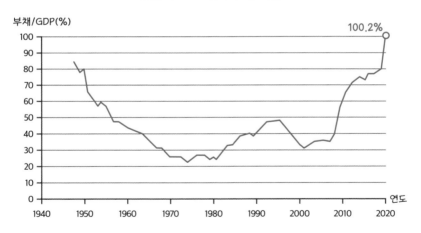

연준의 GDP 대비 부채 비율

미국이 양적완화를 실시한 2008년과 2020년에 GDP 대비 부채가 급증했다.
출처: Fed

아, 그러고 보니 금융기관만 상대한다던 중앙은행이 직접 회사에 돈을 빌려주네요?

완전히 직접 하는 건 아닙니다. 중앙은행이 일반 기업과 거래하는 건 지금도 대부분 국가에서 금지돼 있어요. 그 때문에 연준은 아예 따로 기업어음 매입 기구, 회사채 매입 기구 등을 만들어 기업어음과 회사채를 매

입하는 방식을 택했습니다. 한국은행도 마찬가지였고요.

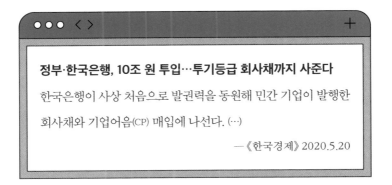

정부·한국은행, 10조 원 투입…투기등급 회사채까지 사준다

한국은행이 사상 처음으로 발권력을 동원해 민간 기업이 발행한 회사채와 기업어음(CP) 매입에 나선다. (…)

—《한국경제》2020.5.20

코로나19 사태 때문에 중앙은행이 갑자기 기업 채권 시장의 큰손으로 등장했군요.

중앙은행의 이 같은 행보에 우려 섞인 시선을 보내는 이들도 많죠. 중앙은행의 광범위한 개입이 이른바 '좀비기업'을 양산하는 게 아니냐고요. 기업이 위기가 진정된 뒤 빚을 갚고 회생할 수 있다면 좋겠지만 그냥 도산해버리기라도 하면 중앙은행은 쓸데없이 돈을 허공에 뿌린 셈이 되니까요. 오히려 나랏빚만 쌓이고 추후에 늘어난 통화량으로 인해 발생한 인플레이션을 해결하는 비용이 더 클 수도 있어요.

이와는 다른 각도에서 양적완화 정책을 비판하는 사람들도 있습니다. 양적완화가 양극화 문제를 심화시킨다는 거죠.

유동성과 함께 커지는 부작용

코로나19 때문에 전 세계적으로 빈부격차가 더 심각해졌다는 뉴스를 본 것 같아요.

비단 우리나라뿐만이 아닙니다. 코로나19 사태 초기에는 실물경제와 금융시장 모두 주저앉았지만 금융시장은 대체로 빠르게 회복됐어요. 전 세계적으로 임금 인상을 기대하기 어려운 상황에서 초저금리 정책이 지속됐으니 사람들이 주식 같은 금융시장을 투자처로 찾은 건 어찌 보면 당연한 일이었죠.

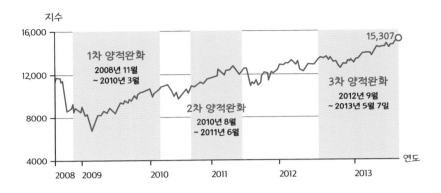

2008년 글로벌 금융위기 당시
세 차례 양적완화에 따른 미국 다우존스지수

지수

16,000

1차 양적완화
2008년 11월
~ 2010년 3월

15,307

12,000

3차 양적완화
2012년 9월
~ 2013년 5월 7일

8000

2차 양적완화
2010년 8월
~ 2011년 6월

4000

연도

2008　2009　　2010　　2011　　2012　　2013

글로벌 금융위기를 극복할 목적으로 시행된 세 차례 양적완화가 주가 상승을 유발
했다. 경기 부양을 위해 풀린 돈이 주식시장으로 흘러들어간 탓이다.

저도 재테크 안 하다가는 '벼락거지' 된다, 그런 이야기를 많이 들
었어요.

문제는 여유자금이 있고 대출을 잘 받을 수 있는 사람은 이 시기에
빠르게 부를 확장했지만 그러지 못한 사람들은 상대적으로 빈곤
해지면서 빈부격차가 커졌다는 겁니다.
왜냐하면 은행은 위기 상황일수록 상환할 능력이 있는 대상, 즉 신
용이 높은 사람에게 대출해주려고 하기 때문이에요. 위기 때 돈을
빌려줘도 떼일 걱정이 없는 상대라면 누굴까요? 평범한 개인이나

중소기업보다는 규모가 큰 기업일 확률이 높겠죠. 그러다 보니 중앙은행이 풀어놓은 돈이 정말로 사정이 급한 가계나 기업에 흘러가지 못하고, 대기업들만 저금리로 대출받는 혜택을 누립니다.

게다가 유동성 공급이 아예 민간에 미치지 못하고 금융기관의 배만 불렸다는 비판도 있습니다. 중앙은행이 경기 부양 목적으로 유동성을 공급할 때 금융기관으로부터 채권을 사주는 식으로 민간에 자금이 흘러 들어가도록 만든다고 했죠? 그게 은행을 비롯한 금융기관에 과도한 혜택이었다는 겁니다.

그게 왜 문제인가요? 원래 그렇게 하는 거라고 하지 않았나요?

2008년 글로벌 금융위기 때 미국에서 나타난 현상인데요. 중앙은행이 그런 식으로 유동성을 공급했더니 시중은행이 민간에 대출을 푸는 게 아니라 자기네 지급준비금으로 가지고 있는 현상이 발생했어요. 당연히 연준이 의도한 대로 유동성이 공급되지 못했고요.

'월가를 점령하라' 시위. 시민들이 2008년 글로벌 금융위기 이후 심화된 미국 사회의 빈부격차 문제를 지적하고 금융기관의 부도덕성에 항의하고 있다.

은행이 대출을 안 해주고 지급준비금을 늘렸다고요? 대출을 많이 해줄수록 이득이라고 하셨잖아요.

미래가 워낙 불확실하니 민간에 빌려줬다가 돌려받지 못할 바에는 그냥 이자 수익을 포기하는 게 낫다고 생각한 겁니다. 게다가 2008년 글로벌 금융위기가 저신용자들에게 무분별하게 대출을 해주면서 크게 번진 위기였던 만큼, 은행들이 대출에 가장 엄격해진 시기이기도 했어요. 그 여파로 여전히 미국에서는 신용대출을 받기가 상당히 까다롭습니다. 어쨌거나 양적완화를 시도한 연준 입장에서는 꽤나 답답한 상황이었죠.

민간에 흘러가야 할 돈이 대기업에만 가버리거나 아니면 아예 대출을 안 해주기까지 하니….

그래서 코로나19 사태 때 기사에서 봤듯 지원 방향을 틀어 가계와 기업에 직접 유동성을 공급하는 경우가 많아졌습니다. 중앙은행이 회사채, 기업어음 등을 매입하는 정책도 그렇지만, 상당수가 받아보셨을 재난지원금이 대표적이에요.

대출이 필요 없는 정부, 화폐를 발행하는 중앙은행

재난지원금을 받기 위해 한국은행에서 대출 서류를 작성했다거나 언젠가 한국은행에 돈을 갚아야겠다고 생각한 분은 없을 거예요. 그 돈은 빌린 돈이 아니라 그냥 정부에서 준 돈이니까요. 그래서 정말 시급한 사람들, 이를테면 영업 손실이 막심한 자영업자나 실업자 등 취약계층에 직접적인 도움이 될 수 있었고요.

돈이 엉뚱한 곳으로 흐르는 일도 막으면서 필요한 사람에게 돌아간 거잖아요. 이거야말로 가장 좋은 양적완화 아닌가요?

문제는 정부에 화폐를 찍어낼 권한이 없다는 거예요. 정부가 돈을 마련할 방법은 두 가지뿐입니다. 하나는 증세, 즉 세금을 더 많이 거두는 거고요. 다른 하나는 국채 발행, 즉 빌려서 쓰는 겁니다. 경기가 침체한 상황에서 증세는 심한 반발을 사겠죠? 그러니 빚을 내는 수밖에 없습니다. 경제위기 때마다 정부의 재정적자가 심해지는 건 그래서죠.

국가채무비율 '40%대 룰' 깼다…재정적자 실험 돌입한 정부

(…) 정부가 세금을 걷은 만큼 지출한다는 균형 예산 규칙을 깨트린 건 코로나19 탓이다. 모든 경제 활동이 중단되고 있어 경제를 끌어 올릴 곳이 정부 돈밖에 없다. 이는 전 세계적인 추세다. 국가채무비율이 100%가 넘는 미국(106.9%) 일본(224.1%) 프랑스(122.5%) 등도 추가로 빚을 내 정부 지출을 늘리고 있으며, 유럽연합(EU)도 재정 건전성 준칙을 일시 중단한 상태다. (…)

—《국민일보》2020.9.20

결국 빚으로 위기를 극복하는 거라면… 나중에는 국민의 부담이 커질 수 있겠군요.

더 큰 문제는 정부가 국채를 발행하는 과정에서 통화를 흡수해버린다는 거죠. 그 영향으로 의도치 않게 금리가 상승할 수도 있습니다. 금리가 상승하고 통화량이 축소되면 오히려 민간이 자금을 조달하기 어려워집니다. 앞서 그처럼 정부 지출 때문에 민간의 투자가 위축되는 현상을 구축효과라고 배웠죠. 구축효과 때문에 정부는 민간에 돈을 직접 나눠주는 데 제약이 생겨요.

아, 그러네요…. 제일 안전한 자산인 국채 금리가 높아지면 시중금리까지 상승해버린다고 하셨죠.

그렇습니다. 정부의 재정지출과 중앙은행의 통화정책. 위기를 탈출하기 위해 뭐가 더 우선인지 학자들 사이에서는 지금도 논쟁이 치열합니다만, 분명한 건 정부와 중앙은행 간 공조가 필요하다는 거죠. 예컨대 정부가 재정을 확장하면서도 중앙은행이 꾸준히 통화량을 증대시킨다, 그러면 구축효과를 방지하면서 경기를 부양할 수 있지 않을까요? 미국 정부가 국채를 발행하고 연준이 그 국채를 매입하는 형태의 양적완화도 이런 공조의 일환이라고 볼 수 있습니다.

그렇다고 정부가 중앙은행만 믿고 마구잡이로 국채를 발행하는 건 분명 문제가 있을 거 같은데요?

맞아요. 중앙은행의 독립성은 계속 반복해 문제 제기된 뜨거운 이슈입니다. 정치 논리나 여론에서 자유롭지 못한 정부가 중앙은행을 휘두르면 나라의 재정 건전성이 악화되거나 인플레이션이 발생하는 등 문제가 생길 수 있어요. 정부의 압박하에 중앙은행이 무분별하게 통화를 발행하면요. 같은 맥락에서 양적완화를 할 때 중앙은행의 국채 매입은 언제까지 이어지나? 대책 없이 계속 매입해도 되는 건가? 하고 걱정될 수 있습니다.

그런데 무제한적 양적완화라고 하셨으니까….

네, 효과가 나타날 때까지 합니다. 통화량이 증가해 자산의 가격이 오르고, 그로 인해 사람들이 소비를 늘릴 때까지 말이죠. 그리고 효과가 눈에 보이는 시점부터 서서히 양적완화에 제동을 걸기 시작해요. 아래 기사처럼 말입니다.

> ● ● ●　〈 〉　　　　　　　　　　　　　　　＋
>
> **연준, 코로나 대응해 작년 매수한 회사채·ETF 조만간 매각**

> (…) 연준은 지난해 설치한 '세컨더리 마켓 기업 신용 기구'를 통해 사들인 회사채와 ETF 등 자산 매각을 점진적으로 할 계획이라며 매각 개시 전에 자세한 내용을 추가로 공개할 것이라고 설명했다. (…)
>
> ―《연합뉴스》2021.6.3.

어, 앞서 연준이 샀다던 회사채를 되판다고 하네요.

그렇습니다. 사실 연준이 국채가 아니라 회사채까지 매수한 건 코로나19 때가 처음이었어요. 양적완화를 중단할 시점이 됐으니, 일단 위험한 자산부터 하나씩 매각하겠다는 겁니다. 그런데 어제까지 주머니에 가득한 돈을 믿고 여유를 부렸는데, 그 돈이 한순간에 사라진다면 누구나 충격이 크지 않겠어요? 한껏 풀어놓았던 유동성이 하루아침에 갑자기 줄어들면 금융시장을 비롯한 경제 전체에 혼란을 초래할 수밖에 없습니다. 그래서 단계적으로 양적완화의 규모를 줄여나가는데, 이를 **테이퍼링**tapering이라고 부릅니다. 우리말로 '점점 가늘어지다', '끝이 뾰족해지다'라는 뜻이에요.

한다 만다 말이 많더니 어느 순간부터 금리를 팍팍 올리더라고요.

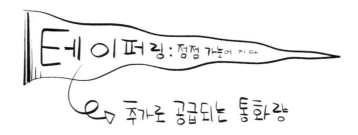

테이퍼링은 위기가 어느 정도 진정됐으니 순차적으로 긴축정책을 시행하겠다는 메시지입니다. 불어난 부채를 줄이지 않으면 추후 사회의 이자 부담이 너무 커질 수 있으니까요. 결국 각국 정부가 맞닥뜨린 첫 번째 관문은 코로나19라는 고비를 넘기려고 시행한 각종 조치를 최대한 탈 없이 거두어들이는 방법은 무엇일까, 입니다. 전 세계 금융시장이 어느 정도 규모와 속도로 테이퍼링이 진행되는지에 신경을 곤두세우고 있는 이유죠.

우리나라도 마찬가지겠죠?

우리나라의 경우 자칫 외국 자본이 유출될 수 있기 때문에 다음 기사처럼 미국의 금리 인상 흐름에 선제적으로 대응할 필요가 생기기도 합니다. 이 얘기는 다음 강의에서 심층적으로 다룰 거예요.

> **연내 기준금리 2%대 돌입 전망…美 긴축 가속화 압박**
>
> 연방준비제도가 당장 다음 달부터 기준금리 인상 보폭을 넓힐 것으로 예상되면서 한국은행도 방어 차원에서 연속적인 금리인상을 단행할 가능성이 커지는 기류다. 지난 8개월 사이 한은의 네 차례 인상 결정으로 현재 연 1.50%까지 오른 기준금리는 연내에 2%대에 진입할 것으로 보인다.
>
> —《노컷뉴스》2022.4.27

포스트 코로나 시대는

코로나19가 기승을 부리는 동안 각국 정부는 전례 없는 규모의 유동성을 쏟아부었어요. 이제 그 유동성이 자산시장으로 흘러가 만들어졌을지도 모를 '팬데믹 버블'과 급격한 물가 상승에 대처해야 하는 숙제가 우리 앞에 놓여 있습니다.

좀 걱정되기 시작했어요. 감염병을 극복한다 하더라도 인플레이션이 너무 크게 찾아오면 어떡해요….

위로는 되지 않겠지만, 코로나19 전에도 세계경제는 이미 상당히 혼란스러운 상황이었어요. 미중 무역전쟁이 나날이 심해졌고 글로벌 교역은 둔화됐으며 유로존과 개발도상국의 금융시장도 불안한 상황이었죠. 여기에 코로나19로 인한 자산 거품과 물가 상승이라는 충격이 더해진 겁니다. 지금이야말로 우리가 경제를 공부해야 할 때고 각국 정부와 금융 당국이 온 신경을 곤두세울 수밖에 없는 때죠.

코로나19가 진정된다고 하더라도 갈 길이 멀군요.

그렇습니다. 이번 강의에서는 물가와 금리, 정부와 중앙은행의 경제 정책의 기본적인 원리와 구조를 알아보았습니다. 다음에는 환율, 그리고 기축통화와 관련된 여러 쟁점을 살펴보려 합니다. 그러고 나서 수십 년간 장기 불황에 빠져 있는 일본의 사례를 살펴보며 우리나라는 어떤 길을 가야 하는지 고민해보도록 하죠.

정부와 중앙은행은 국가 경제를 이끌어가는 두 축이다. 각국 정부는 디플레이션을 피하기 위해 완만한 인플레이션을 목표로 한다. 기준금리를 결정하는 중앙은행은 경기 안정을 위해 노력한다.

인플레이션이 올 때	이득	손해
	실물 자산가, 채무자	채권 투자자, 연금 생활자

다양한 인플레이션 원인들

① 수요 견인 인플레이션 : 투자와 소비가 증가하면서 물가 상승.
② 비용 상승 인플레이션 : 생산 비용 상승으로 물가 상승.
③ 화폐 자체의 가치 하락: 경제 상황 악화 또는 지나친 시뇨리지로 물가 상승.
④ 기대인플레이션 : 사람들의 기대로 물가 상승.

경기 안정 정책

금융통화위원회 한국은행 산하에 있는 기구로 기준금리를 결정.

중앙은행이 금리를 조절하는 방법
① 지급준비율↑ → 통화량↓금리↑
② 재할인율↑ → 통화량↓금리↑
참고 재할인율 한국은행이 시중은행에 돈을 빌려주는 금리
③ 채권 매입↑ → 통화량↑ 금리↓

국채

국채는 정부의 위탁을 받아 한국은행이 발행하며, 금융기관만 사갈 수 있음.

구축효과 국채 발행 등 늘어난 정부 지출 때문에 민간의 소비나 투자가 위축되는 현상.

위기가 다가올 때

① 기준금리↓ 중앙은행이 경기 안정을 위해 노력할 것이라는 메시지.
② 양적완화 기준금리가 이미 제로인 상태에서 중앙은행이 장기국채를 매입해 경기를 부양하는 정책.

당신의 운명을 통제하라.
그러지 않으면 다른 사람이 통제할 것이다.

| 잭 웰치 |

03 환율이 움직이는 원리

#환율 #기축통화 #잃어버린 30년

아시다시피 환율은 서로 다른 두 화폐의 교환비율을 알려주는 지표입니다. 물가, 금리와도 연결돼 있어 전체 경제에 굉장히 중요한 영향을 미치죠. 그런데 제 경험상 경제를 공부하는 분들이 가장 어려워하는 주제 중 하나가 바로 이 환율이더군요.

일단 숫자가 나오면 머리가 지끈거리기 시작해요.

네, 처음에는 누구나 헷갈립니다. 하지만 기준만 확실히 기억해놓으면 많은 걸 이해할 수 있습니다. 먼저 가벼운 퀴즈로 몸부터 풀어볼까요?

외환시장에서 환율이 결정되는 원리

만약 반년 전 기준으로 원·달러 환율이 1달러당 1,000원이었다 쳐요. 그런데 오늘은 1달러당 1,300원이 됐습니다. 그럼 이런 경우 환율이 오른 걸까요, 아니면 내린 걸까요?

에? 그야 당연히 오른 거… 아닌가? 원화 가치가 떨어진 거니까 내린 게 맞나요?

엄밀히 말하면 둘 다 아닙니다. 흔히 환율이 올랐다, 내렸다는 표현을 쓰지만 정확한 표현이 아니에요. 환율은 서로 다른 화폐 사이의 비율이기 때문에 기준점에 따라 같은 현상이 다르게 표현될 수 있거든요.
예컨대 1달러당 1,000원에서 1,300원이 됐을 때, 환율이 올랐다

원·달러 환율 추이와 달러·원 환율 추이 비교

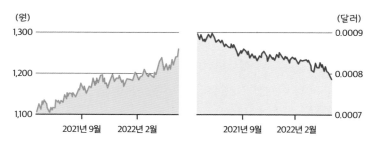

고 한다면 이때 환율은 '원·달러 환율'을 의미합니다. 만약 '달러·원 환율'을 묻는다면 내렸다고 해야 하죠. 원·달러 환율이 우리나라에서 자주 쓰이고, 1달러당 원화가 얼마인지 이해하기도 좋기 때문에 그냥 줄여서 환율이라 표현하는 편이지만요.

역시 예상대로 머리가 아프기 시작하네요.

보통 'A·B 환율'이라고 하면 B를 기준으로 A가 얼마인지 묻는 거라고 이해하면 돼요. 예컨대 유로·달러 환율이 0.03유로 올랐다는 말은 1달러당 1.12유로에서 1.15유로로 올랐다는 얘기가 되고, 이는 달러 가치가 유로 대비 올랐다는 뜻입니다.

> **유로(A)·달러(B) 환율이 올랐다: 달러(B)의 가치가 올랐다**
> **유로(A)의 가치가 떨어졌다**

일반적으로 환율이 올랐다고 하면 뒤에 나오는 B화폐의 가치가 올랐다고 이해해도 되겠네요.

네, 그래서 '환율이 올랐다'라고 하면 일반적으로는 원·달러를 생략하고 달러 가치가 원화 대비 올랐다는 뜻입니다. 환율이 올랐다는 말이 달러가 비싸졌다는 건지, 원화가 비싸졌다는 건지 혼란을 느끼는 분들이 많아서 용어 정리부터 해봤습니다.

환율이 변동하는 이유

환율은 왜 수시로 변하는 걸까요? 그 이유는 환율이 시장 상황을 계속 반영하기 때문입니다. 환율은 서로 다른 화폐 간의 교환 비율이잖아요. 그러니까 화폐들 각각의 수요와 공급이 환율을 결정하는 가장 중요한 요인이에요. 수요자와 공급자가 모여 화폐 간의 거래가 이루어지는 곳은 외환시장이고요.

시장이라면 뭔가 특정한 공간이 있는 건가요? 거기서 경매를 통해 가격이 결정되고요?

증권 거래소처럼 따로 거래소가 있는 건 아니에요. 그냥 서로 다른 외화가 환전되는 모든 공간을 일컫는 추상적인 시장입니다. 시장에 참가하는 가장 큰 주체는 세계 각국의 은행들이고요. 종종 우리가 참가하기도 합니다. 해외여행을 가기 전 은행에서 환전해 가잖아요? 이때 은행은 외환시장에서 실시간으로 거래되면서 바뀌는 환율 시세에 약간의 수수료를 붙여 원화를 외환으로 바꿔주죠. 이런 시중은행의 외환 창구도 외환시장의 일부를 구성합니다.

아하, 그럼 관광객이 많이 찾는 나라의 화폐는 외환시장에서 수요가 크겠네요.

관광산업뿐 아니에요. 경제성장이 활발한 국가의 화폐일수록 수요가 높아지죠. 투자든 무역이든 거래를 하려면 그 나라의 화폐가 필요하니까요. 반대로 당장 전쟁에 휩싸일 거라고 예상되는 나라, 혹은 수출경쟁력이나 신용도가 낮은 국가일수록 그 나라의 화폐를 찾는 수요도 작아집니다. 당연하지만 외환시장도 시장이니만큼 수요 공급의 법칙에 따라 수요가 높은 화폐일수록 가격이 올라가요.

화폐도 시장에서 거래되는 다른 상품들과 똑같은 원리대로 움직이는군요.

성장하는 나라의 화폐 가치는 어떻게 바뀔까?

환율이 변동하는 상황을 간단한 예로 보여드릴게요. A와 B라는
나라가 있다고 합시다. A는 오랜 기간 세계 질서를 선도해온 선진
국으로, 인구와 경제성장이 정체된 국가입니다. 한편 B는 민주화
와 경제 개방을 막 시작한 나라로서, 정세가 불안정하기는 하지만
높은 경제성장률을 보이는 나라예요. A와 B의 화폐를 각각 원화
처럼 'a화', 'b화'라고 해보죠. b·a 환율은 1:100 수준입니다. 1a와
100b의 교환 가치가 같다는 말이죠.

어디엔가 있을 법한 나라들이네요.

그런데 B국이 빠른 경제성장을 위해 외국 자본을 적극 유치하려

고 합니다. 국내 기업에 투자하거나 공장을 짓는 외국 기업들에 보다 좋은 조건을 제시하기 시작했죠.

이제 두 나라의 화폐인 a와 b의 환율은 어떻게 변할까요? 앞에서 언급한 수요 공급의 법칙을 적용해 생각해보세요.

음… 일단 b화를 찾는 수요가 늘어나지 않을까요?

맞습니다. B국에서 화폐 수요가 늘어날 계기를 제공했으니까 일반적으로는 b화의 가치가 상승하겠죠. 투자자들이 a화를 b화로 바꿔 B국의 주식이나 자산에 투자하려고 할 테니까요. 이처럼 어떤 국가의 경제성장이 예상될 경우 해당 화폐의 수요가 증가하고 화폐 가치가 상승하게 됩니다.

이렇게 b화의 가치가 상승하자 b·a 환율도 1:100에서 1:70으로 크게 떨어졌어요. 양 국가 모두에 큰 변화가 생길 텐데, 일단 B국에서는 수출산업이 굉장히 불리해질 수 있습니다. 전과 같은 액수의 a화를 벌더라도 b화로 환전하면 더 적은 액수만 남기 때문이죠. 예컨대, A국에서 10a에 팔리는 B국 상품이 있다면, 과거에는 하나당 1000b만큼 이윤이 났겠지만 화폐 가치가 오른 지금은 700b로 뚝 떨어져버리는 겁니다. 이처럼 화폐 가치 상승은 수출 기업의 이익 감소로 이어질 수 있습니다.

수출 기업 입장에선 오히려 화폐 가치가 떨어지기를 원하겠군요.

결국 수출 감소를 우려한 B국에서 수출경쟁력을 유지하기 위해 의도적으로 자국의 화폐 가치를 떨어뜨리기로 합니다. B국 중앙은행이 외환시장에 개입해 b화를 팔아 a화를 사들이는 겁니다. 그러면 a화 수요는 올라가고 b화 공급은 많아져요. b·a 환율이 다시 오르고, B국 외환 보유고에는 a화가 차곡차곡 쌓일 겁니다.

물론 반대의 경우도 가능합니다. b화의 가치가 떨어져 문제인 상황이라면 B국 정부가 가지고 있던 a화를 내다 팔아 b화를 사들일 수 있죠. 이렇게 되면 외환시장에서 b화의 양이 줄어드니 가치가 유지될 겁니다.

이 방식은 IMF 외환위기 직전까지 우리나라가 환율을 조절하던 방식이기도 해요. 외환보유고가 쪼그라드는 와중에도 금융 당국이 달러당 800원이라는 환율을 유지하기 위해 달러화를 내다 팔고 원화를 사들였습니다. 그 조치가 결국 외환위기를 불러온 결정적인 원인이 됐죠.

달러 한 푼, 아니 한 장이 귀한 마당에 계속 내다 팔았다니… 대체
왜 그랬는지 이해가 안 되네요.

당시 상황도 그리 간단치 않았습니다. 그때 우리나라는 '단군 이
래 최대 호황'이라고 할 정도로 엄청난 경제성장률을 보이고 있었
거든요. 1990년대 초 금융시장을 해외에 개방하면서 상당한 외국

1990년대 우리나라의 외환보유액 추이

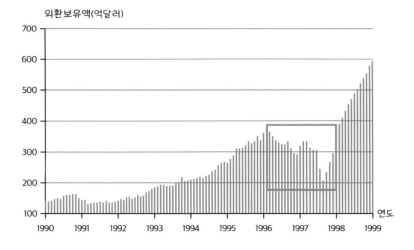

IMF 외환위기 직전 우리나라의 외환보유고가 줄어드는 양상이 보인다.

출처: 한국은행

자본을 유치한 덕분이었습니다. 하지만 그만큼 원화 가치를 높게 유지해야 하는 문제가 새롭게 생겨났어요.

원화 가치가 떨어지면 무슨 문제가 있는데요?

원화 가치가 떨어지면 외국 자본이 우리나라에서 빠져나갈 게 불보듯 뻔했거든요.

예컨대 1달러가 800원이던 시절에 한 미국인 투자자가 1만 달러를 국내 채권시장에 투자했다고 가정해봅시다. 달러를 원화로 환전했을 테니 약 800만 원을 투자한 거겠죠. 그런데 투자 수익이 약 10%가 난 상황에서 환율이 1달러당 1,000원으로 올라버린다면 어떨까요? 투자 수익이 80만 원이나 나서 자산이 원화로 총 880만 원이 됐지만 달러로 환전하면 8,800달러로 오히려 원금이 쪼그라들고 맙니다. 환율 변동으로 인해 해당 화폐 사이의 평가가치가 달라진 거죠. 이런 식으로 손해를 본다면 **환차손**이, 반대로 이익을 본다면 **환차익**이 났다고 말해요. 환율 차이에 따른 손해 또는 이익이라는 뜻이죠.

아, 자금을 회수할 때는 다시 자국 화폐로 환전해야 하니까 환율까지 고려해서 투자를 결정해야 하네요….

투자한 나라의 화폐 가치가 내려갈 경우 환차손 때문에 해당 국가

자산을 계속 갖고 있을 유인이 약해집니다. 달리 말하면 화폐 가치가 불안정한 국가일수록 세금 혜택처럼 추가로 매력적인 조건을 제시해야만 외국 자본을 묶어둘 수 있다는 뜻이죠. IMF 외환위기 직전, 1달러당 800원을 유지하려던 우리나라 정부의 노력 또한 우리나라 금융시장과 자산에 투자한 외국인 투자자들에게 보장하는 안전망이자 유인책이었던 겁니다.

그래도 외환 보유고가 부족했는데, 그냥 우리나라 시장에서 외국인 투자자를 내보내면 안 됐던 건가요?

자, 외국 자본이 빠져나가면 어떤 일이 벌어질지 생각해볼까요. 일단 외국인 투자자들은 원화로 사들였던 자산을 현금화할 겁니다. 주식부터 부동산, 국채를 비롯한 각종 채권… 그 모든 것들의 가격이 내려가겠죠. 특히 국채 가격이 내려가 국채 금리가 상승하면 시중금리도 덩달아 높아져서 민간의 부담이 커진다는 사실은 앞에서도 언급했습니다.

이렇게 마련한 현금은 우리나라 시장에서밖에 쓸 수 없으니 외국인 투자자들은 이 돈을 달러로 환전해 나가려고 할 겁니다. 외환시장에서 원화를 팔고자 하는 분위기와 달러를 사고자 하는 분위기가 동시에 커지면서 원화 가치는 더욱 떨어지겠죠. 화폐 가치가 하락했으니 수입 물가가 폭등해 원유를 비롯해 거의 모든 원자재를 수입해서 쓰는 우리나라 경제는 밑바닥부터 흔들릴 겁니다. 다음

은 IMF 외환위기가 발생하기 한 달 전에 나온 기사예요. 원화 가치가 하락하자 외국인 투자자들이 국내 시장에서 발을 빼면서 연이어 원·달러 환율 폭등이 발생했다는 내용입니다.

연합뉴스
1997.10.29

금융 대란… 환율 폭등

이달 들어 달러 환율이 5% 이상 폭등하는 등 원화 가치의 급격한 하락이 금융위기의 최대 요인으로 떠오르고 있다. 환율 급등이 외국인의 주식 투매를 촉발하고 외국인 투자자의 증시 이탈은 다시 환율 상승으로 이어지면서 우리 금융시장을 '초죽음' 상태로 몰아넣고 있다. (…)

진퇴양난이었네요. 외국 자본이 빠져나갈까 봐 울며 겨자 먹기로 원화 가치를 유지했던 건데, 그 조치 때문에 외환위기가 터져서 결국 외국 자본이 빠져나가 버렸으니 말이죠.

그렇습니다. 앞에서 돈이 이익을 따라 물처럼 흘러가게 하는 금융의 성격을 말씀드렸잖아요. 외환 역시 마찬가지입니다. 더 안전하고 이익이 되는 곳으로 끊임없이 교환되고, 그러다 보면 환율이 움직이기 마련이죠.

금리가 곧 화폐의 힘이다

우리가 아는 대부분의 선진국은 경제성장률도, 금리도 굉장히 낮은 편입니다. 미국이나 유럽 역시 고성장 시대를 거친 후 성장이 둔화한 곳들입니다. 이미 성장할 만큼 성장해버려서 새로 이익을 창출할 여지가 크지 않죠. 그리고 그런 면이 가장 도드라진 나라가 바로 일본이에요.

지금 엔화로 현금을 가지고 있는 투자자라면 일본 내 어떤 사업에 투자해도 큰 이익을 기대하기 어려울 거예요. 혁신적인 기술이 개발돼서 전에 없던 새로운 시장을 개척하는 사업이라면 모를까, 이미 웬만큼 경쟁이 끝나 시장을 차지한 기업들과 겨뤄야 하는 분야에서면 더욱 그렇죠. 다음 그래프에서 보듯 일본의 기준금리 또한 수년 동안 -0.1% 상태입니다.

아, 앞에서 미국 금리 이야기할 때 마이너스 금리가 돼도 괜찮냐고 여쭤봤었죠. 그러면 대출했을 때 공짜로 돈을 얹어 준다는 건가요? 부러워라….

일본 기준금리 추이

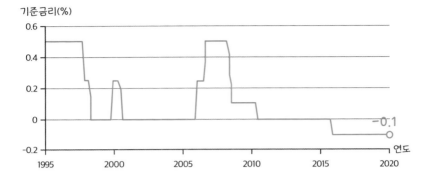

일본은 2015년 이후 제로금리 이하의 마이너스 금리 시대로 접어들었다. 거품 붕괴 이후 찾아온 만성적인 저성장을 극복하려는 조치지만 성장 동력이 좀처럼 회복되지 못하고 있다.

출처: 일본은행

기준금리는 민간 거래에 직접 적용되는 금리가 아니라 어디까지나 정책 상으로 존재하는 금리입니다. 기업이나 일반인의 대출에는 낮지만 플러스 금리가 적용되고 있어요. 사실 어떤 나라가 마이너스 금리 정책을 펼치고 있다면 부러워할 게 아니라 그렇게 극단적인 정책을 써야 할 정도로 경제 상황이 좋지 않다는 데 놀라야 합니다.

물론 마이너스 금리 상황이라 돈을 빌리기는 굉장히 유리합니다. 돈을 벌고자 하는 일본의 자본가나 투자자들은 일본 은행에서 돈을 빌려 고성장과 고금리를 기대할 수 있는 다른 나라, 편의상 A국이라고 할까요? A국의 상품과 기업에 투자하고 싶어질 거예요.

듣고 보니 그렇네요. A국에 예금만 해놓더라도 일본 은행에서 대출할 때 낸 이자보다 더 높은 이자를 받을 수 있잖아요?

맞습니다. 이때 예금이든 투자든 엔화가 아닌 A국의 화폐로 환전이 이루어지기 때문에 외환시장에서 엔화 공급이 늘고 A국 화폐에 대한 수요가 증가하겠죠. 이런 현상이 지속된다면 엔화 가치는 하락하고 A국의 화폐 가치는 상승할 겁니다. 금리 차이로 인해 환율이 변화하는 거죠.

이 같은 변화는 각국의 유동성에 영향을 미쳐 물가를 움직일 겁니다. A국의 경우 화폐 가치가 상승해 무역수지가 악화될 수도 있습니다. 무역수지가 악화됐다는 건 해당 국가의 수출경쟁력이 떨어졌다는 뜻으로 해석돼 다시 화폐 수요의 감소, 환율 변동까지 이어

질 수 있죠. 결국 물가와 금리, 환율이 서로 영향을 주는 거예요. 그
러니 국가는 정책을 펼칠 때 이 모든 변수를 다 고려해야 합니다.

복잡하네요. 환율은 외부 문제고 물가는 국내 문제라고 생각했는
데 다 연결돼 있군요.

그래서 환율 변화를 제대로 이해하고 예측하려면 그 나라의 성장
세와 금리, 경기정책, 정치 현황까지 종합적으로 살펴야 합니다.
모든 상황이 불안정해 신용도가 매우 낮은 B국의 경우 앞서 예시
로 든 A국의 환율 변화를 겪지 않을 수도 있어요. B국은 정부가 적
자 때문에 계속 돈을 찍어내야만 해서 화폐 가치는 꾸준히 떨어질
가능성이 높습니다. 그런데 금리는 높아요. 왜냐하면 정부가 인플
레이션을 완화하려 할 테니까요. 외국 자본 입장에서는 아무리 금

리가 높아도 돈의 가치가 하락하는 불안정한 B국에 굳이 투자할 이유가 없죠. 환차손이 날 수 있거든요. 이런 나라에서는 시민들조차 자국 화폐로 거래하지 않고 경제적 위상이 높은 국가의 화폐를 법정화폐로 삼기도 합니다. 앞서 본 짐바브웨 사례처럼 말입니다.

단순히 금리가 높다고 투자하면 안 되겠네요. 그 나라의 미래가 불안해서 금리를 높인 거니까 앞으로 화폐 가치가 더 떨어질 수도 있겠어요.

그렇습니다. 외국에 투자할 때는 해당 국가에 대한 종합적인 이해

북한 양강도 혜산 시의 장마당. 북한에서는 자국 화폐 대신 위안화를 거래의 수단으로 사용하는 경우가 많다. 화폐 신용의 하락은 정부의 시장 통제력 상실로 이어질 수 있기 때문에 북한은 주민들의 외화 사용과 반출을 엄금하고 있다.

가 필요해요. 특히 환율은 그 화폐가 현재 얼마나 다양한 분야에 유용하게 사용되는지, 앞으로의 전망은 어떤지에 좌우됩니다.

실제 예를 들어볼까요? 흔히 '우리나라 기준금리가 미국 기준금리보다 낮아지면 외국 자본이 미국으로 빠져나갈 것이다'라고 합니다. 그래서 우리가 미국 연준의 테이퍼링 속도를 주시해야 한다고 했죠. 보통은 맞는 말입니다만 무조건 그렇진 않아요. 만약 미국 경제는 높은 금리 때문에 위축될 것으로 예상되고 우리나라 경제는 낮은 금리와 확장 재정으로 호경기가 예상된다면, 외국 자본이 굳이 미국의 높은 금리를 좇아 이동할 이유가 없기 때문입니다. 물론 여태껏 우리나라의 금리가 미국보다 낮았던 적은 별로 없었습니다. 미국의 금리보다 우리나라의 금리가 낮아진다면 자본 유출의 위험이 커지는 것도 사실이고요.

뭐 하나 딱 떨어지는 법칙이 없다니 어렵네요.

어려운 게 당연합니다. 수많은 시장 참여자들과 각국의 금리, 천문학적 자본과 그 이상의 정치 사회적 변수들이 끊임없이 교차하면서 움직이는 게 바로 현대 화폐경제의 세계니까요. 국채와 금리, 화폐와 환율 그 모든 것들이 연결돼 있어서 더 복잡하게 느껴지죠. 예전에는 외환시장이 훨씬 단순하게 돌아갈 때도 있었습니다. 10년이면 강산도 변한다지만 약 50년 전 질서는 지금과 완전히 달랐어요. 지금처럼 수요와 공급에 따라 시시각각 환율이 변하는

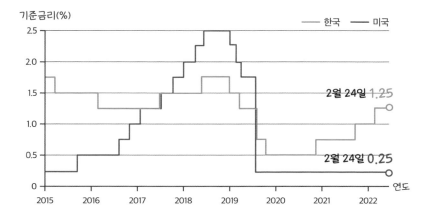

한·미 기준금리 추이

기준금리(%)

━ 한국 ━ 미국

2월 24일 1.25

2월 24일 0.25

2015 2016 2017 2018 2019 2020 2021 2022 연도

2015년~2022년 우리나라와 미국의 기준금리 차이. 2018년에 역전되기는 했지만 대부분 우리나라의 기준금리가 더 높게 유지됐다.

제도를 **변동환율제**라 하는데, 변동환율제가 주류로 자리 잡으면서 현대 경제의 불확실성이 더욱 커졌습니다. 이전 **고정환율제**하에서는 통화별로 환율이 일정하게 유지됐거든요.

환율이 고정돼 있었다니 상상이 안 돼요. 지금은 분 단위로 마구 바뀌지 않나요?

그렇죠. 환율이 고정돼 있으면 무역 거래가 편해집니다. 환차손 등을 걱정할 필요가 없으니 상품 가격을 책정하기 좋고, 국가 간 자본 이동을 쉽게 결정할 수 있죠.

일단 복잡하게 계산하지 않아도 되니까 머리가 덜 아팠겠는데요.
그런데 왜 굳이 변동환율제로 바꾼 건가요?

거기에는 또 나름의 사정이 있습니다. 1971년 금본위제가 완전히
종식되면서 신용화폐를 사용하는 관리통화제도가 시작됐다고 했
죠? 그 전후 배경을 좀 살펴봐야 해요.

화폐, 금과의 결별을 선언하다

2차 세계대전이 끝난 직후 국제 정세는 굉장히 혼란스러웠어요.
특히 사회주의 진영을 이끌던 소련이 전쟁으로 피폐해진 유럽과
아시아, 남미 등지로 세력을 확장하면서 냉전 분위기가 고조됐습니
다. 이대로는 안 되겠다 싶었던 자본주의 진영에서는 미국을 중
심으로 **브레턴우즈 체제**를 도입하죠.

이 체제는 전쟁으로 인해 찢어지게 가난해진 자본주의 진영 국가
들을 위해 마련됐다고 해도 과언이 아니에요. 유일하게 미국만이
전 세계 금의 4분의 3을 보유하고 있을 정도로 압도적인 금 보유
량을 자랑했습니다. 달리 말하면 자본주의 진영에서 실질적인 구
매력이 있는 나라가 미국밖에 없었다는 이야기죠.

유럽과 아시아가 전쟁에 휩싸여 있을 동안 비교적 안전하다고 여
겨지는 미국으로 자산이 이동했기 때문입니다. 게다가 미국 군수
업체들이 유럽에 무기를 열심히 팔았어요. 덕분에 2차 세계대전
이후 미국은 대공황의 여파에서 벗어날 수 있었죠.

브레턴우즈 체제의 핵심은 미국 화폐인 달러를 금과 연동시켜 무
역시장에서 결제가 가능한 기본 통화로 삼자는 거였죠. 개별 통화
마다 금과 교환 비율을 정해놓았던 과거의 금본위제와 달리, 오직
달러화만 일정한 양의 금과 연동시켜놓고 그 기준으로 다른 국가
의 환율을 정하기로 한 겁니다.

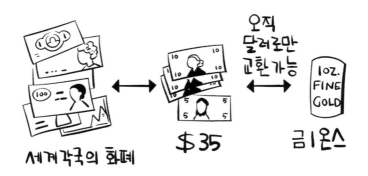

이렇게 특정 국가의 통화에 다른 국가가 교환 비율을 고정해두는
제도를 **페그제**라 합니다. 페그peg는 영어로 말뚝이라는 뜻인데,
여기서 말뚝 역할을 하는 통화는 당연히 미국의 달러화죠. 이때부

터 유럽과 일본을 비롯한 자본주의 진영 국가들은 자국의 통화 가치를 유지하면서도 미국 달러를 가지고 교역할 수 있게 됐습니다.

갑자기 수십 년의 역사가 지나가니까 머릿속이 복잡해지는데… 어쨌든 세계 각국이 미국의 달러화를 얻으려고 했겠네요. 무역에서 달러화가 제일 중요한 결제 수단이 됐으니까요.

네, 미국이라는 풍요로운 시장과 달러화를 목표로 세계 각국은 수출 경쟁을 벌이기 시작합니다. 비유하자면 가난한 마을에 압도적으로 부유한 부자가 한 명 있는 상황이었어요. 이 부자가 자기가 찍어낸 종이돈을 뿌린 다음, 그 돈을 가져오면 자기가 가진 금과 바꿔주겠다고 약속한 거죠. 대신 소련 등 사회주의 진영과 놀지 말라고 당부하면서요.

하지만 유일한 국제통화인 달러화가 브레턴우즈 체제를 지탱해주던 시절은 그렇게 오래 지속되지 않았습니다. 금세 달러화의 신용에 문제가 생기면서 체제가 흔들리기 시작했거든요.

웬일로 잘 되어가나 했더니… 무슨 일이 있었나요?

1950년대부터 약 30년 간 서유럽과 일본 등 후발 국가들은 미국에 적극적으로 상품을 수출하면서 무역흑자를 거뒀어요. 거꾸로 말하면 미국은 무역적자를 기록했다는 뜻이죠. 게다가 미국은 소련과의 체제 경쟁, 베트남전쟁 개입 등으로 돈을 전 세계에 뿌리다시피 했습니다. 과연 그 돈을 다 금과 태환해줄 수 있을지 의심하는 사람이 늘었죠. 의심이 커질수록 달러를 금으로 바꿔 달라는 유럽 국가들의 요구도 점점 커졌고요.

당연히 불안했겠죠. 남들이 금으로 바꿔가면 갈수록 미국이 보관한 금은 줄어들 텐데, 지폐는 계속 발행되고 있으니까….

실제로 당시 미국이 보유한 금은 세계 곳곳에 뿌려진 달러화와 교환해주기에는 턱없이 부족한 수준이었습니다. 결국 1971년 미국 대통령 닉슨은 달러와 금의 교환을 전면 중단한다고 일방적으로 선언했어요. 금과 달러의 연약한 고리가 마침내 끊어진 거죠. 모두가 '금 교환증'이라 믿었던 미국의 달러화를 포함해 전 세계의 통화는 이때부터 한낱 종이 쪼가리로 전락할 가능성을 안게 됩니다. 돈과 금을 영원히 결별하게 만든 이 사건을 **닉슨쇼크**라고 부릅니다.

달러화의 금태환을 중단시킨 미국 대통령 리처드 닉슨

너무 막무가내 아닌가요? 여태 껏 다른 나라는 금이랑 바꿔준 다는 말만 믿고 달러화를 썼을 텐데…!

그렇습니다. 은행이 일방적으로 예금 지급 불가를 선언한 거나 다름없는 일이었죠. 세계 각국은 하루아침에 고정환율제를 포기하고 변동환율제를 채택해야 했습니다.

페트로달러 시대의 개막

닉슨쇼크 이후 금과 교환할 수 있다는 믿음으로 지나치게 고평가 되어 있던 달러화, 그리고 그런 달러에 묶여 있던 다른 모든 화폐 가치가 다 같이 폭락했습니다. 과거 35달러에 묶어놓았던 금 1온스 가격이 오늘날 얼마에 거래되고 있는지 볼까요?

1온스에 1,800달러인가요? 세상에… 그럼 1970년에 35달러를 주고 금 1온스를 샀던 사람은 지금 완전히 성공했네요.

금값뿐 아니라 우리 삶에 필요한 거의 모든 재화와 서비스의 물가가 다 올랐습니다. 금과의 연결고리가 끊어진 순간부터 전 세계는 금 보유량에 구애받지 않고 자유롭게 화폐를 발행하기 시작했고, 그렇게 인류는 인플레이션이 수시로 발생하는 팽창적 '신용화폐 시스템' 속에 살게 됐죠.

그런데 참 희한하죠. 믿음을 배신한 이력이 있는데도 여전히 달러

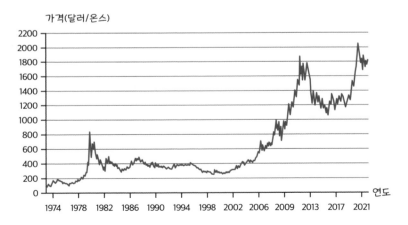

50년 동안의 금 가격 변화

화는 지구에서 가장 신뢰받는 통화입니다. 어떻게 이런 일이 가능한 걸까요?

글쎄요? 그냥 사람들이 믿고 쓰니까 별 생각 없이 쓰는 거 아닐까요? 돈이라는 게 원래 그런 거고….

맞습니다. 오랜 기간에 걸쳐 신뢰성과 편의성을 인정받았다는 측면도 무시할 수 없죠. 하지만 달러가 오늘날 세계 무역시장에서 기본 통화로 인정받는 데는 더 확실한 이유가 있습니다. 지금 달러화는 현대 사회에서 금보다 훨씬 중요한 자원과 연결돼 있거든요. 바로 에너지입니다. 더 구체적으로는 석유를 의미하고요.

달러가 석유와 연결됐다고요? 어떻게요?

미국은 일찍이 석유의 가치에 주목했습니다. 닉슨쇼크로 금태환제가 폐지되고 3년 뒤인 1974년, 미국 국무부 장관이었던 헨리 키신저는 당시 석유수출국기구 OPEC을 이끌던 사우디아라비아를 찾아가 놀라운 협정을 맺었어요. 그 내용은 OPEC의 석유를 사고팔 때는 오직 달러화로만 결제할 수 있고, 석유 가격도 달러화를 기준으로 책정하라는 거였죠. 쉽게 말해 이제 달러화 없이는 원유 거래도 못 하게 만든 거예요.

미국 텍사스주의 석유 시추기

생각도 못 했던 방향으로 일을 풀어냈네요….

기존에 석유 거래에 사용되던 파운드화, 엔화 등은 그 협정으로 다 쫓겨나듯 자취를 감췄고 OPEC 국가와 석유 거래를 하려는 모든 나라는 다시 달러화를 확보해야만 했습니다. 석유를 뜻하는 영어 단어 'petroleum'을 써서 **페트로달러 시스템**이라고 부르는 이 결제 정책은 지금까지 유지되고 있습니다.

어떻게 그런 협정을 이끌어낸 건가요? 사우디는 대체 무슨 이득이 있다고 그렇게 해준 거고요?

사우디를 비롯한 중동 국가들은 오래전부터 정치적인 중립을 유지하려 했지만 2차 세계대전 시기에 독일과 이탈리아의 공격을 받아 큰 피해를 본 경험이 있습니다. 그 때문에 나라의 주권과 안전을 보장해줄 강한 패권국의 도움이 절실하다고 판단했죠.

그 외에도 페트로달러 시스템을 통해 사우디가 얻은 혜택은 여러 가지 있습니다. 원유와 달러를 연결함으로써 무역시장에서 쓸 수 있는 달러화를 확보한 것도 무시할 수 없는 혜택이죠. 게다가 달러화로 미국 국채를 사들여 채권자로서 미국에 영향력을 행사할 수 있습니다. 그렇게 사우디는 달러가 국제시장에서 안정적으로 흐르는 순환 구조를 만드는 데 한 축을 담당해 왔죠.

페트로달러 시스템 협정 당시 키신저(왼쪽)와 사우디 국왕(오른쪽)

하긴 달러화의 신용이 높아지면 사우디도 좋겠네요. 완전히 '누이 좋고 매부 좋고'군요.

페트로달러 시스템은 든든한 뒷배를 원했던 사우디와 미국의 이해관계가 맞아떨어진 굉장히 영리한 결제 시스템입니다. 사우디도 사우디지만 이를 계기로 미국은 패권국 지위를 공고히 할 강력한 기반을 얻었어요.

왜요? 석유가 있어서요?

달러화 가치가 하락할 가능성이 낮아져서요. 어떤 이유에서 달러화 가치가 크게 떨어질 위험에 처했다고 가정해봅시다. 이런 경우 대개 외환시장에서 해당 화폐가 외면당하면서 화폐 가치가 하락하기 마련이죠. 하지만 그 화폐가 달러화라면 이 공식이 통하지 않습니다. 왜냐하면 달러화 가치가 떨어지면 달러화로 표시된 원유 가격은 올라가기 때문입니다. 원유를 사려는 국가들은 더 많은 달러화를 확보해야 하고 따라서 달러화는 시장에서 외면받기는커녕 수요가 커지죠. 페트로달러 시스템의 결제 구조상 달러화가 외면당할 가능성이 상당히 낮은 겁니다.

와, 이건 거의 반칙 아닌가요? 달러화 인기가 떨어져야 하는 상황에도 안 떨어지는 거잖아요.

반칙에 가까운 시스템이긴 하죠. 하지만 다른 나라 입장에서도 가치가 확실하게 보장되는 통화가 없는 것보다는 있는 게 무역하기에 좋은 면이 있어요. 원유뿐 아니라 오늘날 대부분의 무역 결제가 달러화를 통해 이루어지고 있고, 그건 그만큼 달러화 가치를 믿을 수 있다는 뜻입니다. 달러화는 전 세계 외환 보유액의 약 60%, 외환거래의 약 85%라는 압도적인 비중을 차지하고 있죠. 전 세계에서 통하는 '돈 중의 돈'으로서 그 역할을 안정적으로 수행하고 있습니다.

왜 우리나라가 기를 쓰고 달러화를 구하려 하는지 이해가 되네요. 에너지를 확보하고 무역을 하려면 달러화가 꼭 필요한 거군요.

네, 그래서 아예 자국 통화 가치를 달러화에 연동시키는 고정환율제를 채택하는 곳들도 있어요. 대표적인 예가 바로 홍콩입니다. 홍콩은 무역이 경제에서 차지하는 비중이 압도적으로 높아요. 그래서 화폐 가치를 안정적인 달러화에 거의 일정하게 묶어 환율 변동 위험성을 줄였습니다.
홍콩뿐 아니라 무역이 중요한 일부 신흥국 중에서 부분적으로나마 화폐 가치를 달러에 연동시키는 고정환율제를 채택한 곳들이 있습니다. 금이 밀려난 세계에서 금 대신 달러화를 선택한 셈이니 그만큼 달러화의 위상이 높다는 뜻으로 해석할 수 있죠.

닉슨쇼크 때는 미국이 큰일 난 줄 알았는데 꼭 그런 것도 아니었군요.

홍콩 중심가에 있는 익스체인지 스퀘어. 증권 거래소와 세계 각국의 금융기업들이
위치하고 있다.

물론 안심하기에는 이릅니다. 달러화가 오늘날과 같은 지위를 계
속 유지하려면 미국이 패권을 계속 유지해야 하고 또한 미국 정부
의 재정이 안정적이어야 합니다. 하지만 미국의 한 해 재정적자가
천문학적으로 커져버렸고, 패권을 다투고 있는 중국의 위안화가
달러화의 자리를 계속 노리고 있는 상황이죠. 자칫 그 지위가 흔들
리기만 해도 세계로 풀려나갔던 미국의 달러화는 순식간에 믿음
을 잃고 가치가 폭락할지도 모릅니다.

만약 그렇게 되면 또 혼란이 시작되겠군요.

미국뿐 아니라 달러화를 사용하는 전 세계가 엄청난 충격을 받을 수밖에 없겠죠. 익히 알려진 대로 미국과 중국 간의 신경전은 현재 굉장히 치열한 상황입니다. 미국은 어떻게 해서든 달러의 지위를 지키려 하고, 중국은 달러화 대신 위안화로 석유 결제가 되도록 '페트로위안 시스템'을 만들려는 시도를 하면서 호시탐탐 기회를 엿보고 있죠. 세계적으로 통용되는 통화, 즉 **기축통화**를 발행하는 나라가 누릴 수 있는 막대한 정치, 경제적 이익 때문입니다.

그게 어떤 이익인데요?

기축통화국이 누리는 이익

현재 달러화는 통화량이 늘어나면 인플레이션이 발생한다는 당연한 법칙마저 피해갈 수 있습니다. 앞서 나온 시뇨리지란 개념 기억 나나요? 영주의 혜택 말입니다. 미국은 달러를 찍어내 엄청난 시뇨리지를 누리면서도 그만큼의 인플레이션 부담을 지지 않아도 돼요. 왜냐하면 전 세계에서 필요로 하는 기축통화이기 때문입니다. 쉽게 말하자면 연준이 찍어낸 달러의 인플레이션 세금을 미국인 3억 명이 아니라 전 세계 80억 인구가 나눠 내는 겁니다. 미국은 화폐 발행으로 인한 인플레이션 문제에서 훨씬 자유롭고 시뇨리지는 강력하게 누릴 수 있죠. 이게 세계 최대의 무역적자국이자

세계 최대의 소비국인 미국이 강력한 패권국으로 군림할 수 있는 이유 중 하나입니다.

연준이 달러를 막 찍어내면 미국은 당장 쓸 돈을 얻지만 전 세계 사람들이 인플레이션 피해를 나눠서 감당해야 한다는 거잖아요.

그렇습니다. 석유 가격을 시작으로 모든 물가가 오를 테니까요. 게다가 다른 나라의 통화정책은 미국의 정책에 좌지우지될 수밖에 없거든요. 예를 들어 미국에서 달러화를 엄청 찍어내는데 우리나라 원화 통화량은 그대로라고 생각해보세요. 상대적으로 원화 가치가 상승하겠죠? 우리나라처럼 수출로 먹고사는 국가에는 큰 문제가 돼요. 그러니 가능하면 미국의 통화정책과 발맞출 수밖에 없습니다. 미국이 돈을 풀면 같이 풀고, 미국이 돈을 잠그면 같이 잠그고요. 만약 따라갈 여력이 안 되면 경제가 어려워지게 될 거예요.

세상에…. 갑자기 굉장히 억울해지는데요.

달러화의 영향력 때문에 대부분 국가가 완전히 자유로운 변동환율제가 아니라 정부의 외환시장 개입을 용인하는 **관리변동환율제**를 채택하고 있습니다. 기축통화인 달러화를 중심에 두고 적정 수준으로 환율을 안정시키려고 하죠. 우리나라뿐 아니라 유럽, 일본, 중국 등 전부 마찬가지예요. 홍콩의 사례도 살펴봤지만 달러화와 연동돼 있을수록 환율이 안정돼 무역하기에 좋습니다. 하지만 그만큼 독자적인 통화량 조절을 포기해야 하니 국내 물가가 불안정해지는 문제가 생길 위험이 높아져요.
미국 중심의 국제 질서와 완벽하게 단절되지 않는 이상, 달러화의 영향권에서 벗어나는 건 불가능합니다. 그래서 정치적으로도 긴밀한 관계에 있는 일본이나 영국 같은 나라는 무역으로 벌어들인 달러로 미국 국채를 사주면서 미국 경제와의 긴밀성을 더 강화하기도 하죠.

기축통화를 발행한다는 게 얼마나 막강한 권력인지 새삼 알겠네요. 달러화가 기축통화 지위를 잃으면 어떻게 되나요?

달러화 경제권에 의존도가 높은 국가일수록 더 큰 피해를 입겠지요. 우리나라도 마찬가지고요. 실제로 역사상 최초의 제로금리, 그리고 양적완화라는 전례 없는 경기 부양 정책으로도 쉽사리 회복되지 않는 미국 경제에 대해 불안이 커지고 있는 것도 사실입니다.

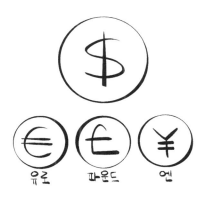

반면 미국과 유럽이 오랜 침체에 빠져 있는 동안 중국은 연평균 경제성장률 10%를 넘나들며 미국의 지위를 위협하는 국가로 부상했습니다. 그동안 무역을 통해 열심히 모아둔 막대한 양의 달러화와 미국 국채는 중국 경제를 튼튼히 뒷받침하는 안전 자산이면서 동시에 미국 경제를 위협할 수 있는 수단이기도 하죠. 중국이 가지고 있는 미국 국채 약 1,400조 원 중 상당량을 한꺼번에 매각해버린다면 미국에 엄청난 타격으로 돌아올 테니까요.

그러면 중국은 이제까지 왜 미국 국채를 매각하지 않았던 건가요?

둘 사이는 충분히 안 좋았던 거 같은데… .

양날의 검이기 때문이죠. 팔아버리면 중국 경제에도 큰 위협이 될 수 있거든요. 중국이 세계 2위의 경제 대국이기는 하지만 중국의 위안화는 여전히 무역 결제에서 거의 사용되지 못하고 있어요. 그런 상황에서 미국 국채를 대규모로 팔아버리면 미국 국채 가격이 폭락하겠죠. 미국 경제가 우선 타격을 입겠지만 중국도 수중에 남은 미국 국채의 가치가 폭락해 큰 손해를 볼 거예요. 나아가 미국과의 경제적 관계가 실질적으로 단절될 테니까 미국을 상대로 한 수출도 어려워질 겁니다. 그러면 당장 무역에 쓸 달러화를 구하기 힘들 테고요.

갖고는 있지만 마음대로 쓸 수는 없는 무기로군요.

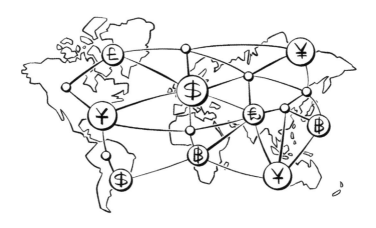

그래서 중국은 미국 국채를 대량 매각하기보다는 차라리 위안화의 국제화를 시도하는 겁니다. 성공하면 미국에 의존하지 않는 자국 중심의 경제권을 만들 수 있으니까요. 두 나라 모두와 깊은 관계를 맺고 있는 우리나라로서는 미중 갈등을 둘러싸고 세계경제가 어떤 방향으로 흘러갈지 지켜볼 수밖에 없는 상황입니다.

지금까지 금리와 환율, 물가, 국제 정세에 이르는 복잡한 화폐경제의 세계를 보여드렸어요. 이제 그 지식들을 소화할 수 있도록 정리하는 시간을 가져볼까 합니다. 일본과 우리나라의 운명을 바꿔버린 그 사건, 바로 **플라자 합의**에 대한 이야기입니다.

중국은 위안화의 국제화를 통해 미국 중심의 경제체제에서 벗어나 자립적 경제권을 만들려고 하고 있다.

현대 화폐 경제 이해하기 : 플라자 합의(상) 편

아마 일본의 '잃어버린 20년' 또는 '잃어버린 30년' 같은 표현을 들어본 적 많을 거예요. 거기에 우리나라도 일본처럼 되어가고 있다는 우려 섞인 말도 함께 따라붙었을 테고요. 모두 1990년대 거품이 붕괴한 후 성장이 정체된 일본 경제를 빗대 하는 말입니다. 현재 일본은 저출생과 고령화로 인해 인구가 꾸준히 감소하고 있고, 강점이던 제조업마저 후발국인 우리나라와 중국의 맹렬한 추격으로 경쟁력을 많이 상실했죠.

그렇지만 정체되기 직전까지 일본은 역사 이래 가장 뜨거운 경제 호황을 경험했습니다. 특히 1985년부터 1990년까지 5년 동안 일본의 자산 가치는 엄청나게 폭등했어요. 당시 전 세계 부자 10위 중 8명이 일본인, 시가총액 10위 기업 중 7곳이 일본 기업이었습니다. '도쿄를 팔면 미국을 살 수 있다'는 말이 나올 정도였죠.

대단했네요. 그런데 왜 호황이 아니라 거품이라고 하는 건가요?

버블, 그러니까 팽창하다가 터지면 형체도 없이 사라지는 거품에 빗댄 표현인데요, 당시 일본 경제가 딱 그 모양이었습니다. 자고 일어나면 주식과 부동산 가격이 연일 폭등하고, 또 폭등하는 상황이 5년 넘게 지속됐어요. 처음에는 거품이라고 경계하던 이들조차 나중에는 빚을 내 투자에 나설 정도로 엄청난 광풍이었습니다.

호황이 한창이던 1980년
대 도쿄 신주쿠. 오늘날과
크게 다른 점을 찾기 어려
울 정도로 이미 번화했음
을 확인할 수 있다.

커진 자산이 다시 새로운 부채의 담보가 되고, 그렇게 새로 탄생한
돈이 또 자산시장으로 흘러가면서 거품을 계속 키웠죠.

만약 그 시기에 일본에 살았더라면 소외감을 느껴서라도 '빚투'했
을 거 같아요.

많은 사람이 그랬죠. 페이지를 넘기면 1989년 발행된 기사가 있
는데, 버블이 붕괴하기 시작한 게 1990년대 초니 정말 아찔해요.

매일경제

1989.3.4

일본 경제 최대 호황

꾸준한 내수 증가와 수출 호조로 일본 경제는 사상 최고의 호경기를 맞고 있다. 일본은행이 3일 발표한 기업단기경제관측 조사에 따르면 일본 주요기업들은 2차대전 후 최대 호경기로 불렸던 1965~1970년까지의 피크타임보다 더 호경기를 맞고 있는 것으로 나타났다. (…) 한편 이러한 경기 호황에도 불구, 일본의 경제는 과열되지 않는 안정상태를 보이고 있어 인플레 없는 성장 지속이라는 베스트 시나리오라고까지 평가되고 있다.

거품은 터진 후에야 거품인 줄 안다는 말이 새삼 와닿는 기사입니다. 당시 거품의 원인이 무엇이었는지에 대해서는 많은 분석이 있지만 1985년에 있었던 플라자 합의가 가장 큰 원인 중 하나라는 데에는 이견이 거의 없습니다.

플라자 합의란 1985년 9월 미국, 프랑스, 서독, 일본, 영국의 재무장관들이 모여 달러화 강세 문제를 해결하기로 합의한 사건을 뜻해요. 쉽게 말해 외환시장에서의 자연스런 수요 공급을 무시하고 강제로 달러 가치를 약하게 조정했다는 뜻입니다. 이 조치로 인해 제조업 호황 속에서 오랫동안 무역 흑자를 봤던 일본과 서독은 화폐 가치가 높아지면서 수출경쟁력이 크게 하락했습니다.

왜 그런 합의를 하게 된 건가요? 일본이나 독일이 원하진 않았을 거 같은데요.

물론 미국의 의지였죠. 1970년대 일본은 오일쇼크라는 위기에서 살아남기 위해 비용 절감과 기술력 향상에 집중하면서 제조업 경쟁력을 한층 높였습니다. 제조업을 기반으로 무역수지 흑자폭이 무서운 속도로 증가했고, 1980년대 들어서는 국민소득과 경제 규모가 함께 팽창하는 고성장 가도에 진입했죠.

한편 당시 미국은 제조업 침체와 대규모 무역적자를 동시에 경험하고 있었습니다. 제조업의 쇠퇴는 곧 실업률의 증가를 의미했고요. 1981년 대통령으로 당선된 로널드 레이건은 '미국을 다시 위대하게'라는 기치를 내걸고 무역적자와 경기침체를 극복하겠다는 공약을 내세웠습니다. 그런 레이건의 눈에 미국으로부터 막대한 흑자를 보며 '엔화의 기축화'까지 논하고 있던 일본이 눈엣가시였던 건 당연한 일이었죠.

40년 전 이야기인데 요즘 미국이랑 중국이 경쟁하는 모습과 굉장히 비슷해 보이네요….

나고야 도요타박물관에 전시되어 있는 구형 자동차들. 1980년대에 일본 제조업은 높은 품질과 경쟁력 있는 가격을 무기로 삼아 미국뿐 아니라 세계 각국으로 시장을 확대했다.

그렇죠? 결국 1985년 미국과 일본, 독일을 포함한 5개국의 재무장관들이 미국 맨해튼에 있는 플라자호텔에 모여 합의를 체결합니다. 합의라고 하지만 사실 합의가 아니라 강제에 가까웠습니다. '미국의 무역수지 개선을 위해 엔화와 마르크화의 가치를 절상한다. 그래도 수지가 개선되지 않으면 정부가 개입해서라도 목적 달성에 힘을 쏟는다'는 게 합의의 골자였습니다. 결국 당시 달러당 242엔이던 엔·달러 환율이 3년에 걸쳐 거의 반토막 났어요. 일본 경제가 뜨겁게 달아올랐던 1988년에는 무려 달러당 124엔까지 떨어졌습니다.

1985년, 재선을 앞두고 자신의 세제 개편안을 홍보하고 있는 로널드 레이건. 그의 모토였던 '미국을 다시 위대하게'는 30년 뒤 도널드 트럼프 대통령을 상징하는 슬로건이 된다.

달러 대비 엔화 가치가 두 배나 비싸진 거네요. 원·달러 환율이 1,300원에서 650원 정도까지 내려갔다고 상상하니 어마어마한 변화였겠는데요.

급격한 엔화 절상으로 인해 일본의 수출경쟁력은 수직으로 하강했습니다. 자국의 산업 경쟁력이 저하될 것을 우려한 일본 당국은 기준금리를 연 5%에서 2.5%까지 급하게 인하했죠. 그게 문제의 시작이었습니다.

적절한 조치 같은데요? 금리를 인하하면 돈을 빌리기 쉬워지니까 경기침체를 막을 수 있지 않나요?

일반적으로는 그런데, 일본의 경우는 예외였어요. 당시 일본 정부는 국내 소비를 활성화해 무역 손실을 만회하려 했어요. 플라자 합의의 내용을 충실히 지켜 수출이 아니라 내수시장을 키우는 방향으로 정책을 운영한 겁니다.

미국이랑 약속한 게 있으니까 나름대로 대안을 찾은 거였나 보네요.

하지만 낮은 금리로 풀려나간 돈은 제조업 쪽으로 흘러가지 않고, 엉뚱한 자산시장만 달궜습니다. 게다가 플라자 합의 이후 어마어마한 규모의 외국 자본이 환차익을 노리고 일본에 유입됐어요. 달러화를 가진 투자자의 입장에서 생각해보세요. 일본의 엔화로 환전만 하면 화폐 가치가 곧 두 배 가까이 올라가는 거예요. 엔화로 금융, 건설, 소비 등 빠른 성장이 예상되는 일본 내수시장의 주식이나 부동산에 투자하면 더 큰 수익을 기대할 수 있었고요.

그러네요. 가만히 두기만 해도 이익이고, 그걸로 일본 시장에 투자까지 하면 이익이 배로 뛰겠군요.

네, 전 세계 투자자들이 일본으로 몰리는 건 당연한 일이었습니다.

물론 수출이 중심이었던 일본 기업에는 재앙과 같았습니다. 내수 시장이 활황이라 물가와 인건비는 계속 상승하는데 엔화의 수요와 가치는 계속 올라가니 기존 방식의 수출은 어려워졌죠. 그래서 아예 고급화 전략으로 나갑니다. 그마저도 어려운 기업들은 그동안 벌어둔 돈으로 주식 투자를 하기 시작했고요.

기업이 본업 대신 주식 투자를요?

당연한 판단이었을지도 모릅니다. 같은 자본을 투자해 예상되는 수익률이 본업보다 훨씬 더 높았으니까요. 1980년부터 1989년까지 일본 주식시장이 어땠는지 한번 다음 페이지 그래프를 통해 구경해 볼까요?

니케이 지수 추이

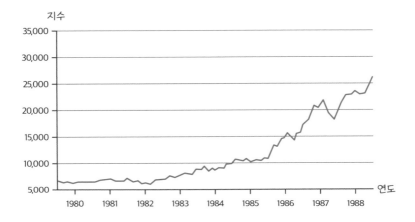

쭉쭉 올랐네요. 1985년부터는 기울기도 엄청 가팔라졌고….

국내외의 온갖 돈이 금융시장으로 집중되면서 실물 부문보다 금융 부문이 훨씬 빨리 팽창했습니다. 지수로 보면 네다섯 배 오른 정도지만 개별 주식으로 따지면 몇십 배 폭등한 주식도 많았을 거예요.

자산이 늘어난 만큼 사람들의 씀씀이도 나날이 커졌어요. 이때 일본 사회가 얼마나 뜨거운 호황을 누렸는지 몇몇 전설 같은 이야기들이 전해집니다. 도쿄에 있는 집이나 토지를 산다고 하면 심사도 거의 하지 않고 무조건 대출을 해줬다거나, 일할 사람이 없어서 흑자 도산한 회사가 있었다거나 하는 얘기 말이죠. 일자리가 넘쳐나

다 보니 면접비를 모아 외제 차를 샀다는 이야기, 편의점 아르바이트만 해도 월 400만 원을 벌 수 있었다는 이야기 등 믿기지 않는 이야기가 정말 많아요.

잘 모르는 제가 봐도 뭔가 위험해 보이는데… 일본 정부에서 뭔가 조치를 취하지 않았나요?

그러려고 했지만 쉽지 않았습니다. 뒤늦게 금리를 올리려고 했지만 1987년 10월에 미국에서 또 한번 사고가 터지거든요. 주가가 하루아침에 20%가 넘게 폭락한 '블랙 먼데이'라고 들어보셨나요?

공원에서 꽃을 감상하며 휴식을 취하고 있는 사람들. 도쿄, 1989년 봄. 일본 경제의 거품이 절정에 이른 시기다.

미국 증시 폭락이 경기침체로 이어질 거라 생각한 세계 각국은 너나 할 것 없이 금리를 인하했고 일본도 이런 추세를 거스르지 못하고 금리 인상을 포기하고 말았어요. 이때라도 일본이 금리를 인상하며 긴축에 나섰더라면 거품이 계속 커지지 않았을 거라고 보는 시각이 있습니다. 하지만 그러지 못했죠.

남들은 다 금리를 낮추는데 일본만 금리를 높였다면… 안 그래도 높은 엔화 가치가 뛰어올랐겠군요.

그렇습니다. 금리가 계속 낮게 유지되면서 결국 수도꼭지를 제때 잠그지 않은 듯 물이 넘쳐버리고 맙니다. 일본 정부가 금리를 인상

1987년 블랙 먼데이 당시 미국의 주가 지수

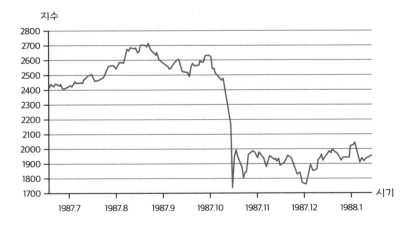

하기 시작한 때가 1989년 중반이었는데 이때는 이미 거품이 한계만큼 차오른 시점이었어요. 일본 중앙은행이 1년 동안 기준금리를 2.5%에서 6%까지 급격히 올리자 끝을 모르고 올라가던 주가가 바로 무너지기 시작했습니다. 끝없이 빚으로 쌓아 올린 거품이 마침내 터져버리죠. 플라자 합의 이후 유입됐던 외국 자본도 썰물처럼 빠져나가면서 일본 증시는 2년 만에 70% 가까이 폭락했습니다.

금리 인상을 안 했다면 버블이 붕괴하지 않았으려나요?

이미 실물 부문을 넘어 거품이 커질 대로 커진 상황이었으니 아주 약간의 충격만으로도 반드시 붕괴할 수밖에 없었어요. 만일 그대로 방치했더라면 거품이 계속 커졌을 거고 붕괴로 인한 피해도 커졌겠지요. 충치와 비슷하다고 보면 됩니다. 치료가 귀찮다고 미루면 충치는 점점 커지고, 나중에는 신경까지 곪게 만들어 수술해야할 수 있잖아요. 피해가 커지지 않도록 미리 대응해야 하는데 당시 일본 중앙은행의 금리 인상 조치는 이미 너무 늦은 거였죠.

한편, 일본 거품 경제의 반사 이익을 얻은 국가들이 있었습니다. 바로 우리나라와 대만, 그리고 막 경제 개방을 시작한 중국이었어요. 앞에서 플라자 합의로 엔화 가치가 오르고 수출경쟁력이 떨어졌다고 얘기했죠? 국제 무역시장에서 일본 공산품을 찾는 수요가 줄자 우리나라와 대만 등 신흥 제조업 국가들이 그 자리를 대체할 수 있었습니다.

이전까지 우리나라 제조업은 품질 면에서 일본이나 독일만큼 인정받지 못하고 '조악한 카피 제품'을 만든다는 이미지에 머물러 있었어요. 그런데 플라자 합의로 일본 제조업이 가격 경쟁력을 상실하자 기회를 얻습니다. 일본보다 물가가 저렴한 데다 노동 숙련도도 점차 높아졌던 우리나라 제조업은 급성장의 물살을 탔습니다. 1970년대부터 국가 주도로 육성해왔던 중화학공업과 전기·전자 공업이 실질적인 주력 산업으로 자리매김한 것도 바로 이 시기였어요.

특별히 일본의 기술력이 퇴보한 게 아니라 환율이 인위적으로 조정되면서 경쟁력이 떨어진 거라니…. 정말 돈의 힘이란 무섭네요.

삼성전자의 비디오 플레이어 제품 광고. 삼성과 LG, 대우 등은 일본 제품의 카피라는 오명을 딛고 점차 질 좋은 가전 제품을 만들어 냈다.

일반적으로 무역수지 적자로 인한 환율 불균형은 시간이 지나면 원상 복구돼요. 예컨대 특정 국가가 계속 무역적자를 본다면, 이 국가의 경제 전망이 나빠지면서 화폐 가치가 하락하겠죠. 그럼 자연스럽게 다시 수출경쟁력이 좋아져서 흑자를 볼 수도 있고, 그러다 보면 화폐 가치도 다시 높아질 거고요.

그런데 인위적으로 개입한다면 원상 복구가 안 됩니다. 이를테면 IMF 외환위기 직전까지 우리나라가 원화 강세를 유지하기 위해 무역수지 적자 상황에서도 달러를 내다 판다든가, 일본이 제조업 경쟁력이 하락하는데도 불구하고 플라자 합의를 준수하기 위해 엔화 강세를 유지한다든가 그러면 말이죠.

국제수지와 환율의 관계

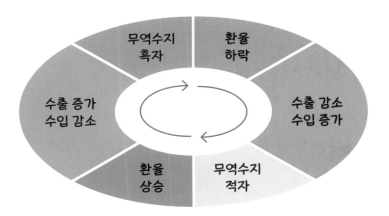

현대 화폐 경제 이해하기 : 플라자 합의(하) 편

이제 마무리지어야겠네요. 1990년대, 끝을 모르고 치솟던 일본의 주가, 그리고 불패 신화를 자랑하던 부동산 시장 모두 급격히 고꾸라진 채 회복하지 못했습니다. 주가가 종전의 70% 가까이 폭락했던 1992년부터는 본격적으로 실물 경기가 침체하기 시작했고, 이후 분야를 가리지 않고 수많은 기업들이 연쇄적으로 무너졌어요.

우리가 IMF 외환위기를 겪는 동안 일본 사정도 그리 좋은 건 아니었네요.

성장의 동력을 완전히 잃었다는 점에서는 오히려 우리보다 더 안좋은 상황이었어요. 게다가 씀씀이라는 건 늘리기는 쉽지만 한번 늘어나면 줄이기 굉장히 어려운 법이거든요. 한 달에 100만 원을 쓰던 사람이 갑자기 50만 원만 써야 한다거나, 여름마다 에어컨을 쓰던 사람이 선풍기만 쓰고 살아야 하는 상황을 상상해보세요. 거품 붕괴 이후 일본이 딱 그랬습니다. 소득과 소비의 기준이 거품이 잔뜩 끼었을 당시에 맞춰져 있었기 때문에 이걸 조정하느라 애를 먹었고, 지금까지도 먹고 있죠. 일본의 가계와 기업, 정부는 줄어가는 수입과 줄이기 힘든 지출 사이에서 기나긴 싸움을 시작했어요.

차라리 호황의 맛을 보지 않았더라면 더 나았을 텐데….

무너져가는 민간 경제를 살리기 위해 공격적으로 공적자금을 투입한 결과 일본 정부의 부채 비율도 급증했습니다. 1990년 이전까지 국내총생산(GDP)의 70% 선에서 유지되던 일본 정부의 부채 비율은 2000년 즈음에는 약 150%를 넘어섰고, 코로나19로 인해 심각한 침체 위기였던 2020년에는 266%까지 치솟았죠.

줄기는커녕 계속 늘어만 가는군요. 갚을 생각이 있는 건지, 아니 그전에 과연 갚을 수는 있는 건지 모르겠네요.

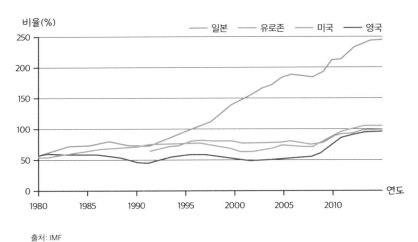

일본과 주요 선진국 부채 추이

출처: IMF

하나 짚고 넘어가자면 특별한 설명 없이 '국가 부채', '국가 부채 비율'이라고 썼다면 보통은 정부 부채를 의미합니다만, 가계 부채, 기업 부채, 정부 부채를 구분할 필요가 있습니다. 예컨대 1997년에 우리나라가 경험했던 IMF 외환위기는 가계나 정부가 아니라 기업 부채가 문제가 돼 터진 사건이었습니다. 당시 기업들의 평균 부채 비율이 400%가 훌쩍 넘었던 반면 정부의 재정 상태는 매우 건전해서 부채 비율이 20%도 채 되지 않았어요. 물론 가계, 기업, 정부 중 어느 하나라도 문제가 발생한다면 나머지 둘도 반드시 영향을 받게 되죠. 그래서 대부분의 선진국에서는 기업 부채가 악화된 후 그게 정부 부채로 넘어오는 패턴을 보입니다. 왜 그럴까요?

글쎄요? 정부가 기업의 빚을 대신 갚아주는 것도 아닐 텐데.

상당히 정답에 가깝습니다. 기업 부채는 보통 과잉 투자로 인해 발생해요. 인적 자원이나 생산 자원에 투자해서 벌어들이는 소득보다 부채가 더 빠르게 증가하면 기업의 생존이 위협받는 때가 옵니다. 그렇게 무너지는 기업을 건사하지 못하면 일자리가 사라져 가계 부채가 늘어나는 단계로 넘어가죠. 세금을 내는 가계와 기업이 무너지는데도 무사할 수 있는 국가는 없습니다.

그러니 대부분 정부는 기업과 가계가 파산하지 않도록 재정을 투입해요. 경기가 침체될 때 정부가 재정을 투입해 일자리를 창출할 수 있는 대규모 공사를 시작하거나 재난지원금을 지급하는 것 등이 대표적인 예죠. 민간 부문의 성장이 한계에 이른 선진국일수록 기업과 가계의 부채가 정부의 부채로 이전되는 양상을 보일 수밖에 없습니다.

그래서 일본 정부의 부채 비율이 그렇게 높아졌군요…. 이렇게 엄청난 부채 비율이 왜 문제가 되지 않는지 의아하네요.

그동안 쌓아온 자산, 그러니까 일본 경제의 위상이 그만큼 높기 때문이죠. 일본은 무역을 할 때 어느 정도 자국 화폐로 결제가 가능한 준기축통화국이기도 하고, 성장이 거의 멈추기는 했지만 절대적인 기술력이나 경쟁력, 사회 안정성 면에서 여전히 세계 최상위권 국가예요. 특히 일본 투자자들은 그간 금리가 낮은 자국의 엔화를 빌려 해외 자산에 투자를 많이 했습니다. 주식이나 채권은 물론, 기업과 부동산까지 가리지 않고 사들였죠. 2020년 말 기준으로, 일본의 해외 순자산 규모는 우리나라 돈으로 약 4,000조 원 규모예요. 세계에서 가장 높은 수준입니다.

게다가 일본 정부가 발행한 국채는 대부분 자국 내에서 소화되고 있습니다. 사실 이 부분이 대단히 중요해요. 만약 일본 국채를 해외에서 많이 샀다라면 이미 국가 부도 사태로 이어졌을지도 모릅니다. 하지만 일본 정부가 국채를 발행하는 족족 일본 중앙은행을 비롯해 보험, 연기금 등이 대부분 사들이고 있어요. 쉽게 말해 일본 기관들의 자금을 정부가 매해 국채를 통해 빨아들이면서 다시 예산으로 사용하고 있다는 뜻입니다.

이해가 가지 않는데요. 어쨌든 그것도 채권이니까 일본 정부가 갚아야 하는 거 아닌가요? 재정적자가 심해지고 부채가 늘어나는데도 일본 기관들은 마냥 정부를 믿고 국채를 사주는 건가요?

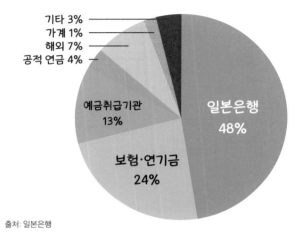

일본 국채 보유 내역 (2020년)

기타 3%
가계 1%
해외 7%
공적 연금 4%

예금취급기관
13%

일본은행
48%

보험·연기금
24%

출처: 일본은행

네, 모두가 한마음으로 국가 부도 사태를 유예하고 있는 거죠. 이 상황을 경기 부양을 위해 마이너스 금리가 계속된 부작용이라고 해석할 수도 있습니다. 일본의 시중은행들이 민간에 대출해주지 않고 국채를 사는 쪽을 택한 겁니다. 가만히 돈을 넣어뒀다가는 마이너스 금리 때문에 손해를 볼 것 같고, 민간에 돈을 빌려줬다가는 돌려받기 힘들 것 같으니까 엉뚱하게 국채로 수요가 몰렸어요. 물론 기준금리가 마이너스인 만큼 국채 금리도 상당히 낮았지만 마이너스는 아니었어요. 게다가 일본 중앙은행이 그 국채를 사줄 거라 믿었고요. 결국 경기를 부양하려는 마이너스 금리 정책의 효과는 미미해졌고 일본 정부의 부채만 키운 셈이 됐어요.

일본의 은행들이 머리를 잘 썼다고 해야 할지…. 그런데 국가 부채를 한없이 늘려도 괜찮나요? 언젠가 파산하는 거 아닌가요?

미래의 어느 시점에 일본 정부가 더 이상 국채를 갚지 못할 수준에 이르렀다고 가정해봅시다. 두 가지 해결책이 있어요. 하나는 화폐를 엄청나게 발행해서 국채를 갚는 방법, 그리고 다른 하나는 디폴트, 즉 빚을 안 갚는 거죠. 일단 전자의 경우에는 하이퍼인플레이션이 발생해 지금보다 훨씬 더 큰 사회 혼란이 유발될 수 있어요. 엔화의 위상도 추락할 거고요.

그럼 남은 선택지는 디폴트 선언이죠. 사실 이 경우 대외적으로는 문제가 없습니다. 디폴트를 선언한다는 건 곧 일본 국채가 휴지 조각이 된다는 건데, 국채를 보유한 곳이 대부분 일본의 금융기관과 중앙은행이잖아요. 빚을 갚지 않더라도 세계경제를 위협하는 수준의 부도 사태로는 번지지 않을 거예요. 물론 대규모의 자산이 사라져버린 일본은 정치·사회적으로 큰 혼란을 겪을 가능성이 높겠지만요.

세계적인 문제로 번지지 않더라도 일본 내에서는 문제가 심각할 것 같은데요. 정부가 보증하던 채권마저 믿지 못한다면….

네, 일본도 최대한 그 시기를 늦추기 위해 소비세율을 인상한다든가 연금 수령 시기를 늦추는 등 어떻게든 위기를 돌파할 재정을 마련하기 위해 노력하고 있어요.

먼 나라 이야기만은 아닙니다. 일본은 우리와 긴밀한 관계에 있는 이웃이면서 저성장과 고령화라는 측면에서 같은 경로를 걷고 있

히로시마의 공원 벤치에 한 노인이 앉아 있다. 고령화로 인한 경제침체와 저성장은 비단 일본만의 문제가 아니라 우리나라도 당장 해결에 나서야만 하는 문제다.

는 나라기도 합니다. 일본의 '잃어버린 20년, 혹은 30년' 이야기를 비교적 자세히 다룬 이유도 그 때문이에요. 환율, 국채, 금리 등 많은 경제 요소와 그게 우리 삶에 미치는 영향력을 설명하기 좋고, 동시에 남의 나라 일로만 쉽게 넘겨버릴 수 없는 일이기 때문이죠.

알면 알수록 현대 경제는 복잡한 듯해요.

맞습니다. 화폐경제를 이루는 요소들은 서로가 원인이자 결과로서 끊임없이 영향을 주고받으며 변하고 있어요. 어느 한 부분만이 아닌, 각자 서로에게 어떤 영향을 주고받는지를 이해할 때, 경제를 온전히 이해했다고 말할 수 있겠죠.

환율이 움직이는 원리   ○ ○

세계 환율 제도는 역사에 따라 역동적으로 바뀌어왔으며, 국가의 위상은 환율에 직접적인 영향을 미친다.

환율 읽는 법	A·B 환율이란 B를 기준으로 한 A의 값을 뜻함.

예시 유로·달러 환율이 오름
= 1달러당 유로 값이 오름.
= 달러 가치가 유로에 비해 높아짐.

화폐 가치의 조절

중앙은행이 의도적으로 외환시장에 참여해 환율을 조절할 수 있음.

예시 수출 기업을 위해 자국 화폐를 팔고, 타국 화폐를 사들인 A국의 사례→화폐 가치 절하

예시 외국 자본 유치를 위해 원화를 사고, 달러를 팔았던 한국의 사례→화폐 가치 절상

세계 환율제의 변화

① 브레턴우즈 협정 달러화만 금과 연동하고 통화별로 달러화와의 환율을 고정해두기로 결정.

참고 페그제 특정 국가의 통화에 다른 국가가 교환 비율을 고정해 두는 제도

② 닉슨쇼크 1971년 미국의 닉슨 대통령이 달러와 금의 교환을 전면 중단한다고 선언.

③ 페트로달러 시스템 달러화로만 석유를 거래할 수 있게 만듦.

④ 관리변동환율제 완전히 자유로운 변동환율이 아닌, 정부의 외환시장 개입을 허용함.

일본의 버블 붕괴

원인: 플라자 합의→1985년 5개국 재무장관들이 모여 급격한 엔화 절상을 결정.

과정: 일본의 수출경쟁력 약화, 내수시장 강세 → 1989년 금리 인상으로 경제위기.

결과: 우리나라와 대만 등 신흥 공업국이 일본의 자리를 대체. 일본 정부의 부채 비율 급증.

역사 속의
기축통화

국가 간 결제와 금융거래의 기본이 되는 화폐를 기축통화라고 하죠. 세계 전체에 상당하는 영역에서 교환 수단으로 사용되는 통화라고 보면 되겠습니다. 20세기 중반 이래 미국의 '달러'는 이 기축통화의 지위를 놓치지 않고 있습니다. 그렇다면 역사적으로 기축통화에 해당하는 화폐는 어떤 것들이 있었을까요?

유럽에서는 기원전 6세기경 그리스 아테네에서 발행된 '드라크마'를 최초의 기축통화로 볼 수 있습니다. 그리스가 주도한 지중해 해상 무역망에서 널리 사용되었으니까요. 그다음엔 로마 제국의 '데나리우스'가 유럽과 주변 지역을 잇는 기축통화 역할을 했습니다. 로마 제국의 위용이 데나리우스의 지위를 굳건히 유지시켜줬어요. 아시아에서는 지금의 몽골인 원나라가 지배하던 시대에 중요한 기축통화가 등장했습니다. 원나라가 발행한 '교초'가 바로 그것이죠. 교초는 고려에서 중동에 이르는 광대한 제국 안에서 널리 사용됐습니다.

대항해시대에는 스페인의 은화인 '페소 데 오초'(일명 스페인달러)가 기축통화의 지위를 차지했습니다. 이후에는 영국의 '파운드'가 산업혁명과 영국제국의 확장에 힘입어 기축통화가 됐습니다. 파운드의 힘은 20세기 초반 영국의 경제적 지위가 하락함에 따라 약해지고 맙니다. 결국 후발 강국인 미국의 달러화에 권좌를 내주게 되지요.

태양 아래 영원한 건 없다고 하죠. 기축통화도 시간이 흐르고 국제질서가 재편됨에 따라 결국 변화를 맞게 됩니다. 미래에는 어떤 통화가 기축통화로 떠오를까요? 특정 국가의 통화일까요? 다수의 국가가 연합해 만들어내는 통화일까요? 아니면 잘 상상이 되지 않는 또 다른 종류의 통화일까요?

QR코드를 인식시키면 퀴즈를 풀 수 있어요.
여기까지 배운 내용을 점검해보세요!

Ⅲ

끝없이
확장하는 돈

지금 여기의 금융 투자

부를 과시하는
최상의 수단은?

중상주의 시대의 부자들은 어떻게 자신의 부와 명예를 과시했을
까요? 사진이 없던 시절이니 이들이 남긴 초상화에서 당시 모습을
확인할 수 있습니다.

대표적인 그림 한 점을 볼까요? 제인 구드윈이라는 귀부인의 초상
화입니다. 귀족 신분에 돈 많은 남편을 둔 인물답게 이름난 화가
안토니 반 다이크에게 초상화를 의뢰했지요.
그림을 잠시만 들여다봐도 차림새에 얼마나 신경을 썼는지 알 수
있습니다. 굵은 진주로 만든 목걸이와 귀걸이, 그리고 최고급 옷감
으로 만든 매끄러운 의복이 보이죠? 하지만 그보다 시선을 강하게
끄는 것은 부인이 손에 쥐고 있는 아름다운 꽃 한 송이입니다. 당
시에 상류층 사이에서 명품 취급을 받으며 폭발적인 인기를 누린
튤립이에요.
이 그림이 그려진 1630년대에 튤립은 엄청난 히트상품이었습니
다. 당연히 가격이 매우 비쌌죠. 알뿌리 하나가 요즘 돈으로 무려

반 다이크의 1639년 작 「제인 구드윈 부인」.

수 억 원에 거래되기도 했어요. 아무리 예뻐도 그렇지, 어떻게 꽃 한 뿌리가 그런 고가에 거래될 수 있었을까요?

이번 강의에서 튤립 가격의 비밀을 함께 찾아보도록 하죠.

**나는 천체의 움직임은 계산할 수 있지만
인간의 광기는 측정할 수 없다.**

| 아이작 뉴턴(추정) |

01 주식, 투자의 문을 열다

#투자 #주식 #증권사 #거품

금융이란 돈을 흐르게 하는 일입니다. 마치 사람 몸에서 핏줄을 타고 혈액이 뻗어 나가듯 돈이 구석구석까지 잘 흐르도록 만들죠. 그런데 이건 사회 전체 관점에서 할 수 있는 말입니다. 개인은 왜 금융을 통해 자신의 부를 다른 곳으로 흘려보내려 하는 걸까요?

그거야… 재테크 목적이죠, 뭐.

네, 흔히 '돈이 돈을 부른다'고 하죠. 아마 많은 분이 경제에서 가장 관심을 두는 분야 중 하나일 거예요. 이번 시간에는 투자를 목적으로 한 금융 이야기를 들려드릴까 합니다. 그 첫 번째 주인공은 바로 주식이에요.

주식 얘기라고 하니까 괜히 마음이 설레네요.

주식, 위험과 이익을 나누다

주식은 위험을 분산하고자 하는 목적에서 탄생했습니다. 현대 주식회사의 기원으로 불리는 네덜란드 동인도회사도 해상무역으로 인한 위험을 투자자 여럿이서 분산하기 위해 만들어진 기업이었죠.

맞아요. 사고가 났을 때 혼자 책임지기 힘드니까 투자한 돈만큼만 책임지는 주식회사를 만들었다고 하셨잖아요.

그런데 주식회사는 위험뿐만 아니라 회사가 벌어들인 이익도 주식을 가지고 있는 주주들과 나눕니다. 이렇게 주식회사가 영업이익을 나눠주는 일을 **배당**이라고 해요. 영업이익이란 그 회사가 사업을 해서 얻는 수익이고요.

회사는 주식으로 돈을 벌어 열심히 영업하고, 그렇게 얻은 이익을 또 배당해주는 식이군요?

종종 하는 오해인데, 주식시장에서 어떤 회사의 주식을 사면 그 거래대금이 해당 회사에 전달되는 게 아닙니다. 주식을 판 사람에게 수수료를 제하고 넘어갈 뿐이죠.
회사는 처음 주식을 발행할 때만 돈을 받습니다. 그러다 돈이 더 필요해서 주식을 추가로 발행하는 경우가 아니라면 다른 사람의 주식 거래로 회사가 직접 얻는 수익은 없어요.

그럼 주식 가격이 오른다고 해서 회사에 좋은 일은 아닌 거네요? 돌아오는 것도 없을 테니까요.

그렇진 않아요. 여러모로 이득이 많죠. 주가는 회사의 가치를 보여주는 가장 명확한 지표입니다. 주가가 높은 기업은 개인으로 치면 높은 신용점수를 얻은 사람과 같아요. 은행에서 대출받기도 더 쉬워지고 새로운 주식을 발행할 기회를 얻을 수도 있습니다. 주식은 채권과 다르게 이자나 원금을 갚을 필요도 없으니 돈이 필요할 때 새로운 주식을 발행해 자본금을 확충할 수 있다는 건 사업할 때 큰 이점이에요. 이 신규 주식 발행을 **증자**라고 합니다. 자본금을 늘린다는 의미로 이해하시면 돼요. 아래 기사처럼요.

'위드 코로나' 날개 단 LCC, 유상증자 잇달아 성공

코로나19로 경영난을 겪고 있는 저비용 항공사들이 잇달아 유상증자에 성공했다. '위드 코로나' 시대가 곧 열린다는 기대가 형성되면서 대규모 자금 조달이 가능해졌다는 평가다. (…)

—《한국경제》 2021.10.21

증자로 자금을 조달한다는 게 주식을 더 발행한다는 말이었군요. 왜 이렇게 말을 어렵게 쓰는지….

덧붙여 그냥 증자가 아니라 유상증자라고 말한 이유는 새로 발행한 주식을 무료로 나눠주는 무상증자도 있기 때문이에요. 보통 거래량을 늘리려는 목적으로 무상증자를 하는데 이런 경우는 흔치 않아서 일반적으로 증자라고 하면 곧 유상증자를 뜻합니다.
이제 기업이 주식으로 돈을 버는 것도 아닌데 왜 주가에 연연할 수밖에 없는지 좀 이해가 가실 테니 다시 배당 이야기로 돌아오죠. 주식회사가 벌어들인 영업이익을 주주에게 나눠준다고 했잖아요. 한 가지 여쭤보죠. 답이 정해진 질문은 아닙니다. 기업이 주주에게 나눠주는 배당금은 얼마가 돼야 할까요?

글쎄요… 회사 운영에 필요한 돈은 남겨야겠지만, 최대한 많이 나눠주면 좋지 않을까요? 주주는 돈 벌어서 좋고 주식의 인기는 높아질 테니까요.

좋은 답변입니다. 문제는 주주가 여럿인 경우 회사 운영에 필요한

미국 유통기업 '월마트'의 2011년 주주총회 모습. 주식회사에서 발행한 주식을 단 한 주만 가지고 있어도 주주총회에 참석해 발언할 수 있지만 의결권은 보유한 주식 수에 비례한다.

돈이 얼마일지 그 기준이 천차만별이라는 거예요. 소수의 대주주 의견에 따라서만 결정하면 다른 소액주주들이 반발하겠죠. 이럴 때 필요한 게 바로 **주주총회**, 줄여서 주총입니다. 주주들을 한데 모아 배당금 비율을 비롯한 회사의 중요 안건을 논의하고 결정하는 회의죠.

드라마에서는 회사 대표가 툭 하면 주주총회 소집하잖아요. 경영권 승계를 포기한다느니 그러고….

현실에서도 대표가 주주총회를 통해 회사 경영에 개입하는 일이 비일비재하죠. 경영권 승계라면 충분히 주주총회에서 논의해야 할 중요한 사안입니다.

하지만 지금으로부터 400년 전 처음 주식회사가 생겼을 무렵, 주주총회는 주로 배당금에 대해서만 논의하는 자리였어요. 그때도 배당금을 두고 주주와 사내 이사들이 싸우곤 했습니다. 1602년에 설립된 네덜란드 동인도회사 얘기예요. 동인도회사는 처음 주식을 발행하며 자본금의 5%만큼 수익이 날 때마다 주주에게 배당하겠다고 약속했지만 잘 지키지 않았거든요. 그 대신 새로운 배를 사는 등 사업을 확장하는 데에 썼죠. 원하는 만큼 배당을 받지 못한 소액주주들은 제대로 배당금을 지급하지 않는 경영진을 규탄하며 시위를 벌였습니다.

(왼쪽) 1606년 네덜란드 동인도회사의 주식증권. (오른쪽) 17세기 중반까지 배당금 지급 내역. 회사가 설립된 지 8년이 지난 1610년에서야 배당을 시작했다.

'개미 투자자'들이 분노한 거네요.

그렇죠. 지금도 마찬가지예요. 회사는 벌어들인 이익을 다시 회사 사업에 투자하고 싶겠지만 주주는 배당금으로 나눠주길 바라죠. 그래서 주주총회가 열리면 회사는 아래 기사처럼 배당 계획을 발표하곤 합니다.

"삼성전자 주가 요즘 왜 이렇죠" 개미들 송곳 질문

> (…) '동학개미' 열풍으로 삼성전자 주주 수는 지난해 말 기준 504만 명. '주주 500만 시대'의 첫 주총이기도 했다. 주주들은 삼성전자의 경영 활동 전반과 기술에 대한 높은 이해도를 바탕으로 수뇌부를 향해 '송곳 질문'을 쏟아냈다. 한 부회장은 "주주 가치를 제고해 더 크게 기여할 방안을 고민하겠다"며 9조 8,000억 원 규모의 배당 계획을 내놨다. (…)
>
> —《동아일보》 2022.3.17

주주로서 목소리를 낼 수 있군요.

그렇죠. 주주가 1주당 받을 수 있는 배당금을 주식 가격으로 나눈 값을 **배당수익률**이라고 합니다. 이 배당수익률이 금리보다 낮으면 주식 가격이 내려갈 가능성이 커요. 생각해보면 당연하죠. 언제 나올지도 모르는 배당금을 기다리느니 은행 이자라도 받을 수 있도록 주식을 팔고 싶어질 테니까요. 물론 눈앞에 놓인 배당금보다 재투자 쪽을 지지하는 주주도 있을 겁니다. 회사가 성장하는 게 나중에 더 많은 이득으로 돌아오리라 계산할 수도 있으니까요.

사실 전 배당금 얘기는 많이 못 들어봤어요. 주식을 낮은 가격에 사서 높은 가격에 팔았다, 이런 얘기에 비해서요.

예전만큼 중요하게 여겨지지 않는 듯합니다. 요즘은 상장된 주식 회사 중에서도 배당하지 않는 곳이 많아요. 그런 회사의 주식이라도 사들이는 투자자들이 있습니다. 성장 가능성이 큰 회사라고 판단했을 수도 있고, 배당이 있든 없든 주식을 싸게 사서 비싸게 파는, 시세차익을 노리는 걸 수도 있고요.

주식으로 돈을 버는 방법은 결국 시세차익과 배당금으로 요약할 수 있겠네요. 그런데 상장된다는 게 정확히 뭔가요? 회사가 주식 시장에 나오는 일이라고 듣긴 했어요.

상장 = 기업 공개 = IPO
INITIAL PUBLIC OFFERING

상장, 기업공개, IPO 모두 같은 말입니다. 쉽게 말해 어떤 기업의 주식이 주식거래소에 상품으로 등록된다는 뜻이죠. 이렇게만 말하면 잘 와닿지 않을 테니 좀 익숙한 이름들을 불러볼까요?

주식은 어떻게 사고팔까

서울에 사는 박돈만 씨는 어느 날 자신의 아파트에서 선물 받은 빵을 먹고 있었습니다. 문득 너무 맛있어서 깜짝 놀란 돈만 씨는 대체 어디서 만든 빵인지 궁금해졌고 포장지 뒷면을 들춰보죠. 거기엔 '㈜중산 베이커리'라고 쓰여 있었습니다.

오, 상당히 익숙한 이름이네요.

'㈜'라는 표시를 보고 주식회사라는 걸 안 돈만 씨는 당장 중산 베이커리 주식을 사야겠다고 생각합니다. 이렇게 맛있는 빵을 만들다니 반드시 성장할 거라고 판단한 거죠.
그런데 결국 돈만 씨는 매수를 포기합니다. 알고 보니 중산 베이커

리는 비상장 기업이라 **장외 거래**만 가능했거든요. 그런 위험을 감수하고 굳이 주식을 사기에는 확신이 부족했죠.

음… 장외 거래는 뭐고, 그게 위험하다는 건 왜인가요?

나라마다 주식거래소가 있어요. 미국에는 나스닥을 비롯해 세 군데 있고 우리나라에는 한국거래소 하나뿐입니다. 한국거래소는 주식회사들의 자본금과 경영 상태를 확인해서 그 회사의 주식을 금융상품으로 등록해줘요. 이걸 상장이라고 부른다고 했죠? 달리 말해 상장된 주식회사라면, 그 주식의 가치를 한국거래소가 공증해줬다는 뜻입니다.

상장된 회사의 주식은 한국거래소가 운영하는 주식시장인 **코스피**

2020년 10월 15일 빅히트 엔터테인먼트가 코스피 시장에 상장됐다.

와 **코스닥** 등에서 거래할 수 있다는 뜻이기도 합니다. 비상장 기업은 이런 주식시장 안에서 거래되지 않고 밖에서 거래되기 때문에 장 바깥에서 하는 거래, 장외 거래라고 해요.

코스피와 코스닥이 시장 이름이었군요.

맞습니다. 코스피는 이름만 들어도 아실 만한 대기업들이 상장된 시장이고, 코스닥은 중소기업이나 벤처기업이 상장된 시장이에요. 아마 오른쪽 같은 기사를 많이 보셨을 겁니다. 상장이건 상장폐지건 모두 한국거래소가 결정하죠.

▲▲생명 내년 코스피 상장 본격화···거래소 신청서 제출

(···) 한국거래소 유가증권시장본부는 ▲▲생명보험이 주권 상장

예비심사신청서를 21일 접수했다고 밝혔다.

—《이데일리》2021.12.21

거래소, ○○○ 상장 폐지···17만 소액주주 어쩌나

경영진의 횡령·배임 등으로 1년 8개월간 주식 거래가 정지됐던

○○○이 결국 상장 폐지라는 결과를 받았다. 코스닥시장위원회

의 상장 폐지 여부에 대한 최종 결정을 기다려야 하지만 20개월

간 발이 묶였던 소액주주의 '희망 고문'은 이어질 전망이다.

—《중앙일보》2022.1.19

이제 기사가 좀 이해되네요. 경영 상태가 나빠지니까 상장이 폐지
되고, 상장이 폐지돼서 거래를 못 하니까 소액주주들이 발을 동동
구르는군요.

맞아요. 중산 베이커리가 망하지 않고 엄청난 성장을 거듭한 끝에 코스닥 상장을 앞두고 있다고 해봅시다. 어떤 과정을 거쳐 상장되는지 간단히 알려드릴게요. 중산 베이커리는 기존에 발행한 주식이 100만 주 있었고, 이걸 모두 창업주인 김중산 씨가 가지고 있었죠. 사업 확장이 필요하다고 생각한 중산 씨는 기업을 상장해 새로운 주식 50만 주를 발행하고자 합니다. 상당히 건실한 기업이었던 중산 베이커리는 한국거래소의 예비심사를 거쳐 상장할 만한 기업이라는 걸 입증받았고, 이제 최초의 주식 가격인 **공모가**를 부여받는 일만 남았습니다.

제 회사도 아닌데 신나네요. 그럼 공모가도 한국거래소에서 결정해주는 건가요?

한국거래소에서 일방적으로 얼마라고 정해주는 건 아니고 **수요예측**을 거쳐 결정합니다. 수요예측이라는 건 말 그대로 수요가 얼마나 되는지 미리 알아보는 건데요, 개인이 아닌 **기관투자자**들로부터 해당 기업의 주식을 얼마에 몇 주 살 거냐는 청약을 받아 가격을 반영하는 일이죠.
그렇게 공모가를 결정하고 그 공모가보다 높은 가격을 쓴 기관투자자에게 총 주식의 60~80%를 배정합니다. 나머지가 개인투자자의 몫이 되죠.

기관투자자 비율이 엄청 높네요.

요즘에는 개인투자자가 많이 늘어나는 추세지만 아무래도 기관이 가진 자본력을 따라가기는 쉽지 않으니까요. 수요예측을 한 결과 중산 베이커리는 5만 원의 공모가를 부여받았습니다. 그리고 청약을 통해 50만 주를 모두 배당했어요. 1주당 5만 원이니 새로 발행한 50만 주로 얻은 회사 자본금은 50만×5만 원, 즉 250억 원입니다. 이 250억 원을 가지고 중산 베이커리는 새로운 공장을 세울 수도 있고, 전에 하지 못했던 마케팅을 시도해볼 수도 있게 됐죠.

회사가 엄청 커지겠네요. 중산 씨도 아주 기뻤겠어요.

물론 기뻤지만 중산 씨의 마음이 좋기만 했던 건 아닙니다. 신규
주식을 판매하면서 중산 베이커리에 대한 지분율이 줄어들었거
든요. 원래 발행 주식 100만 주를 모두 가지고 있었으니 지분율이
100%였다가 신규로 50만 주를 발행하면서 100만 주를 150만
주로 나눈 값인 66.7%로 줄어들었죠. 66.7%도 큰 지분이긴 하지
만요.

상장 이후 중산 베이커리 주식은 공모가보다 더 높은 가격으로 거
래되기 시작했고 시장 흐름에 따라 크고 작은 가격 변동을 거듭했
어요. 이제는 정말 주식 가격이 시장에 맡겨진 겁니다.

여기서부터 본격적인 주식시장의 거래로군요. 이제 누구나 중산
베이커리 주식을 살 수 있게 되나요?

네, 원래 주식을 사려다 포기했던 돈만 씨도 이제 중산 베이커리 주식을 살 수 있게 됐습니다. 돈만 씨가 주식을 매수하는 과정을 살펴볼까요? 과거엔 투자자가 증권사에 직접 나가야 했지만 요즘엔 인터넷으로 편하게 거래를 할 수 있죠. 평소 주식에 관심이 많았던 돈만 씨는 홈 트레이딩 시스템Home Trading System, 줄여서 **HTS**를 이용했어요. 스마트폰으로 투자하는 시스템인 MTS는 아무 데서나 쓰기 편리하지만 정보가 간략하게 나오죠. 반면 개인용 컴퓨터를 쓰는 HTS는 정보를 자세히 볼 수 있고 거래 속도도 빠르다는 장점이 있어요. 자, 이제 돈만 씨가 컴퓨터를 켜고 HTS를 실행해서 주식 창에 접속합니다.

복잡해서 바로 꺼버리고 싶을 거 같은데요….

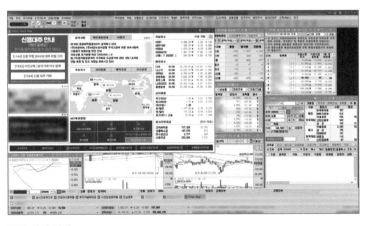

HTS 실행 화면

하하, 정보가 너무 많죠? 우리는 주식 매매가 어떻게 체결되는지만 살펴볼 테니 걱정하지 마세요. 주식 주문 창을 켜면 현재 중산 베이커리 주식이 얼마에 거래되고 있는지 볼 수 있습니다. 빨간 박스 안에 들어 있는 가격이 중산 베이커리의 현재 주식 가격, 즉 시장 가격입니다. 공모가는 50,000원이었는데 벌써 74,400원으로 올랐네요. 그래도 분명 더 오를 거라고 판단한 돈만 씨는 매수를 결심합니다.

화면 중간선을 기준으로 위쪽

75,400	KOSDAQ150	투
75,300	82,500 시	거
75,200	82,700 고	외
75,100	74,300 저	일
75,000	86,400 기준	차
74,900	112,300 상	뉴
74,800	60,500 하	권
74,700	194 비용	기
74,600	82,500 예상	
74,500	41,885 수량	
	▼ 3,900 -4.51%	
74,400	207	55
74,300	16,420	
74,200	13,417	
74,100	9,627	
74,000	21,502	8
73,900	3,514	
73,800	2,285	
73,700	1,891	
73,600	3,753	
73,500	7,622	

주문 창에서 현재 1주당 주식 가격이 어떻게 형성돼 있는지 알 수 있다. '부르는 가격'이라는 뜻으로 호가창이라고도 한다.

에 파란색, 아래쪽에 빨간색 차트가 보이죠? 위쪽은 주식을 팔려고 하는 매도 주문을 의미합니다. 팔려는 입장에서는 한 푼이라도 더 받고 싶을 테니까 현재 가격인 74,400원에서 점점 가격이 높아지죠. 아래쪽은 사려는 쪽이니 반대로 점점 가격이 낮아집니다. 아래쪽 매수 가격 옆에는 검은 글씨로 숫자가 적혀 있습니다. 이 숫자는 해당 가격에 주식을 사려고 걸어둔 주문량이에요. 그러니까 74,300원에 이 주식을 매수하겠다는 주문은 16,420건이 대기 중인 거죠.

중산 베이커리의 인기가 엄청난데요. 설마 저 사람들을 다 기다렸다가 차례가 와야 살 수 있는 건가요?

대기 없이도 살 수 있어요. 현재 시장 가격 74,400원으로 주문하면 바로 살 수 있으니까요. 하지만 돈만 씨는 조금 기다리더라도 저렴한 가격에 주식을 매수하기 위해 74,300원에 주문을 걸었습니다.

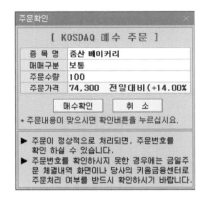

그러면 74,300원보다 비싼 가격에 걸어둔 모든 주문량이 다 체결되고, 돈만 씨보다 앞서 74,300원에 주문을 걸어둔 16,420건의 주문까지 다 체결된 후에야 주식을 살 수 있죠.

주식을 파는 과정도 비슷합니다. 팔기를 원하는 가격을 설정해 주문을 걸어두면 가격이 낮은 순대로 팔립니다. 팔리면 주식을 판 돈이 약간의 세금과 거래 수수료를 차감하고 계좌에 들어오죠.

수수료요? 아, 거래소에다가 수수료를 내는 건가요?

한국거래소가 아니라 주식 거래를 중개한 증권사에 냅니다. 기업의 상장 여부는 거래소에서 심사하지만 그다음에 이루어지는 모든 거래는 증권사와 관련이 있거든요.

증권사가 하는 일

무슨 증권, 하는 회사 이름은 익숙한데, 솔직히 증권사에서 무슨 일을 하는지는 잘 몰라요. 가끔 영화에서 커다란 전광판이 걸려있는 사무실 모습은 봤죠.

증권사가 대체 뭐 하는 곳인지, 은행이랑 다른 점은 뭔지 헷갈리는 분이 많을 겁니다. 증권사가 하는 일을 간단하게 정리하고 가죠. 일단 증권사라는 이름 그대로 주식이나 채권 같은 증권 거래를 중개하는 회사입니다. 돈만 씨가 중산 베이커리 주식을 사려고 했을 때, 팔아주는 사람이 있었으니 매수가 가능했겠죠? 이렇게 HTS상

브라질 상파울루의 주식 거래소인 B3에서 트레이더가 주가 지수가 변동하는 모습을 바라보고 있다.

에서 매도를 원하는 사람과 매수를 원하는 사람이 만날 수 있는 것 자체가 증권사가 주식시장에 매물을 내놓기 때문입니다. 그래서 주식을 팔 때 증권사에 수수료를 내는 거죠.

덕분에 동네방네 주식 살 사람, 팔 사람 직접 찾으며 돌아다닐 필요가 없는 거군요.

기업이 발행한 주식을 떼어 오는 일부터 증권사가 합니다. 즉 투자자 사이에서 이루어지는 매매가 소매업이라면 증권사가 하는 일은 일종의 도매업이라 할 수 있어요.

새로운 주식을 발행했건, 아니면 기존 주식을 내놓건 기업이 직접 투자자의 계좌로 주식을 보내는 게 아닙니다. 먼저 기업이 증권사 계좌로 주식을 보내놓고 증권사가 기업에서 확보한 주식 물량을 투자자에게 파는 겁니다. 이제 다음 기사 내용을 이해할 수 있겠죠?

1주라도 더…청약 D-1 '▲▲▲▲', 물량 가장 많은 증권사는?

(…) 일단은 가장 많은 물량이 배정된 곳이 눈에 띈다. 대표주관사 KB증권(486만 9,792주)을 비롯해 공동주관사 대신증권·신한금융투자(각 243만 4,896주)에 배정된 물량이 전체 일반공모 물량의 91.67%를 차지한다. 이들 3개사에 계좌를 두고 청약에 참가하는 게 일단 가장 유리하다는 결과가 나온다. (…)

—《머니투데이》 2022.1.17

여러 증권사가 청약 물량을 나눠 가졌다는 말이군요. 대표주관사, 공동주관사 이런 말도 나오는데 그건 뭔가요?

주관사, 더 흔하게는 **주간사**라고 하는데요. 기업이 상장할 때 한국거래소에서 심사받는 절차가 있다고 했잖아요. 기업이 혼자 이 과정을 준비하는 게 아니고, 다음 기사에서처럼 증권사 하나 혹은 여러 군데를 선정해서 도움을 받습니다. 우리 기업의 시가총액이 얼마 정도로 평가받을 것 같은지 혹은 새로 발행하는 주식 물량이 어느 정도 돼야 좋을지 등을 같이 논의하죠.

○○뱅크, 기업공개 본격 착수… 내달 주간사 선정

국내 1호 인터넷 전문은행 ○○뱅크가 본격적인 기업공개(IPO) 절차에 들어간다. ○○뱅크는 국내외 주요 증권사에 유가증권시장 상장을 위한 입찰제안서(RFP)를 발송했다고 9일 밝혔다. ○○뱅크는 다음 달 주간사를 선정한 뒤 연내 상장을 목표로 본격적인 IPO 절차에 돌입할 계획이다. (…)

—《동아일보》 2022.1.10

기업과 기업이 합치거나 흡수되는 **인수합병**도 증권사에서 주로 주관해요. 아무래도 다양한 기업의 상장 업무를 맡고 있으니 기업들의 경영 현황을 잘 알거든요. 고객으로 둔 기업에 어느 곳을 인수하면 좋을지, 그곳이 어떤 상황인지 정보를 제공해주며 인수합병이 성사되도록 돕죠. 하지만 상장이나 인수합병 등의 업무는 매출로 보면 증권사가 하는 일 중에서 큰 비중을 차지하지는 않아요. 증권 거래 중개로 받는 수수료가 가장 큰 수입원이죠.

미국의 투자은행인 JP모건의 빌딩. 미국에서는 JP모건과 골드만삭스, 뱅크 오브 아메리카 같은 투자은행이 기업의 주식과 채권 발행, 인수합병 업무를 담당한다. 한국에서는 주로 증권사가 이 업무를 맡지만 투자은행(Investment Bank)의 이름을 따 'IB 업무'라고 부른다.

생각보다 증권사가 하는 일이 많았네요.

시장에서의 거래가 많아질수록 수수료를 많이 챙길 수 있는 증권사는 시장이 원활히 돌아가도록 주가 왜곡을 잡아내는 일도 합니다. 예컨대 주식을 비싸게 팔기 위해 가짜로 높은 가격에 엄청 많은 주문을 걸어두는 경우가 있어요. 이런 걸 **허수주문**이라고 합니다. 허수주문으로 주식 가격을 높여서 자기가 가진 주식은 비싼 값에 팔고, 그 후에 높은 가격에 사겠다며 걸어둔 주문을 취소해버리는 거죠.

그러니까 자기가 산다고 주문을 걸어놓고 나중에 자기가 판다고요? 그럴 수 있는 건가요?

대표적인 방법이 시차를 이용한 겁니다. 우리나라 주식시장은 아침 9시부터 오후 3시 반까지 열리지만 3시 반 이후에도 거래할 수는 있어요. 대신 실시간으로 거래가 이뤄지는 게 아니라 10분 단위로 단일가에 거래돼요. 예를 들어 중산 베이커리 주식이 4시 30분부터 40분까지 8만 원 정도 가격이었다면, 그사이에 들어온 매수 주문은 모두 8만 원에 매매가 체결되는 식입니다.

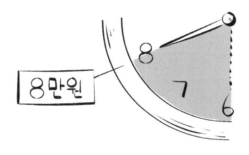

이 점을 악용해서 중산 베이커리 주식을 잔뜩 가지고 있는 누군가가 4시 30분부터 40분까지 시세보다 높은 가격에 엄청나게 매수 주문을 넣어놓는다고 해봅시다. 자연스럽게 단일가가 높아지겠죠? 그렇게 가격을 높이고서 자신이 가진 주식은 팔고 매수 주문은 매매가 체결되기 전에 취소하는 겁니다. 자기는 쏙 빠지고 남들만 피해 보게 만드는 방식이죠.

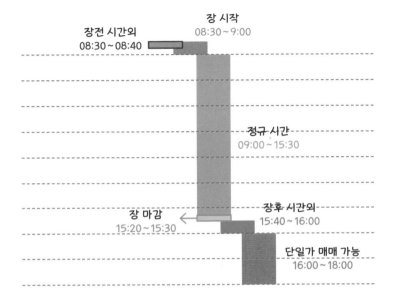

한국의 주식 거래 시간

장전 시간외
08:30~08:40

장 시작
08:30~9:00

정규 시간
09:00~15:30

장 마감
15:20~15:30

장후 시간외
15:40~16:00

단일가 매매 가능
16:00~18:00

너무하네요. 저한테 그런 일이 일어나면 주식 자체에 오만 정이 다 떨어질 거 같아요.

맞습니다. 그런 식으로 주식 가격에 대한 신뢰가 떨어지지 않도록 시장을 관리하는 것도 증권사의 중요한 업무 중 하나예요.

이외에도 증권사에는 주식이나 채권, 환율 거래에 직접 참가해 수익을 올리는 사람들이 있습니다. 흔히 **트레이더**trader라고 불리는 사람들이죠. 매우 큰 규모의 자본을 움직이지만 평범하게 주식을 거래하며 살아가는 개인투자자에게 미치는 영향력은 제한적입니다. 반면에 가격이 왜곡되지 않도록 정보를 제공하는 사람은 우리에게 직접적인 영향을 미치죠. 그 정보에 따라서 주식을 사거나 팔고, 특정 기업에 대한 생각이 바뀌기도 하니까요. 이처럼 증권사에 소속돼 정보를 분석하고 제공하는 사람을 **애널리스트**analyst라 부릅니다.

트레이더, 애널리스트… 들어본 적 있는 거 같은데 무슨 일을 하는지는 잘 몰랐어요.

여러분 주변에도 관련 있는 사람이 한 명쯤 있을 거예요. 사람들을 보면 주식을 사고팔 결정을 어떻게 내리는 거 같나요?

다들 산다는 주식을 따라 사는 사람들도 있고, 소문난 건 이미 오를 만큼 올랐다고 생각해 반대로 가는 사람도 있죠. 혼자 공부 열심히 해서 뭘 사고팔지 정하는 사람도 있고요.

혼자 공부하는 분들이 많이들 참고하는 게 증권사에서 발표하는 리포트입니다. 앞으로 시장 전망이 어떠하니 매수를 하는 게 좋다, 매도를 하는 게 좋다 분석해주죠. 이 리포트를 작성해서 투자자들에게 공표하는 게 애널리스트의 일 중 하나입니다.

그런데 리포트를 볼 때 기업과 증권사는 서로 의지하는 관계라는 걸 명심해야 해요. 기업에게 증권사는 업무 전반에 도움을 받을 수 있는 곳이고, 증권사에게 기업은 상장이나 증자, 인수합병 때 언제든지 만날 수 있는 잠재 고객입니다. 그러다 보니 증권사가 어떤 기업의 주식을 팔라고 권하기 어려운가 봅니다. 약 90%의 리포트가 사라고 권유하는 내용인 걸 보면요. 나머지도 중립이 대부분이고요. 우리나라에서 특히 심한 현상이죠.

아… 그러면 리포트의 객관성이 떨어지겠는데요. 그걸 다 곧이곧대로 믿으면 안 되겠어요.

제가 증권사 리포트 이야기를 꺼낸 이유가 때로는 의심이 필요하다는 말씀을 드리고 싶어서예요. '무조건 된다'는 말이 들려올수록, 그 단단한 믿음으로부터 한 걸음 물러날 필요가 있습니다. 역사적으로 이미 여러 차례 입증된 사실이죠.

터지는 거품, 종잇장이 된 주식

또 무서운 사건을 소개해주시려는 건가요?

맨 처음, 말 그대로 금융이 탄생한 순간부터 금융이 가져온 번영이 순식간에 사라져버린 일이 있었어요. 지금으로부터 300년도 더 지난 1717년 프랑스에서 벌어진 일입니다.

1701년 시작된 스페인 왕위 계승 전쟁은 프랑스 왕가의 필리프가 스페인의 왕이 되는 데에 인근 국가들이 반발하며 시작됐다. 전쟁은 1714년에야 끝났으며, 프랑스는 왕위 계승권을 지켜냈으나 경제적으로 큰 손해를 입었다.

당시 프랑스는 오랫동안 이어진 전쟁으로 재정이 많이 악화된 상태였어요. 그동안 발행한 국채로 부채가 쌓일 대로 쌓인 데다가 금화와 은화의 양이 매우 부족했죠. 통화량이 부족해 세금조차 제대로 거둘 수 없을 정도로 디플레이션이 심각했습니다. 경제 문제로 골머리를 앓던 당시 프랑스의 최고 권력자 오

존 로는 스물세 살이던 1694년에 연적을 살해한 죄로 감옥에 들어갔다.

를레앙 공작에게 한 스코틀랜드 출신 금융업자가 접근합니다. 스코틀랜드 감옥에서 탈출해 유럽 대도시를 돌아다니며 도박사로 살다 프랑스에 자리 잡은 존 로John Law였어요.

감옥에, 도박에… 벌써 너무 위험한 사람 같은데요.

비범한 인물인 건 확실하죠. 아버지가 금장이라 어려서부터 금융업에 익숙했던 그는 도피 생활 중 금융시장이 발달한 네덜란드 암스테르담의 모습을 보고 재기를 꿈꿨어요. 도박사 생활을 청산하고 영국에서 경제학을 공부한 존 로는 오를레앙 공작에게 접근해 상당히 솔깃한 제안을 합니다. 금화와 은화가 부족한 상황을 지켜보고만 있을 게 아니라, 옆 나라 영국처럼 은행권을 발행해 통화

량을 보충하면 된다고요. 오를레앙 공작은 이 아이디어를 받아들였고 존 로는 즉시 은행을 열어 은행권을 발행하기 시작합니다. 1718년이 되자 이 은행은 왕립은행으로 인정받고, 은행권도 민간이 아닌 정부가 발행한 은행권으로 승격됐죠.

사람들이 그 은행권을 믿고 잘 썼나 봐요?

존 로의 유인책이 효과적이었기 때문이었죠. 정부를 설득해 이 은행권으로 세금을 납부할 수 있게 했거든요. 은행권 사용량이 많아지자 자연스럽게 디플레이션을 일으켰던 통화량 부족 문제가 해결됐습니다. 금은을 쓰지 않고 디플레이션을 해결해냈으니 정부로선 존 로가 영웅 같았겠죠. 존 로는 그 공으로 프랑스의 재무장관에 임명됩니다.

대단하긴 하네요. 저 같아도 영웅처럼 보였을 것 같아요.

1720년에 발행된 10리브르 은행권. 리브르는 과거 프랑스에서 사용한 무게 단위이자 화폐 단위다.

여기서 끝이 아닙니다. 디플레이션 말고도 프랑스 정부엔 국채라는 큰 부담이 있었잖아요. 존 로는 국채를 청산하는 동시에 은행권을 더 확실하게 유통할 방법을 생각해냅니다. 바로 전도유망한 한 회사의 주식을 국채와 은행권으로 살 수 있게 한 겁니다. 이 소식이 퍼지자 인기가 바닥인 국채를 가지고 있느니 앞날이 창창한 회사의 주식으로 바꾸겠다는 사람들이 몰려들면서 주식이 불티나게 팔렸어요. 정부에게도 희소식이었죠. 국채를 상환할 부담이 줄었으니까요.

저 같아도 주식으로 바꾸려고 했을 거 같긴 해요. 그런데 그 회사가 무슨 회사길래 다들 그렇게 철석같이 믿고 바꿨나요?

프랑스가 점령하고 있던 북아메리카 루이지애나와 무역할 권리, 또 그 지역 전역을 개발할 권리를 독점한 '미시시피 회사'였습니다. 지금도 미국에 루이지애나주가 있지만 당시 루이지애나는 영토 면적이 훨씬 넓었어요. 현재 미국 영토의 4분의 1 정도 됐죠. 루이지애나에 대해 잘 모르던 프랑스 사람들도 '이건 되는 주식이다' 하는 마음으로 국채를 주식으로 바꾸고, 금이나 은을 은행권으로 바꿔 주식을 사들입니다.

미시시피 회사는 주식을 할부로 사들일 수 있게 허가해주는 등 여러 방법을 동원해 주식 열기에 기름을 퍼부었습니다. 기존 주식을 가지고 있던 사람에게 신규 주식을 더 많이 배분하고, 더 높은 배

1803년 미국 지도

당금을 약속하기도 했죠. 나중엔 아예 미시시피 회사와 왕립은행을 합쳐 초대형 무역 회사를 만들어버렸으니, 소식을 들은 사람이라면 누구나 이 회사 주식을 탐내지 않고는 못 배겼을 겁니다. 1720년 초가 되자 이 회사의 주가는 20배까지 상승했어요.

너무 잘되니까 좀 불안한데요….

맞아요. 사실 미시시피 회사는 루이지애나 지역에서 이렇다 할 사업 이익도 없었습니다. 그저 사람들의 투자 열기가 만들어낸 주가 상승이었죠.
그러던 어느 날, 화폐 가치가 떨어지고 물가가 몇 배씩 급격히 오르기 시작합니다. 주식 살 돈을 대출해주며 은행권이 계속 발행되

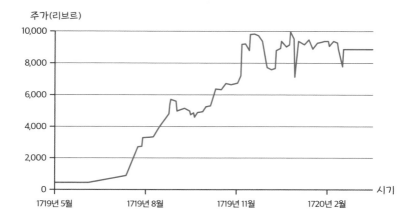

미시시피 회사의 주가 변동

주가(리브르)

고 있었으니 인플레이션이 발생한 거죠. 정부는 뒤늦게 위기를 감
지하고, 질주하는 열차가 된 미시시피 회사를 멈춰야 한다는 판단
을 내려요. 결국 1720년, 존 로는 해임되고 미시시피 회사의 주식
거래는 모두 중단됩니다. 유력한 재산가들이 연이어 미시시피 회
사 주식을 팔았다는 소문이 번진 시점에는 이미 주가가 떨어질 대
로 떨어져 있었죠. 투자자들의 심정도 끝 모르는 나락으로 떨어지
는 듯했습니다.

결국 회사는 파산하고 수많은 투자자도 따라 파산합니다. 투자자
중에 대출을 받아 미시시피 회사 주식을 산 사람들이 많았기 때문
에 정말 타격이 컸죠. 지금까지도 금융위기를 논할 때 자주 회자되
는 이 사건은 같은 해 영국에서 발생한 '남해회사 거품', 그리고 일

찍이 1630년대에 네덜란드에서 발생한 '튤립 거품'과 더불어 3대 초창기 금융거품으로 손꼽힙니다.

참 안타깝네요… 큰돈을 벌고 싶었던 사람들의 욕심이 문제일까요.

그게 잘못이라 할 수는 없을 겁니다. 애당초 통화량이 계속 팽창하는 자본주의 경제에서 주식이 크고 작은 거품을 발생시킬 수밖에 없다는 게 문제라면 문제겠죠. 물론 미시시피 회사의 경우는 큰 거품이 발생할 때까지 방관한 정부의 책임이 컸어요. 결과적으로 평범한 투자자들은 큰 손해를 떠안고 프랑스 정부만 빚 부담을 덜게 됐죠.

이제 왜 이 이야기를 꺼냈는지 짐작이 가시나요? 주식을 시작하면 많은 사람이 서로 '믿으라'고 합니다. '이 정보를 믿어라', '이 기업

은 믿어도 된다' 하면서요. 하지만 한 걸음 뒤에서 의심해볼 시간
이 늘 필요합니다. 거품이 꺼지는 건 한순간이니까요.

그렇네요. 미시시피 회사도 실질적으로는 국가에서 운영했으니
당연히 믿을 만한 기업인 줄 알았겠죠.

처음부터 잘못된 길이라는 걸 알면서 갈 사람은 없다고 생각해요.
미시시피 회사 주식을 산 사람들 대부분 위기가 다가오는데도 위
기라는 걸 알지 못했을 뿐이죠. 자신이 어디에 투자하고 있는지도
모른 채 더 큰 이익을 얻고 싶다는 마음만으로 돈을 쏟아부은 거고
요. 이런 맥락에서 보면, 나보다 더 멀리 더 잘 볼 수 있는 사람에게
투자를 맡겨야겠다는 마음이 드는 건 당연한 일일지도 모릅니다.
이어지는 강의에서는 바로 이런 이유로 만들어진 금융상품인 펀
드에 대해 알아보겠습니다.

주식, 투자의 문을 열다

○ ○

주식은 투자를 목적으로 하는 금융 중에 가장 대표적인 거래 방식이다. 주식 거래를 중개하는 증권사는 기업을 돕거나 거래가 투명하게 이루어지도록 감시하는 역할까지 겸한다. 모든 투자가 그러하듯 주식에도 실패의 위험이 존재한다.

주식이 거래될 때

배당 회사가 주주에게 이익을 나눠주는 일.
→ 배당금 규모, 회사의 중요한 의사결정 등을 논의하는 곳이 주주총회.

참고 배당수익률 배당금÷주식 가격

상장 주식거래소에서 회사의 상황을 판단해 주식을 상품으로 등록해주는 일.
참고 코스피·코스닥 한국거래소에서 운영하는 주식시장
→ 상장되기 위해서는 기관투자자들의 수요예측을 통해 공모가를 부여받아야 함.

증권사가 하는 일

① 주식시장을 운영해 거래 당사자 중개.
② 기업이 상장되는 과정에서 조력.
③ 기업의 인수합병.
④ 주가 왜곡 감시.

트레이더 직접 증권시장에 참가해 수익을 올림.
애널리스트 기업이나 투자 정보를 분석·정리해 투자자에게 전달.

미시시피 회사 주식 붕괴

존 로가 디플레이션을 겪던 프랑스 정부에 은행권 발행을 제안.
→ 통화량 증가로 디플레이션 해소.
→ 프랑스 국채를 존 로가 설립한 미시시피회사 주식과 바꿔줌.
→ 이 주식이 불티나게 팔리며 주가가 20배 상승했으나, 결국 거품이 꺼지며 주가 붕괴.

**친구들이 같은 보트에 많이 타고 있어요.
모두가 이렇게 믿고 있지요.
조류가 바뀌어 당신을 밀어줄 거라고요.**

「9 to 5」, 돌리 파튼

02 펀드, 큰 배를 만들다

#자산운용사 #사모펀드 #헤지펀드 #공매도

금융시장을 커다란 바다라고 생각해봅시다. 그 위에서 사람들이 각자 배를 타고 있습니다. 배의 크기가 곧 자본의 크기와 같다고 친다면 카누처럼 작은 배를 탄 사람도 있겠고 비교적 큰 배를 탄 사람도 있겠죠.

여기에 아주 거대한 유람선 하나가 다가옵니다. 선체도 어마어마하게 큰 데다 타고 있는 사람도 많아요. 운전석에는 능숙한 항해사가 조수들까지 거느리고 앉아 있어서 승객들은 잘 가고 있는지 전혀 신경 쓰지 않아도 됩니다. 이 유람선이 바로 **펀드**예요. 다수의 투자자가 돈을 모아 전문가에게 투자를 맡기는 금융상품을 뜻하죠.

개인투자자의 한계를 넘어서다

능숙한 사람이 여러 사람의 투자금을 모아 대신 돈을 굴려준다는 거군요. 좀 안전하겠네요.

네, 무엇보다도 한 사람이 투자할 때보다 수십, 수백 배 큰돈을 굴릴 수 있으니까 전략적으로 여러 군데 나눠 투자할 수 있습니다. 이렇게 분산투자를 하면 한 종목의 주가가 떨어지더라도 다른 종목의 주가가 올라 손해가 상쇄될 수 있으므로 투자에 실패할 위험이 낮아지죠.

한 종목에 '올인'하지 않아도 된다는 말씀이죠. 그럼 나중에 이익이 나면 그것도 나눠서 받나요?

그렇죠. 처음 펀드에 가입할 때 일정 금액의 출자금을 내는데, 나중에 펀드에서 이익이 생기면 이 출자금에 비례해서 분배 받습니다. 반대로 손실이 생겨도 똑같이 출자금에 비례해서 분담합니다. 하지만 펀드라고 해서 무조건 안전한 것만은 아닌 게, 주식이나 채권 투자와 마찬

'모든 달걀을 한 바구니에 담지 말라'는 투자 격언은 분산투자의 필요성을 이야기한다. 한 바구니를 떨어뜨려도 모두 깨지지 않도록 달걀을 나누어 담으라는 뜻이다.

가지로 원금 손실이 생길 수 있어요. 다른 투자에 비해 비교적 안전할 뿐입니다. 아무래도 **펀드 매니저**, 즉 전문적인 투자관리자에게 맡기는 거니까요

펀드 매니저라는 말은 많이 들어봤는데, 이분들은 어디 소속되어 일하는 분들이에요? 은행 같기도 하고 증권사 같기도 하고. 항상 헷갈려요.

자산운용사라는 곳을 들어본 적 있을 거예요. 예전에는 투자신탁회사라고도 불렀는데 관련 법이 개정되면서 대부분 '○○ 자산운용' 하는 이름으로 바뀌었죠. 펀드 매니저가 일하는 직장이 바로 자산운용사입니다. 이름 그대로 '자산'을 '운용'하는 회사죠. 자산

운용사는 펀드 상품을 만들고, 여기에 펀드 매니저를 붙여 펀드를 운용합니다.

아, 자산운용사… 저는 은행이나 증권사일 줄 알았어요.

오해할 만합니다. 펀드 자체는 자산운용사에서 만들지만 판매는 보통 은행이나 증권사에서 하니까요. 은행 직원이 가입을 권한다거나 주식 차트에 펀드라고 쓰인 상품을 보고 처음 펀드를 접한 분이 많을 거예요.
자산운용사가 은행과 증권사에 펀드 판매를 위탁하는 이유는 간단해요. 자산운용사는 은행만큼 지점 수가 많지 않거든요. 그러다 보니 은행이나 증권사가 자산운용사를 대신해서 판매 수수료를 받고 펀드를 팔아주고, 자산운용사는 펀드에 가입하는 사람들로부터 수임료를 받으면서 상부상조하죠.

이제 좀 이해가 가네요. 세 개가 아예 다른 기관이지만 펀드 유통에는 서로 협력하는군요.

그중 펀드 상품을 가장 중요한 수입원으로 삼는 곳이 자산운용사예요. 은행은 우리 생활에 필수적인 예금과 대출 업무를 맡고 있고, 증권사는 주식이나 채권 같은 증권 거래에서 수수료를 챙길 수 있지만 자산운용사는 사정이 달라요. 펀드에 가입하는 사람이 있

어야만 수익이 생깁니다. 이때 가입자 수를 늘리는 제일 쉬운 방법
은 펀드 상품의 종류를 늘리는 겁니다.

그래서 펀드 종류는 정말 무궁무진하게 많아요. 부동산에 투자하
는 부동산 펀드, 파생상품 비율이 높은 파생형 펀드, 주식이나 채
권에 투자하는 증권형 펀드, 증권형 펀드는 그 안에서 다시 나뉘는
데 배당을 많이 주는 주식에 투자하는 배당주 펀드, 신규 발행한
증권을 대상으로 하는 공모주 펀드가 있고 또⋯.

네네, 정말 많다는 건 알겠어요. 펀드 매니저가 그 모든 펀드들의
수익과 투자를 다 관리하는 건가요?

그렇지는 않아요. 펀드 중에는 펀드 매니저가 크게 관리하지 않아

도 되는 펀드도 있어요. 컴퓨터가 거의 자동으로 증권을 매매하는 펀드를 **시스템 펀드**라고 부르는데 대표적으로 상장지수펀드, 즉 **ETF** Exchange Traded Fund가 시스템 펀드입니다. 특정한 지수에 따라 자동으로 비율을 조정해 투자금을 넣는 펀드죠. 기업 규모에 따라 대형주 ETF, 소형주 ETF를 구성하기도 하고, 원자재 ETF, 반도체 ETF처럼 산업 종류별로 구성하기도 해요. 요새는 친환경 ETF라는 상품도 나오더라고요. 펀드 자체가 친환경일 순 없고 저 탄소 정책을 실행하는 기업이나 대체 에너지와 관련된 기업에 투자하는 펀드라는 뜻입니다.

'탄소중립'에 베팅한다…증시에도 친환경 ETF '바람'

기후위기 대응이 주요 의제로 부상하면서 증시에도 친환경 바람이 불고 있다. 각국 정부가 탄소중립 정책을 수립하고 친환경 투자가 글로벌 트렌드로 자리 잡으면서 국내에서도 친환경 상장지수펀드(ETF)가 잇따라 출시되고 있다. (…)

—《동아일보》 2021.11.8

그럼 아예 펀드 매니저가 필요 없겠네요?

기후와 사회 문제에 대한 기업의 책임을 중시하는 투자자가 많아지면서, 환경(Environmental), 사회(Social), 기업지배구조(Governance)를 고려한 'ESG 펀드'가 늘어나고 있다.

ETF의 종류에 따라 펀드 매니저가 직접 개입하기도 합니다. 물론 사모펀드에 비해 펀드 매니저의 역할이 극히 제한적이긴 하지만요.

직접 투자보다 안정적인 펀드?

사모펀드는 뉴스에서 들어본 적 있어요. 아무나 가입 못 하는 펀드 아니에요?

맞아요. **사모펀드**는 개인 사私 자에 모을 모募 자를 써서 개인투자자를 모아서 만든 펀드를 뜻합니다. 다른 펀드도 개인투자자를 모아서 만들지만 사람 수가 제한돼 있다는 차이가 있어요. 개인투자자만 해서 49명, 자산운용사나 회계사 같은 전문투자자를 포함하면 100명까지 모을 수 있습니다.

완전 소수정예네요. 적은 사람으로 펀드를 굴리려면 한 사람당 내야 하는 돈이 엄청 많겠어요.

그렇죠. 사모펀드에 가입하려면 투자금으로 최소 3억 원을 내야 합니다. 몇 년 전까지는 1억 원이었는데 2021년에 올랐어요. 사모펀드에 가입할 문턱을 높이기 위한 각종 규제도 생겼죠.

1억도 큰돈이긴 하지만… 왜 갑자기 문턱을 높였나요?

2019년에 터진 L자산운용사 사건 때문입니다. 무려 4,000여 명의 피해자를 낳고 1조 7,000억 원에 달하는 돈이 물거품처럼 사라진 사건이죠. 연일 보도가 쏟아졌기 때문에 아마 들어보신 분이 많을 겁니다. 사모펀드라는 말 자체를 이 사건을 통해 알게 된 사람도 있을 정도니까요.

도대체 어떻게 이런 큰돈이 걸린 펀드가 한순간에 무너질 수 있었던 건지 그 경위를 살펴보기 전에, 펀드에 관해 한 가지 기억해두셔야 할 점이 있습니다. 전문가에게 투자를 맡겨둔다는 건 달리 말해 투자 과정에서 문제가 생겨도 내가 그 사실을 알 수 없다는 뜻이기도 하다는 것을요. 자, 다음 기사를 한번 살펴보시죠.

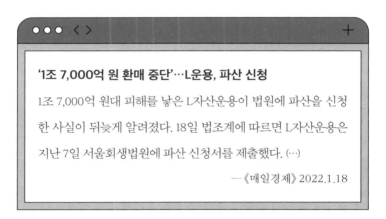

'1조 7,000억 원 환매 중단'…L운용, 파산 신청

1조 7,000억 원대 피해를 낳은 L자산운용이 법원에 파산을 신청한 사실이 뒤늦게 알려졌다. 18일 법조계에 따르면 L자산운용은 지난 7일 서울회생법원에 파산 신청서를 제출했다. (…)

—《매일경제》 2022.1.18

자산운용사가 파산 신청을 다 하네요. 제목의 환매 중단은 무슨 뜻인가요?

주식은 증권사를 통해 다른 사람에게 팔아 현금으로 바꿀 수 있다고 배웠죠? 하지만 대부분의 펀드는 그런 식으로 현금화할 수 없어요. 애초에 직접 매수하는 게 아니라 자산운용사에 돈을 맡긴 거니까요. 투자금을 돌려받으려면 자산운용사가 판매사를 통해 투자자로부터 펀드를 다시 사들이는 방식으로 돈을 돌려주어야 하는데, 이걸 **환매**라고 합니다. 환매를 중단했다는 건 자산운용사가 투자자에게 '맡긴 돈 못 돌려준다'고 선언했다는 거죠.

펀드 환매 구조

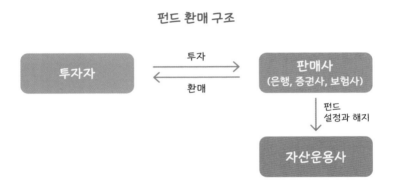

왜요? 자산운용사에서 펀드 원금을 다 날린 건가요?

그렇죠. 조금 더 정확하게 말하자면 처음에는 원금이 다른 펀드에 투자돼 묶여 있었습니다. L자산운용사에서 사용한 방식은 일종의 '복층 구조'였거든요. 복층은 위층과 아래층이 나뉘어 있다는 말이잖아요? 펀드로 치면 여러 개의 하위 펀드가 있고, 이 하위 펀드들을 하나의 거대한 펀드에 투자하는 구조를 말하는 겁니다. 2019년까지만 해도 국내 펀드사 1위로 엄청난 수익률을 올리는 회사였던 L자산운용사의 높은 수익률 이면에는 이 복층 구조가 있었죠.

좀 어려워요. 펀드를 펀드에 투자한다고요?

모이는 돈이 많을수록 벌어들일 수 있는 이익도 더 커지잖아요. 투자자들이 직접 가입하는 작은 펀드를 모아서 더 거대한 펀드들을 만드는 거죠. 이 작은 펀드를 자子펀드, 거대한 펀드를 모母펀드라고 해서 **모자펀드**라고도 부릅니다.

작은 펀드들이 이 거대한 펀드를 굴릴 자금원이 되고, 거대한 모펀드에서 벌어들인 수익이 자펀드를 먹여살리는 구조입니다. 문제

는 이 모펀드와 자펀드의 만기가 서로 다른 경우예요. L자산운용사에서 판매한 펀드가 바로 이런 경우였습니다. 모펀드는 만기가 몇 년짜리인데 자펀드 만기는 주로 6개월에서 1년짜리였던 거죠.

만기가 된 사람들이 돈을 찾으러 오면, 그러니까 환매를 요구하면 어떻게 하려고요?

처음에는 새롭게 펀드에 가입하는 사람들이 낸 수임료나 기타 수익으로 충당했어요. 수익률이 높았기 때문에 펀드의 인기가 높았고 만기 때 환매하지 않고 만기를 연장하는 사람도 많았기 때문에 가능한 일이었죠.
하지만 L자산운용사가 부실한 기업에 투자한다는 소문이 돌고 상품에 문제가 있다는 사실이 점차 알려지면서 감당할 수 없을 정도로 환매를 요구하는 사람들이 늘어납니다. 그게 결국 환매 중단까지 이어졌죠.

그래도 어떻게 문제가 수면 위로 드러났네요.

가장 먼저 이 사모펀드의 문제를 알린 건 은행 직원이었어요. 아예 관련없는 사람은 아니었고 이 펀드의 판매를 맡았던 직원이었습니다. 판매하는 과정에서 의문을 느낀 이 직원은 L자산운용사에서 투자하는 기업들이 부실기업으로 의심된다고 소속 은행과 관런 업계 종사자들에게 경고했습니다. 하지만 이후에도 펀드는 계속해서 판매됐어요.

참, 그때라도 위기의식을 갖고 멈췄다면 좋았을 텐데요….

그랬다면 피해가 이 정도로 심각해지진 않았겠죠. 이 직원 말고도 L자산운용사 펀드를 판매한 사람이 많았을 텐데 이전까지 문제 제기가 없었다는 점에서 위탁판매가 가진 한계가 드러납니다. 은행이나 증권사는 펀드를 직접 만든 주체가 아니기 때문에 자신들이 판매하는 상품인데도 문제가 있는지 알기 어려웠던 거예요. 하지만 몰랐다고 부실 펀드를 판매한 책임을 회피할 수 있는 건 아니죠. 실제로 L자산운용사 펀드를 판매한 은행은 '불완전 판매'로 징계를 받았습니다.

금감원, 사모펀드 불완전 판매 ○○은행에 업무 일부 정지 3개월

금융감독원은 ○○은행의 사모펀드 불완전판매와 관련해 업무 일부정지 3개월 및 과태료 부과를 금융위원회에 건의하기로 결정했다. (…)

—《매일경제》 2022.1.28

불완전 판매라는 게 무슨 말인가요?

펀드 상품을 팔면서 투자자에게 알려야 하는 사실을 제대로 알리지 않았다는 뜻이에요. 아무튼 은행도, 증권사도, 투자자도 위기가 닥쳐오는 걸 모른 채 1조 7,000억 원이라는 거액을 한 자산운용사에 맡기고 있었던 겁니다.

그러면 그 돈은 이제 못 돌려받나요?

아마 대부분의 투자자가 돌려받지 못할 겁니다. 사모펀드 자체가 개인투자자들을 모아서 만든 사적인 금융이기 때문에 투자자 보호 제도가 약해요. 특히 사모펀드는 투자자의 출자금보다 훨씬 큰 빚, 흔히 **레버리지**라고 하는 채무를 끌어와서 투자하기 때문에 문제가 심각해지죠. 레버리지는 영어로 지렛대를 의미합니다. 다른 펀드에도 레버리지가 있지만 사모펀드는 그 규모가 매우 커요. 이 빚을 증권사에서 빌려오기 때문에 L자산운용사가 어떻게 자금을 구한다 할지라도 채권자인 증권사의 몫이 먼저고 투자자는 그다음입니다. 투자자에게까지 순서가 돌아올 가능성은 매우 낮아요.

제가 그 펀드 투자자라면 잠도 못 잘 거 같아요. 이렇게 큰 문제가 생기다니, 사모펀드 자체를 금지해야 하는 거 아닌가요?

사모펀드만이 할 수 있는 일

사모펀드는 다른 펀드가 하지 못하는 역할을 할 수 있습니다. 예컨대 부실한 기업의 채권이나 주식을 대량으로 사들여 기업 지배권을 확보하고 우량 기업으로 탈바꿈시킬 수 있어요. 그러고 나서 되팔아 이윤을 얻죠.

모든 사모펀드가 다 이런 역할을 하지는 않기 때문에, 이런 목적의 사모펀드는 따로 PEF Private Equity Fund 또는 **사모투자펀드**라고 합니다. 시장에서의 중요한 이슈 중 하나인 기업의 인수합병은 사모투자펀드가 부실기업의 구조를 바꾸는 과정에서 활발하게 일어나죠.

> ### 사모펀드가 다했다…작년 국내 인수합병 85% 싹쓸이
>
> 지난해 국내에서 성사된 주요 인수합병(M&A) 가운데 85%를 사모투자펀드(PEF)가 주도한 것으로 나타났다. (…) 상위 20개 거래 중 PEF 참여 비중이 2019년 65%, 2020년 80%, 2021년 85%로 꾸준히 증가한 것이다. (…)
>
> ─《매일경제》2022.1.19

오래된 집을 싸게 사서 리모델링해 되파는 거랑 비슷하네요.

모든 부실기업이 리모델링 대상인 건 아니에요. 펀드 매니저가 판단했을 때 파산 가능성이 작고 성장 가능성은 큰 기업을 사들입니다. 그러곤 인력을 감축하거나 신규 사업을 추진하는 등 **구조조정**에 들어가죠. 의도한 대로 기업의 재무 지표가 좋아지면 시장에 상장시키기도 합니다. 이 모든 과정이 결국 다시 팔기 위한 목적이고, 고수익을 노리는 사모펀드가 일방적으로 기업을 좌지우지한다거나 무리하게 인력을 감축해 많은 실업자가 생긴다든가 하는 사회 문제를 일으키기도 하지만, 위기에 처한 기업은 사모펀드의 자금력을 거부하기 어려울 거예요. 그것만이 기업이 회생할 돌파구가 될 수도 있으니까요.

IMF와 사모펀드

우리나라에서 사모펀드의 이미지가 부정적으로 굳어진 건 1990년대 후반, IMF 외환위기의 영향이 큽니다. 아마 L자산운용사 사건이 일어나기 전까지 우리나라에서 가장 유명했던 사모펀드는 그때 우리나라 은행을 사들였던 미국 펀드들일 거예요.

은행을 사들여요? 펀드가 은행도 사들일 수 있어요?

원칙적으로는 사모펀드가 은행까지 인수할 수 없습니다. 금융기관만 은행을 인수할 수 있다는 법 조항 때문이죠. 그런데 당시 칼라일 사모펀드는 꼼수를 써서 한미은행을 인수했습니다. 미국의 은행인 JP모건과 합작해 하나의 회사를 세우고 이 회사 이름으로 한미은행 지분을 사들인 겁니다. 20년 전 기사를 보면 알겠지만 이 같은 방법이 통했어요.

미국 사모펀드 칼라일 그룹. IMF 외환위기 당시 제일은행이 뉴브리지캐피털, 외환은행이 론스타, 한미은행이 칼라일 펀드에 각각 매각됐다.

매일노동뉴스
2000.6.21

FT "JP모건-칼라일, 한미은행 지분 40% 인수"

미국의 JP모건과 칼라일 컨소시엄이 한미은행 지분 40%를 4억 5,000만 달러(약 5,400억 원)에 매입할 계획이라고 《파이낸셜타임스》가 21일 보도했다. 이 신문은 외국인 투자자들이 지난 1997년 통화위기로 초래된 이점을 활용해 경영위기에 처한 은행과 기업들의 지분을 인수하고 있다면서 이같이 전했다. (…)

전문가들이라서 그런지 잔머리가 보통이 아니네요.

그리고 3년 뒤 칼라일 사모펀드는 미국 은행인 씨티은행에 한미은행 지분을 팔아넘깁니다. 그동안 한미은행 주가가 무서운 속도로 상승했기 때문에 약 5,000억 원에 사들인 지분을 1조 1,000억 원에 팔 수 있었어요. 무려 6,000억 원이 넘는 차익을 거둔 거죠. 거기에다 한미은행으로부터 배당금 111억 원까지 받았기에 최종적으로는 135%라는 놀라운 수익률을 기록했습니다.

3년 만에 엄청나게 올랐네요. 이러니저러니 해도 안 망하고 살아남았으니 다행인 거 같은데요.

네, IMF 외환위기 당시에 무수히 많은 은행이 문을 닫았던 것을 생각하면 다행이라고 볼 수 있죠.

하지만 일각에서는 우리나라 경제가 이때부터 한국 국적이 아닌 외국 자본가들의 영향력 아래 놓이게 됐다며 부정적으로 평가하기도 합니다. 칼라일 그룹이나 씨티은행 모두 미국 국적의 회사잖아요. 우리나라와 직접적인 관련도 없는 자산운용사나 은행이 우리나라 경제에 지나친 영향력을 행사하게 됐다고 보는 겁니다.

어쩔 수 없죠. 돈에는 국경이 없으니….

한미은행 지분을 산 씨티은행이 최근 우리나라에서 일부 사업을 접으면서 이 문제가 다시 불거졌어요. 다음 기사에서 보듯 2021년에 개인을 대상으로 한 금융 사업을 아예 철수하기로 결정했거든요.

씨티은행, 왜 한국 시장 떠나나… 철수 시기는

한국씨티은행이 소비자금융 부문 매각에 사실상 실패하고 단계적인 사업 폐지 수순에 접어든 건 미국 씨티그룹의 글로벌 전략 변화 때문이다. 사실상 씨티은행의 한국 철수설은 과거에도 여러 차례 거론됐지만 지난해 최고경영자 교체 이후 소매금융사업 축소 기조가 굳어진 게 한국에서 소비자금융 철수에 결정적 영향을 미쳤다는 분석이다. (…)

—《연합뉴스》 2021.10.25

기사를 보면 우리나라에 있는 은행이긴 하지만 실제로는 미국 본사의 영향력이 훨씬 크다는 게 느껴지죠. 한미은행이 칼라일 펀드, 씨티은행의 소유로 넘어가는 과정에서 우리나라 사람들이 의사결정에 미칠 수 있는 영향력은 점차 줄어든 거예요.

결국 우리가 알던 한미은행은 없어진 거네요. 씨티은행에 한미은행을 판 칼라일 펀드는 이제 우리나라 시장을 떠났나요?

아뇨. 지금까지도 우리나라 시장에서 활발하게 활동 중입니다. 얼마 전에는 우리에게 아주 익숙한 대기업 계열사 카페 브랜드를 인수하기도 했죠.

투썸플레이스, 글로벌 사모펀드 칼라일이 인수

세계 3대 사모펀드로 꼽히는 글로벌 투자회사 칼라일 그룹이 국내 2위 커피 프랜차이즈 투썸플레이스의 새 주인이 된다. (…)

—《경향신문》 2021.11.19

사모펀드에 참여하는 사람은 소수라도 사회에 미치는 영향력은 막대하다는 점, 이해가 가시나요? 20여 년 전 우리나라 대표 은행부터 오늘날 우리 주변에 있는 카페에 이르기까지, 대부분 사람이 평생 참여하지도 않을 사모펀드의 영향을 받으며 살고 있죠. 사모펀드의 개념과 전략이 익숙하지 않더라도 알아두어야 하는 이유가 바로 이 때문입니다.

헤지펀드? 사모펀드?

사람들이 사모펀드와 자주 헷갈리는 게 **헤지펀드**입니다. 혹시 들어본 적 있나요?

이름은 들어본 적 있는 거 같아요. 뉴스에서 주식 얘기 나올 때 가끔요.

맞아요, 주로 주식시장의 큰손으로 소개되죠. 미국에서는 사모펀드와 헤지펀드를 구분하지만 우리나라에서는 사모펀드라는 말 자체가 소수 부유층이나 투자 전문가들이 사적으로 모이는 펀드라는 뜻으로 사용되기 때문에 헤지펀드가 사모펀드 안에 들어간다고 봅니다.

즉, 사모펀드라는 큰 분류가 있고 그 안에 기업의 인수합병을 주도하는 사모투자펀드와 헤지펀드, 그 외 기타 펀드 등이 들어있다고 보면 돼요.

살짝 헷갈리네요. 어쨌든 사모펀드 안에 헤지펀드가 있다는 말씀이죠?

네, 헤지펀드는 사모펀드 중 하나고 그중에서도 높은 이윤 추구를 목적으로 하는 펀드예요. 높은 이윤을 확보하려면 당연히 더 높은 위험을 감수  해야겠죠? 그래서 위험하고 공격적인 투자를 하는 걸로 유명합니다. 대표적인 방식이 **공매도**죠.

공매도도 많이 들어봤어요. 정확히 무슨 뜻인가요?

증권시장에서 매도는 주식이나 채권 등의 증권을 남에게 팔아넘기는 걸 뜻하죠. 매도 앞에 붙은 공은 빌 공空 자입니다. 즉 공매도란 자기에게 아직 없는 증권을 남에게 판다는 말이에요.

자기가 가지고 있지도 않은 상품을 파는 게 가능한가요?

금융의 세계에서는 가능합니다. 증권사에서 그 과정을 중개해주면 되죠.

예를 들어 지금 A사의 주식이 7만 원이라고 칩시다. 증권사를 통해 익명의 누군가에게 7만 원짜리 주식을 빌려서 팔면 7만 원의 수익을 올릴 수 있습니다. 하지만 빌린 주식이니까 나중에 사서 갚아야겠지요? 이틀 뒤에 A사 주식이 4만 원으로 폭락할 때 주식을 다시 사서 빌린 사람에게 갚습니다. 4만 원의 지출이 생긴 거죠. 그럼 주식 한 주를 빌려서 팔고, 나중에 빌린 주식을 갚은 것뿐인데도 7만 원-4만 원=3만 원의 차액을 얻을 수 있어요. 이런 방식으로 시세차익을 노리는 게 공매도입니다.

공매도의 수익 구조

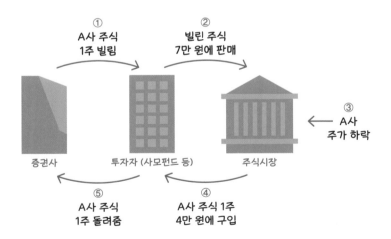

그런데 만약 주식 가격이 오르면 오히려 손해 아니에요?

맞습니다. 공매도는 주식 가격이 올라갈수록 손해고, 내려갈수록 이익이에요. 많은 개인투자자가 공매도를 싫어하는 이유가 여기에 있죠. 공매도를 한다는 건 증권 가치 하락에 베팅하는 거니까요. 게다가 어떤 헤지펀드는 증권 가치가 하락하길 기다리는 정도가 아니라, 떨어질 수밖에 없게 만들기도 해요. 자기 자산보다 훨씬 더 큰 규모의 빚, 즉 레버리지를 동원해서 대규모 자산 공격을 감행할 수 있습니다. 이게 무슨 이야기인지 예로 들기 좋은 유명한 사건이 하나 있습니다. 혹시 조지 소로스라는 이름을 들어본 적 있나요?

처음 들어보는데요. 뭐 하는 사람인가요?

2010년 세계경제포럼에서 발언하는 조지 소로스

세계적으로 유명한 헤지펀드 매니저입니다. 1990년대에 퀀텀 펀드라는 엄청난 규모의 헤지펀드를 이끌었죠. 퀀텀 펀드는 무려 영국이라는 거대한 국가마저 경제위기로 몰아간 적이 있습니다. 그때 사용한 방식이 바로 공매도였죠.

펀드가 영국을 경제위기로 몰아갔다고요?

헤지펀드의 규모가 얼마나 큰지 좀 실감이 나시나요? 대체 어떻게 된 일인지 당시 시대상부터 살펴보도록 하죠. 1990년대 초반, 유럽은 말 그대로 새로운 질서가 세워지는 격동의 시기였습니다. 1989년에 동독과 서독을 가르던 베를린 장벽이 무너지면서 이듬해 독일이 통일됐고, 유럽 대부분을 아우르는 단일 화폐, 즉 유로화를 사용하기 위한 준비가 한창이었죠. 단일 화폐를 갑자기 도입하면 부작용이 너무 클 테니 유럽 각국은 차근차근 각자의 화폐 가치가 균등해지도록 조절하는 중이었습니다.

생각해보니 어떻게 단일화했을지 궁금하네요. 서로 다른 화폐를 쓰고 있었을 텐데….

일단 다양한 화폐 간의 교환 비율을 안정적으로 유지하기 위해 각국이 환율을 고정하려고 노력했어요. 기준은 1990년대 초반, 유럽에서 가장 부유했던 독일의 마르크화였습니다. 영국도 ±6%의

1989년 베를린 장벽 붕괴 현장. 동독과 서독의 통일은 세계 금융 질서에 큰 변화를 불러일으켰다.

변동폭만 허용하고 파운드화 가치를 마르크화에 고정했어요.

환율을 고정하자고 하면 바로 고정될 수 있었나요?

하하, 물론 아닙니다. 그 정도 환율을 유지할 수 있도록 영국 중앙은행인 잉글랜드은행이 외환시장에서 파운드화를 샀다가 팔았다가 하면서 가격을 조정했죠. 그런데 독일이 통일하며 동독과 서독의 화폐 교환 비율을 1:1로 정한 것이 문제였습니다. 원래 동독에 비해 서독의 화폐 가치가 훨씬 높았는데, 갑자기 서로 다른 화폐 가치가 같다고 가정해서 교환해주면 무슨 일이 생길까요?

동독보다 서독이 잘사는데, 서로 다른 화폐 가치를 같다고 두면… 모르겠어요. 무슨 일이 생기나요?

편의상 통일 직전에 동독 마르크와 서독 마르크가 5:1 비율로 교환됐다고 가정해봅시다. 동독에서 5마르크가 서독에서 1마르크 정도의 가치였던 거죠. 거기서 갑자기 동독의 5마르크를 서독의 5마르크라고 인정해주면, 서독은 마르크화를 추가로 더 찍어내야 해요. 통화량이 급격하게 늘어나죠. 결국 독일 내에서 인플레이션이 발생했습니다. 그것도 30년 전 우리나라에까지 보도될 정도로 아주 심하게요.

연합뉴스
1990.4.21

통독 특집, 통화 통합과 문제점

동·서 마르크의 교환 비율은 공식적으로는 1대1. (…) 전문가들은 현재 동독에서 유통되고 있는 170억 마르크의 현금통화를 1대1의 환율로 바꿔주는 것으로만도 2%의 인플레가 유발될 것으로 분석하고 있다.

좀 헷갈리지만, 억지로 환율을 맞췄더니 인플레이션이 일어났다는 거죠?

맞아요. 인플레이션이 더 심화하는 일을 막기 위해 독일 정부는 금리를 높일 수밖에 없었습니다. 화폐 가치를 높여야 물가가 하락할 테니까요. 다행히 강력한 금리 인상이 통했고, 독일 내 인플레이션 문제는 해결됐습니다.
문제는 독일과 환율을 맞췄던 다른 유럽 국가들이었죠. 독일이 금리를 높이자 가진 화폐를 팔고 독일 마르크화를 사려는 사람들이 늘어났습니다. 다른 나라들은 높아지는 마르크화 가치에 따라서 환율을 맞추느라 고역을 치러야 했습니다.

독일 사정에 일일이 맞춰야 한다니, 통일을 축하하는 마음과는 별개로 짜증났겠어요.

잉글랜드은행도 마찬가지였죠. 외환시장에서 마르크화가 팔리는 것만큼 파운드화가 팔리도록 인위적으로 파운드화의 통화량을 조절해야 했습니다. 파운드화는 마르크화보다 인기가 없었으니, 잉글랜드은행은 금고에 있던 마르크화를 팔고 파운드화를 사들여서 환율을 조절해야 했죠. 이 아슬아슬한 상황에서 기회를 포착한 게 바로 조지 소로스가 이끄는 퀀텀 펀드였습니다. 1992년 여름에 소로스는 파운드화를 공매도하기 시작했어요. 파운드화 가치가 떨어진다에 베팅한 거죠.

처음에 영국 정부는 코웃음을 쳤습니다. 한낱 개인이 이끄는 펀드가 국가의 환율을 좌지우지할 수 있겠냐면서요. 하지만 처음 15억 달러 규모였던 투자금은 곧 100억 달러, 우리나라 돈으로 약 10조 원 규모까지 커집니다. 소로스가 파운드화를 공매도할 거라는 소문이 퍼지자 여기에 합류하는 투자자가 늘어나 규모는 점점 더 커졌습니다.

10조 원이라니, 영국 정부라도 감당하기 힘든 수준 아니에요?

맞아요. 소로스와 일행들이 가격을 낮추기 위해 파운드화를 팔아 댈수록 잉글랜드은행이 족족 사들이긴 했습니다만, 그것도 한계가 있었죠.

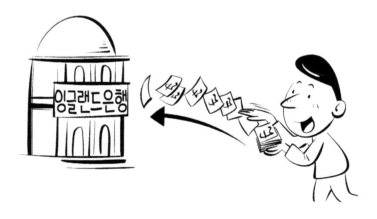

1992년 9월 16일, 결국 영국은 더는 마르크화에 환율을 맞출 수 없다며 백기를 듭니다. 다음 날 파운드화는 독일 마르크화 대비 15%, 미국 달러 대비 25%까지 폭락해버렸어요. 영국 정부와의 대결에서 마침내 승리를 거둔 소로스의 퀀텀 펀드는 이때 무려 1조 원을 벌어들였다고 합니다. 이 사건을 계기로 영국은 이후 유럽연합에 가입하면서도 단일 통화인 유로화는 사용하지 않는 독립적인 태도를 유지하게 됐죠.

헤지펀드 때문에 한 국가의 환율이 무너지기도 하는군요. 새삼 금융의 힘이 무섭네요.

많은 사람이 펀드, 특히 사모펀드나 헤지펀드 같은 건 자신과 무관하다고 생각하지만 실제로는 그렇지 않아요. 영국 같은 규모의 선진국도 당할 정도니, 이보다 경제 규모가 작은 나라는 헤지펀드의 움직임 하나에 엄청난 영향을 받을 수밖에 없습니다. 그리고 그건 곧 그 나라 사람들의 일상을 뒤흔들죠.

좀 답답하고 억울하네요. 일방적으로 당할 수밖에 없다는 게요.

그렇게 느낄 수 있습니다. 하지만 우리를 둘러싼 경제의 세계를 하나씩 알아간다면 대응할 실마리를 찾을 수 있을 거예요.
다음에는 퀀텀 펀드와 같은 대형 헤지펀드가 주로 거래하는 금융상품, 파생상품에 대해서 알아볼 텐데요. 도대체 파생상품이라는 게 뭐길래 누군가는 절대 손대지 말라고 하고 누군가는 그렇게 목을 매는지, 함께 살펴보도록 합시다.

펀드, 큰 배를 만들다

○ ○

펀드는 많은 자본을 모아 전문가가 운용하기 때문에 더 안전하다는 장점이 있다. 그러나 펀드 중에서도 위험성이 높은 펀드가 존재한다.

펀드란?

여러 투자자의 돈을 모아 전문가가 대신 투자하는 금융상품.

무수히 많은 펀드 종류가 있음.
예시 시스템 펀드 컴퓨터가 자동으로 증권을 매매하는 ETF 등

사모펀드

소수의 개인투자자를 모아서 만든 펀드.

전문가에게 복잡한 투자를 맡기는 만큼 투자자, 위탁 판매자 모두 스스로 문제를 발견하기가 힘듦.
예시 L자산운용사 사건

사모투자펀드(PEF) 부실 기업의 지배권을 확보해 탈바꿈시킨 뒤 되팔아 이득을 보는 펀드.
예시 칼라일 사모투자펀드 등

헤지펀드

사모펀드의 일종으로 높은 이윤 추구를 목적으로 하는 펀드.

공매도 아직 가지고 있지 않은 주식을 빌려 판매한 뒤 가격이 하락한 시점에 갚는 투자 방식.

규모가 큰 헤지펀드는 한 나라를 위험에 빠뜨릴 만큼 강력한 영향력을 발휘할 수 있음.
예시 조지 소로스가 이끈 퀀텀 펀드의 파운드화 공격

위험은 자신이 무엇을 하는지 모르는 데서 온다.

| 워런 버핏 |

03 선물과 옵션, 파생상품의 세계

#파생상품 #선물 #옵션

지금으로부터 10여 년 전인 2011년, 우리나라가 전 세계에서 1위를 했던 상품들을 한번 읊어볼게요. 세계 반도체 판매량 1위, 선박 수출량 1위, 세탁기 판매 1위, 그리고 파생상품 거래량 전 세계 1위입니다.

아니, 미국이나 유럽처럼 돈 많은 나라 다 제치고 우리나라가 파생상품 거래량 1위였다고요?

당시에 '코스피200 옵션'이라는 상품이 인기를 끌면서 우리나라 파생상품 시장이 급격하게 성장했거든요. 코스피가 한국거래소에서 관리하는 시장이라고 말씀드렸죠? 코스피200은 코스피에 상장된 기업 중 제일 잘나가는 기업 200곳의 증권 시세를 말합니다. 그러니 이 상품은 우리나라에서 제일 잘나가는 기업 200군데의 증권 시세와 연동된 파생상품이었던 거죠.

파생상품 시장 세계 서열 1위

우선 파생상품이 무엇인지 간략히 설명하죠. 파생상품은 말 그대로 어딘가에서 파생돼 나온 상품이에요. 주식이나 채권 같은 전통적인 금융상품의 가치 변동에 따라 가격이 결정되는 다양한 금융상품을 말합니다.

아무튼 2011년 당시 코스피200 옵션이 얼마나 인기였던지 우리나라 파생상품 시장에서 하루에 거래되는 금액이 무려 64조 원이 넘었습니다. 1848년에 만들어진 세계 최초의 파생상품 시장, 미국 시카고거래소의 거래량을 뛰어넘는 수준이었죠.

하루에 64조 원이라니···. 숨이 턱 막힐 정도로 큰돈이네요. 혹시 지금도 우리나라가 1위인가요?

지금은 아닙니다. 2012년에 파생상품과 관련된 큰 사건이 터진 이후 파생상품 시장을 규제하는 법안이 많이 만들어졌거든요.

무슨 일이 있었는데요?

간단하게만 말씀드리면 ELW, 우리말로 주식워런트증권이라고 불리는 파생상품이 논란을 키웠습니다. 뭐 복잡한 상품 이름까지 기억하실 필요는 없어요. 이 상품은 주식 가격이 오르내릴 걸 예상해 베팅하는 상품으로, 상품 자체로는 문제 될 소지가 딱히 없었어요. 문제는 거래 방식이었죠. 파생상품 거래도 다른 금융상품 거래와 마찬가지로 대체로 증권사가 중개하는데요. 증권사들이 짧은 시간 안에 매수와 매도를 반복하는 '단타 매매자'들에게 특혜를 준 겁니다. 거래량을 늘려서 수수료를 많이 챙기려는 의도였죠. 사건 관계자인 전·현직 증권사 대표들이 무더기로 고소당하면서 파생상품 시장의 열기도 식어버립니다.

2011년 대한민국 증시 대논쟁 … 12개 증권사 사장님은 왜 법정에 불려갔나

(…) 이들은 최근 ELW(주식워런트증권) 관련 불공정 행위를 한 혐의로 검찰에 기소됐다. "2009년 4월~2010년 6월까지 '스캘퍼(초단타 매매자)'에게 내부 전산망을 이용하게 하고 시세 정보도 우선 제공해 13억 원의 수수료 이득을 챙기고…." (…)

—《중앙일보》 2011.7.11

초단타 매매자를 뜻하는 스캘퍼는 머릿가죽을 벗긴다는 뜻의 '스캘프(scalp)'에서 따온 말이다. 빠른 매매로 박리다매를 취하는 사람을 가리킨다.

그렇게 세계 1위 하던 시절이 끝났군요. 뭔진 몰라도 그냥 세계 1위라니까 기분 좋았는데 말이죠.

우리나라 파생상품 거래 규모는 여전히 상상 이상으로 큽니다. 2020년 한 해 동안 장외에서 이루어진 파생상품 거래액만 1경 7,000억 원이에요. 그해 우리나라 정부의 예산이 약 500조 원이었으니 20배가 넘는 금액이죠. 거래소 안에서 판매된 거래액까지 합하면 이보다 훨씬 많습니다.

와, 그렇게 많은 돈이 오간다니 혹하네요.

투자는 개인의 선택이지만 주식이나 채권 같은 일반 투자 상품보다 파생상품의 위험성이 더 높다는 건 알아야 해요. 그런 만큼 진입 장벽도 높습니다. 말씀드렸던 2011년 ELW 사건 이후 투자자를 보호하는 여러 규제가 생겼거든요. 2022년 5월 기준으로 어떤 규제가 있는지 살펴보면, 주식 계좌에 예금이 3,000만 원 이상 있어야 하고 관련 교육도 이수해야 해요. 사실 파생상품 자체가 다른 금융상품과 달리 원금 손실을 넘어 그 이상으로 빚을 질 수 있는 상품이라 이런 규제가 있는 게 당연합니다.

3,000만 원에 빚까지 감수해야 한다니 무시무시한데요.

그렇다고 먼 세계 이야기만은
아니에요. 우리가 일상에서 흔
히 만나는 제품들이 파생상품
시장에서 거래되고 있습니다.
대표적인 상품이 옥수수, 오렌
지 주스, 그리고 원유예요.
파생상품 거래에 특히 영향을
많이 받는 원유 사례를 중심으
로 간단히 설명해드릴게요. 심
지어 파생상품 때문에 한때 마

오렌지 주스는 대두, 쌀, 커피, 코코
아와 함께 농산물 파생상품 시장에
서 가장 많이 거래되는 품목 중 하
나다.

이너스 가격을 달성한 적이 있을 정도거든요.

마이너스 유가 사건의 전말

마이너스 가격이라고요? 그러면 설마 원유를 사면 오히려 돈을 받
았다는 말씀인가요?

맞습니다. 대체 어떻게 이런 일이 가능한지 이해하려면 대표적인
파생상품인 **선물**에 대해 알 필요가 있어요.
선물은 한자로 먼저 선先 자를 쓰고, 영어로도 'futures'라고 해서
미래를 뜻하는 단어 'future'에서 나온 말이에요. 선물 자체가 아

직 정해지지 않은 미래의 물
건을 거래한다는 의미라서 그
렇습니다. 그게 원유일 수도,
오렌지 주스일 수도 있고, 주
식 같은 증권일 수도 있죠.

先物 = FUTURES
선 물

잘 이해가 안 돼요. 아직 없는 걸 거래하는데 그게 오렌지 주스일
수도 증권일 수도 있다니요…?

원유를 예로 들어봅시다. 원유는 현대 사회에 없어서는 안 될 필수
적인 에너지원이죠. 할 수 있다면 나라에 어마어마하게 큰 원유 보
관소를 만들어서 산더미처럼 쌓아두고 쓰면 좋을 겁니다.

원유와 가스 시추 현장. 바다 지표면에 시추선을 고정시키고 그 위로 채굴한 원유
와 가스를 올려보내고 있다.

하지만 실제로는 그럴 수 없죠. 보관 비용도 비용이거니와 쌓아두고 쓸 정도로 많은 양을 한꺼번에 생산할 수 없어요. 지표면 아래 있는 암석층을 뚫어 뽑아 올려야 해서 얻을 수 있는 원유량이 제한돼 있습니다. 그래서 보통 "석 달 뒤에 가져갈 석유 500배럴당 얼마로 쳐서 지금 미리 사두겠소" 하며 선물 거래를 합니다. 정해진 양에 딱 맞춰 생산하면 되는 생산자, 보관의 부담이 줄어드는 소비자 모두에게 이득이 되는 방식이죠.

오렌지 주스나 대두, 옥수수 등 농산물 선물 거래도 마찬가지고 주식 선물 거래도 원리는 같습니다. 가격이 크게 오를 것 같은 주식이 있으면 나중에 주식을 받기로 하고 대금을 미리 정산해둡니다. 만약 이 사람이 기대한 대로 주가가 크게 오른다면 이익이겠지만 예상 밖의 일로 떨어진다면 그 피해를 고스란히 떠안아야 하지요.

이제 선물 거래는 알겠는데, 원유 가격이 마이너스가 됐다는 건 어떻게 가능한 일이에요?

원유 선물 거래는 쓰임새가 아닌 시세차익을 노려 이뤄지는 경우가 많습니다. 그러니까 전체 거래 중 5%만 실제 원유를 주고받는 데까지 이어지고, 나머지는 원유가 필요하지도 않으면서 상품을 사고파는 겁니다. 이런 식의 거래는 원유 소비량이 많을 때는 문제가 안 돼요. 그런데 실물, 즉 원유가 뽑혀 나올 날은 다가오는데 가져가려는 사람이 끝까지 나타나지 않으면 문제가 됩니다. 투자 목적으로 원유를 선물 거래한 투자자가 졸지에 실물을 받아야 하는 처지에 놓일 수 있으니까요.

와, 그냥 시세차익 좀 보려고 투자했는데 집으로 석유통이 날아오면… 미치고 팔짝 뛸 노릇일 거 같은데요.

코로나19가 전 세계에 확산하던 2020년 실제로 그런 일이 벌어졌습니다. 당시 감염병 때문에 물류 이동이 줄고 덩달아 세계 경기도 얼어붙으면서 원유 수요가 급감했죠. 그러면서 2020년 5월에 인도돼야 할 미국 텍사스산 원유를 가져갈 사람이 없어진 거예요. 실제로 원유를 인도받을 의사도, 그럴 능력도 없던 투자자 중 물량을 처리하지 못한 이들이 앞다퉈 원유 선물을 낮은 가격에 팔겠다고 나섭니다. 사실상 매도 폭탄이나 다름없었죠. 그러다 기사처럼

미국 서부 텍사스산 원유 가격 추이

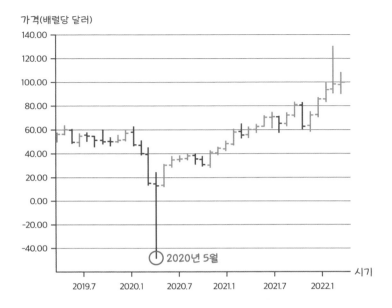

원유 가격이 마이너스가 되는 지경에 이른 거고요

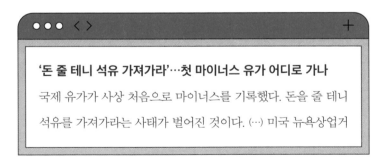

'돈 줄 테니 석유 가져가라'…첫 마이너스 유가 어디로 가나

국제 유가가 사상 처음으로 마이너스를 기록했다. 돈을 줄 테니
석유를 가져가라는 사태가 벌어진 것이다. (…) 미국 뉴욕상업거

> 래소에서 20일 5월 인도분 미국 서부텍사스중질유가 배럴당
> -37.63달러에 거래를 마감했다. (…) 석유 1배럴을 가져가면,
> 37.63달러를 주겠다는 것이다. (…)
>
> —《한겨레》, 2020.4.21

필요하지도 않은 석유를 사고팔다가 저렇게 된 거군요. 좋아 보이진 않네요. 물건 가격이 마이너스가 될 수도 있는데 왜 그런 위험을 부담하면서까지 선물 거래를 하나 싶고요.

선물의 원래 목적은 위험 분산

충분히 그렇게 생각할 수 있습니다. 지금 파생상품이 거래되는 걸 보면 투기라는 말이 과언이 아닐 정도로 과열돼 있으니까요. 파생상품도 원래 헤지를 목적으로 만들어졌는데 말입니다.

해지한다고요? 뭘 해지하죠?

하하, 울타리라는 뜻의 영어, **헤지**hedge입니다. 아까 잠깐 나왔던 헤지펀드 기억나시죠? 그 헤지도 같은 말이에요. 울타리를 치듯이

자산을 위험에서 보호하려는 펀드죠. 선물 거래도 원래는 위험을 분산하기 위한 헤지 수단으로 주로 쓰였습니다.

선물 거래가요? 위험해 보이기만 하는데요.

지금까지의 이야기만으로는 선물이 헤지 수단이라는 게 의아하실 수도 있어요. 구체적으로 사례를 들어 설명해드릴게요. 숫자가 나와 살짝 복잡하게 느껴질 수 있지만 천천히 따라오면 이해될 거예요.
또 익숙한 이름을 불러볼까요. 서울에 사는 개인투자자 돈만 씨가 성공에 성공을 거듭해 투자 전문 회사인 '돈만 투자사'를 설립했다고 쳐봅시다.

아니 이제 투자 회사까지 막 만들어내시네요.

하하, 이 돈만 투자사는 150억 원 규모의 투자를 진행하려는 상황이에요. 투자 대상은 번듯한 대기업으로 성장한 중산 베이커리 주식이죠. 돈만 투자사는 중산 베이커리 주가가 크게 오를 거라고 예상하지만 사람 일은 모르는 거잖아요? 그래서 150억 중에 100억 원은 주식을 사들이기로 하고, 50억 원은 주가가 떨어질 때를 대비해 선물 매도를 해둡니다. 미리 정해진 가격에 주식을 팔기로 하되 실제 주식을 넘기는 건 나중에 하는 거죠. 이렇게 해두면 주가가 떨어질 경우 선물 매도한 분량은 떨어진 가격보다 비싼 가격에 넘길 수 있으니까 손실이 줄어듭니다.

돈만 투자사의 헤지 전략

주식 매수	100억
선물 매도	50억

3개월 뒤, 중산 베이커리 공장 중 한 곳에서 식중독 물질이 검출됐습니다. 중산 베이커리는 발 빠르게 전체 공장의 위생을 점검하며 대처했지만 주가가 떨어지는 건 막을 수 없었어요. 결국 중산 베이

커리 주가가 10% 하락하고 맙니다.

음식 만드는 공장에서 식중독 물질이 나오면 꺼려질 수밖에 없죠.

중산 베이커리 주식에 100억이나 투자한 돈만 투자사에도 한숨이 가득했죠. 그래도 다행이었던 건, 만약 선물 매도 없이 150억 원을 모두 투자했다면 15억이나 손해를 봤을 텐데 선물 매도를 해둔 덕에 손해를 줄일 수 있다는 점입니다.

지금 당장 계산을 다 이해하지 않아도 괜찮으니 선물 매도가 어떤 효과를 발휘하는지를 보여드릴게요. 일단 주가가 10% 하락했으니 보유 주식 가격이 90억 원으로 하락했겠죠. 하지만 50억 원을 지금보다 높은 가격에 선물 매도를 해뒀기 때문에, 선물 거래에서는 이익을 얻습니다. 예컨대 5억 원의 수익이 생기죠. 결과적으로 총 자산이 '90억+55억=145억'이 됩니다. 135억 원으로 줄어들 걸 145억 원으로, 손실이 15억에서 5억으로 줄어든 거예요.

돈만 투자사 헤지 전략의 결과

투자처	식중독 전	식중독 후
주식 매수	100억	90억 원(10억 손실)
선물 매도	50억	55억 원(5억 이익)
합계	150억	145억

손실을 봐도 그 폭이 줄어든다는 건 알겠어요.

선물 매수 역시 기대와 반대되는 상황을 대비하는 헤지 전략으로 쓸 수 있어요. 자산 가격이 떨어질 것 같아 팔 때, 혹시 오를 수 있으니 어느 정도는 미리 일정한 가격에 사두는 겁니다. 즉 자기가 투자하려는 방향과 반대로 선물 거래를 해두면, 투자에 따른 위험이 줄어드는 효과가 나요.

단순히 오를 것 같으니 사고, 내릴 것 같으니 파는 게 아니군요.

말씀드리고 싶은 건, 결국 상품을 어디에 쓸지 그리고 어떻게 사용할지 최종 결정하는 건 사람의 몫이라는 겁니다. 다이너마이트도 처음에는 건설 현장이나 광산에서 쓰기 위해 발명됐지만 인명을 살상하는 무서운 무기로 쓰이잖아요. 파생상품도 마찬가지 아닌가 싶어요.

진짜 그런 거 같아요. 무슨 목적으로 쓰느냐에 따라서 투기가 되기도 하고, 위험 분산이 되기도 하니까요.

바로 그겁니다. 파생상품 중에서 선물 거래보다 투기성이 심한 게 옵션이에요. 처음 강의를 열며 말씀드렸던 2011년도 세계 파생상품 1위, '코스피200 옵션'의 그 옵션 말이죠.

물건을 사고팔 기회를 산다고?

옵션이라는 게 정확히 무엇인가요?

선물이 미래에 할 계약을 미리 체결해두는 거라면, **옵션**은 미래에 계약할 권리 자체를 사고파는 거예요. 선물 거래를 할 권리 자체를 상품으로 만들었다고 보면 됩니다.

선물 거래를 할 권리를 또 그전에 사고팔아요? 대체 왜 그렇게까지 복잡한 거래를 하는지 알다가도 모르겠네요.

돈이 되니까요. 하나의 상품이나 거래를 미리 계약하고, 미리 계약할 권리까지 상품으로 만들고…. 이 정도로 복잡한 금융상품이 나타나려면 시장이 굉장히 과열된 상태여야 해요. 처음 옵션이 등장한 시기의 네덜란드처럼 말입니다.
동인도회사가 설립되던 17세기 초, 네덜란드에서는 동인도회사의 주식과 채권을 거래하기 위한 증권 거래소가 수도인 암스테르담에 설립됩니다. 뒤이어 지방 곳곳에까지 증권 거래소와 은행이 속속 들어섰죠.

17세기 초라면 400년 전인데 그때도 증권 거래소가 있었군요.

세계 최초의 증권 거래소로 알려진 암스테르담 증권 거래소

그렇습니다. 장거리 무역 활동으로 엄청난 부를 획득한 네덜란드 사람들은 자신의 부를 과시할 방법을 찾아다닙니다. 음식이나 의복은 물론이고 정원을 어떻게 꾸미는가, 얼마나 값비싼 그림을 가지고 있는가 하는 게 부유층과 중산층의 최대 관심사였어요.

이때 이들의 관심을 끈 게 바로 튤립이었습니다. 지금이야 네덜란드 하면 바로 튤립을 떠올리지만 튤립은 원래 중앙아시아에서만 피던 꽃이었습니다. 유럽과 아시아를 잇는 오스만제국과의 교류를 통해 유럽으로 들어왔죠.

다음 그림을 보세요. 역사상 가장 비싼 꽃으로 알려진 튤립 품종입니다. 이 꽃의 알뿌리 하나가 오늘날 화폐 가치로 수억 원에 거래됐다고 해요.

억대 가격은 너무하네요. 어차피 한 번 피고 질 텐데요.

네덜란드 사람들의 허영이 많은 비판을 사기도 했죠. 하지만 이례적인 가격의 튤립 거래는 선물이나 옵션 등 다양한 금융상품이 탄생하는 계기가 되기도

세계에서 가장 비싼 꽃. 이 품종은 '셈페르 아우구스투스', 즉 영원한 황제라는 거창한 이름으로 불렸다.

했습니다. 튤립을 거래할 때, 다 자란 튤립을 뽑아서 거래하지 않고 튤립을 심은 상태에서 거래했거든요. 나중에 튤립이 다 자라면 얼마에 사겠다는 식으로 선물 거래가 이뤄졌던 거죠. 거기서 그치지 않고 거래 시점이 됐을 때 튤립을 사고팔 권리 자체를 상품으로 만들기도 했습니다. 그게 옵션이에요. 간단한 예를 들어 설명해드릴게요.

여러분이 3억 원짜리 튤립을 선물 거래할 기회가 생겨 고민 중이라 합시다. 튤립 가격이 장차 더 오를 것 같긴 하지만 혹시 떨어지는 상황이 닥칠 때 손실을 최소화하고 싶어요. 바로 그럴 때 지금까지 정해진 가격 3억 원에 선물 거래할 권리만 1,000만 원으로

안 브뢰헬 2세가 1640년경 튤립 파동을 풍자한 그림. 튤립을 사고파는 사람의 모습을 원숭이에 비유하고 있다.

사는 겁니다. '권리가 만기에 이르기 전에 갑자기 시장의 튤립 가격이 폭락하면 1,000만 원만 포기하면 된다. 튤립 가격이 폭등한다면 권리를 행사해 이득을 보겠지'라는 계산을 한 거죠. 이런 걸 **콜옵션**call option 매수라 합니다. 미리 정한 가격으로 살 권리를 산 거예요.

집 계약할 때 가계약금 걸어두듯 한 거네요. 왜 계약하기 전에 가계약금을 약간 걸어두고 나중에 파기하면 그만큼만 손해 보게 되잖아요.

맞아요. 이렇게 해두면 콜옵션을 산 사람의 손실은 최대 1,000만 원까지로 제한됩니다. 반대로 콜옵션을 판 사람은 당장 1,000만 원의 이익을 얻지만 튤립 가격이 오르면 오른 차액만큼 한도 없이 손실이 나죠.

아, 가격이 올라도 무조건 3억 원에 팔아야 하니….

살짝 어려울 수 있는데, 반대로 튤립 가격이 떨어질 거라고 예상하고 팔려는 측이 3억 원에 선물 거래할 권리를 1,000만 원에 살 수 있어요. '만에 하나 미래에 튤립 가격이 천정부지로 뛴다면 고작 3억에 선물 거래하는 게 손해니 1,000만 원만 포기하고, 예상대로 튤립 가격이 급락하면 권리를 행사해 3억 원에 팔아치워야지'라는 생각인 겁니다. 이걸 **풋옵션**put option 매수라 합니다. 미리 정한 가격으로 팔 권리를 산 거죠.

풋옵션을 산 사람은 처음엔 1,000만 원 손해지만, 튤립 가격이 떨어져도 계속 3억 원에 거래할 수 있으니 떨어질수록 이익이 커집니다. 반면에 풋옵션을 판 사람은 처음엔 1,000만 원 이익이지만, 튤립 가격이 떨어져도 무조건 3억 원에 구입해야 하니 점점 손해입니다.

조금 전문적으로 이야기하자면, 옵션을 팔고 사고 하는 사람들 각자의 입장에 따라 옵션 상품의 이익은 아래 그래프처럼 변화합니다. 여기까지는 당장 이해하지 않아도 되니 참고삼아 보기만 하세요.

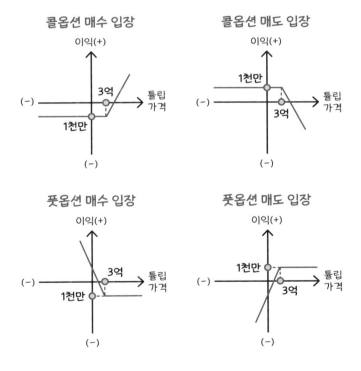

자기도 모르게 파생상품을 거래하지 않으려면

어렵네요. 콜옵션이니 풋옵션이니 정확히 알아야 하나요?

아마 일상을 살아가는 대부분의 순간에는 몰라도 큰 문제가 없을 겁니다. 하지만 투자를 결정하는 순간에는 모르면 큰 손해가 발생하는 일이 비일비재해요. 일례로, 2019년 8월에 있었던 DLF 사태 때도 풋옵션과 관련된 문제가 있었죠. 8,200억 원 상당의 초기 투자금 중 95%가 손실된 사건이었습니다.

> **은행 믿고 산 DLS·DLF 8,200억 다 날릴 판인데 이제서야…**
>
> 시중은행 등이 판매한 해외 금리 연계 파생결합상품(DLS · DLF)의 판매 규모가 8,200억 원에 달하고, 지금 같은 금리 수준이 지속되면 만기 때 손실률이 최대 95%에 달할 것이란 금융당국의 추정이 나왔다. (⋯) DLS(파생결합증권)는 금리, 원유 등 기초자산의 가치 변동에 따라 수익이 결정되는 파생상품이다. DLF(파생결합펀드)는 이런 DLS가 모인 펀드다. (⋯)
>
> —《한국일보》2019.8.20

8,200억이요? 저 상품이 뭔데 그렇게 큰 손해가 난 거예요?

기사에 나와 있듯이 DLS는 해외 금리와 관련된 파생상품으로 만든 증권이에요. DLF는 이런 DLS 증권을 모아서 만든 펀드고요. 당시에 문제가 됐던 DLF 상품은 '독일 국채 10년물 금리'와 연동된 펀드였습니다.

문제는 앞서 배운 풋옵션이었어요. 투자자에게 수익을 돌려주기 위해 이 펀드는 만기 시 미리 정해놓은 금리에 독일 국채를 팔 권리, 즉 풋옵션을 만들어 팔았습니다. 펀드에 가입하기 위해선 풋옵션 매도에 동의하는 게 필수였어요. 즉, 독일 국채 금리가 아무리 떨어지더라도 미리 정한 가격에 반드시 사주겠다는 조건에 동의해야 했던 거예요. 상당히 위험한 전략이었으나 당시 독일 국채 금리가 매우 안정적이었기에 풋옵션이 행사될 가능성이 거의 없다고 봤어요.

하지만 설마 하던 일이 일어났고 만기가 찾아오자 투자자의 자산은 물거품으로 변했습니다. 실제로는 물거품에서 더 나아가 펀드 투자금 이상 손해를 보는 마이너스 수익률이었지만 그나마 다행이라고 해야 할지, 원금 이상의 손실은 펀드를 판 측에서 책임지게 돼 있었습니다.

보도에 따르면, 상품 가입자 중 90%가 개인투자자였고 이들 중 89%가 투자 경험이 없거나 10회 이하였다고 해요. 이같은 사태가 발생한 일차적인 원인은 물론 상품을 잘못 설계한 자산운용사와 판매한 은행에 있지만 투자자 스스로 가입하는 상품을 이해할 수 있었다면 어땠을까 안타까움을 자아내죠.

그러게요. 사람들은 안정적인 펀드라고 하니까 별생각 없이 자금을 넣었을 것 텐데 말이죠.

그게 뭔지조차 모르는 사람도 많았을 거예요. 사실 파생상품의 유형과 특징은 간단히 정의하기 어려울 정도로 복잡하고 다양합니다. 난해한 이름들은 말할 것도 없고요. 앞으로 어떤 게 등장할지 저도 예측하기 쉽지 않습니다. 하지만 우리는 이제 그런 금융상품들 속에서 살아가고 있어요. 이렇게 투자 상품의 수익 구조가 복잡해질수록 자신이 하는 투자가 어떻게 이윤을 얻게 돼 있고 그 이윤을 위해 어떤 위험을 감수해야 하는지 알아보는 건 필수겠지요.

선물과 옵션, 파생상품의 세계 ○ ○

우리나라는 한때 판매액 1위를 했을 정도로 파생상품 거래가 활발한 국가지만, 대부분 사람이 파생상품이 어떻게 거래되는지 잘 모르고 있다. 혹시 모를 큰 손해를 피하기 위해선 파생상품이 거래되는 방식을 이해할 필요가 있다.

선물 투자의 원리

선물 거래 미래에 주고받을 물건을 미리 거래하는 일.

선물로 사들인 상품의 가격이 오르면 이익이지만, 가격이 하락하면 손해를 보는 구조.

선물의 두 얼굴

실물 상품을 바탕으로 한 파생상품 거래량이 지나치게 늘어나자 미래에 인수할 의사가 없는 사람들이 시세차익을 노리는 경우가 많아짐.

예시 마이너스 유가 사태

미래의 위험을 헤지하는 역할을 할 수 있음. 자신의 투자 전략과 반대의 선물 거래를 체결해두면 손실폭을 줄일 수 있음.

예시 돈만 투자회사의 헤지 전략

옵션이란?

옵션 미래에 거래할 권리 자체.

튤립 버블 17세기 초 네덜란드에서 튤립 가격이 엄청나게 상승했던 사건. 선물, 옵션 등 파생상품이 탄생하는 계기가 됨.

콜옵션 매수 미래에 해당 상품을 '살' 권리를 계약하는 경우.

풋옵션 매수 미래에 해당 상품을 '팔' 권리를 계약하는 경우.

경제를 존재하게 하는 건 믿음이다.
믿음이 없으면 플라스틱 카드와 종이돈뿐이다.

「사우스 파크」, 카일 브로플로프스키

04 금융의 현재와 미래

#핀테크 #암호화폐 #금융의 미래

펀드와 파생상품 얘기까지 듣고 나니까 금융이 신기하기도 하고 너무 거대해서 아찔해지기도 해요. 이렇게 넓은 세계가 있었는데 잘 몰랐구나 싶고요.

금융이 가진 양면이라고 할까요. 한편으로는 돈이 필요한 곳으로 흘러가도록 하지만 때로는 투기의 수단이 되기도, 부의 양극화를 더 심화하기도 합니다. 이 두 가지 면을 모두 지닌 금융은 지금 이 순간에도 영역을 넓혀가고 있어요. 특히 우리 가까이 있는 핀테크 산업은 기술과 접목된 금융이 얼마나 영역을 확장할 수 있는지를 잘 보여주죠.

금융과 기술이 만나다

핀테크는 IT 기술을 접목한 금융 서비스를 뜻합니다. 금융을 뜻하는 'finance'와 기술을 뜻하는 'technology'를 합해 만든 말이에요.

핀테크 = 금융 + 기술
FINTECH = FINANCE + TECHNOLOGY

주변에서 토스나 카카오뱅크 서비스를 사용하는 사람을 본 적 있죠? 그런 서비스가 모두 핀테크의 일종입니다.

예전엔 안전하다, 아니다 말이 많았는데 이제는 다들 잘 쓰더라고요.

맞아요. 처음에는 온라인 서비스만 제공하는 은행을 믿어도 되는지 의심하는 사람이 많았지만 지금은 그렇게 의심하는 사람이 거의 없죠. 카카오뱅크의 경우 코스피 시장에 상장됐던 2021년 8월 6일, 전체 금융사 중 시가총액 1위를 했을 정도로 기세가 대단했으니까요. 비록 2022년 들어 1위 자리를 내주긴 했지만요.

> ### 카카오뱅크, 시총 30조 돌파…'금융 대장주' 등극
>
> 인터넷 전문은행 카카오뱅크가 시가총액 30조 원을 돌파하며 단숨에 '금융 대장주'로 등극했다. 기존 금융주 1위였던 KB금융은 카카오뱅크에 자리를 내줬다. 수십 년 전통의 금융사를 출범 4년밖에 되지 않은 IT 기반 은행이 제친 셈이다. 공모가 거품 논란에도 시장에선 카카오뱅크의 금융 플랫폼 잠재력을 높게 판단한 것으로 보인다. (…)
>
> —《전자신문》 2021.8.6

놀랐어요. 잘나가는 줄은 알았지만 은행 전체에서 1위까지 했을 줄은 몰랐네요.

은행에 직접 찾아가지 않고도 거래할 수 있다는 편리함 덕분에 회사 가치가 높게 평가됐던 거죠. 지금은 오히려 기존 은행들이 핀테크를 접목한 은행들의 영업 방식을 따라가고 있는 실정입니다.

지점에 직접 가면 대기표 뽑고 한 세월 기다려야 하잖아요. 그런 과정이 없으니까 진짜 편하죠.

하지만 인터넷 전문은행은 등장하기 전부터 큰 우려를 사기도 했습니다.

왜요? 인터넷으로만 하는 은행이라서요?

금융과 산업을 분리하라

그 점은 문제가 아니었어요. 문제는 그런 은행들이 금융과 산업이 분리돼야 한다는 **금산분리** 원칙과 상충할 수 있다는 점이었죠. 다음 기사를 함께 봅시다.

대충 카카오가 카카오뱅크의 대주주라는 점이 문제인 것 같은데, 맞나요?

맞습니다. 우리나라에서는 금융기업이 아닌 다른 종류의 기업이 은행의 대주주가 되는 게 불법이에요. 삼성은행, LG은행은 없잖아요? 그 이유가 바로 이 금산분리 원칙 때문입니다. 카카오도 원래대로라면 카카오뱅크의 대주주가 될 수 없어요. 하지만 인터넷 전문은행법이 적용돼 예외적으로 비금융기업인데도 은행의 대주주가 될 수 있었던 겁니다.

다른 기업들은 억울할 수도 있겠네요. 그런데 금산분리 원칙이라는 게 왜 있는 건가요?

금융자본과 산업자본의 결합으로 인한 부작용을 이미 겪어봤기 때문이에요. 많은 선진국에서 오래전부터 다양한 형태로 존재하는 원칙이었지만 우리나라에서는 1997년 IMF 외환위기를 기점으로 금산분리의 원칙이 강해졌습니다. 그전까지만 해도 대기업들이 **종합금융사**, 줄여서 종금사라고 부르는 금융회사를 설립할 수 있었죠.

그럼 대기업들이 각자 자기 은행을 가지고 있었던 건가요?

우리종합금융은 우리나라에서 유일하게 남은 종합금융사다.

엄밀히 말해 종금사는 은행이 아니에요. 그렇지만 예금, 대출을 비롯해 은행 역할을 다 했죠. 주로 다른 은행에서 돈을 빌려다가 기업에 대출해주는 일을 했습니다.

당시 종금사에는 두 가지 문제가 있었습니다. 첫째는 모기업이라고 할 수 있는 대기업의 이익만 대변한다는 점이었어요. 예컨대 대기업이 된 중산 베이커리가 '중산 종합금융회사'를 설립했다고 칩시다. 중산 종금사는 고객인 여러 기업 중에서도 모기업인 중산 베이커리에 더 낮은 이율로 돈을 빌려주겠죠? 자연히 다른 기업들이 불만을 가질 수밖에 없습니다.

또 한 가지 중대한 문제는 종금사가 정부의 통제에서 벗어나 있었다는 거예요. 종금사는 은행이 아니라 대기업에서 만든 사기업이다 보니 관리할 수 있는 수단이 많지 않았어요. 1990년대 정부 규제가 더욱 약해진 틈을 타 종금사들은 위험한 투자를 시작합니다.

조마조마하네요. 대체 무슨 투자였나요?

종금사의 주된 업무가 은행에서 돈을 빌려와 기업에 조달해주는 거였다고 말씀드렸죠. 이 과정에서 종금사가 이윤을 남길 방법은 두 가지입니다. 비싼 이율로 기업에 돈을 빌려주거나, 아니면 은행에서 저렴한 이율로 돈을 빌려오는 거죠. 그래야 차익이 생길 테니까요. 당시 종금사들이 선택한 방법은 후자였어요. 은행에서 더 저렴한 이율로 돈을 빌려오는 방법 말이죠.

당시 종금사들에게는 더없이 좋은 자금원이 있었습니다. 보통 10%대였던 우리나라 은행 금리보다 훨씬 저렴한 2%대 금리로 돈을 빌려주던 미국 은행들이었죠.

그렇다면… 금리가 싼 미국 은행에서 돈을 빌려 대출을 해줬으려 나요?

맞습니다. 사실 이 방식 자체도 꽤 위험합니다. 왜냐하면 달러화 가치가 변할 때마다 종금사가 미국 은행에 내야 하는 이자와 원금 이 크게 달라지니까요. 당시는 환율 변동이 거의 없었으니 망정이 지 환율 변동이 심할 때는 큰 리스크를 감수해야 하는 방법이죠. 여기까지만 해도 위험한데, 종금사들은 이윤을 극대화하기 위해 한 가지 편법을 더 씁니다. 대출해본 사람들은 알겠지만 단기 대출이 장기 대출보다 금리가 저렴하잖아요? 아무래도 갚아야 하는 날짜가 더 금방 다가오다 보니 빌려주는 부담이 적기 때문이죠.

그렇죠. 빌려주는 입장에선 빨리 받고 싶겠죠.

이 점을 이용해 종금사는 미국 은행에서 금리가 낮은 단기 대출을 받아 우리나라 기업에 금리가 높은 장기 대출을 해줍니다. 중산 종금사로 가정해서 예를 들어보면, 미국 은행에서 1년 만기 금리 3%짜리 대출을 받아 중산 베이커리에 5년 만기 금리 9%짜리 대출을 주는 겁니다. 1990년대 대출 금리가 10%대였으니까 중산 베이커리 입장에서는 중산 종금사를 이용하는 게 이득이죠. 종금사는 중간에서 무려 6%p 정도 이익을 얻을 수 있고요.

1년 만기인 걸 빌려서 5년 만기로 빌려주면… 말이 안 되잖아요? 미국 은행에 갚을 때가 와도 돈이 없을 텐데.

그 문제는 만기를 연장하는 방식으로 해결했어요. 돈을 갚는 시점을 계속 미루는 거죠. 만기를 연장하는 데 실패하거나, 돈을 빌려준 기업이 부도가 나지 않는 이상 종금사는 꾸준히 이익을 얻을 수 있으니 이렇게 하지 않을 이유가 없었습니다.

왠지 불안한데요.

1996년, 설마 하던 두 가지 일이 동시에 터지고 맙니다. 처음 시작은 기업들의 부도였어요. 기업 성장이 둔화하고 수출경쟁력이 떨어지더니 작은 기업들부터 한두 곳씩 폐업하기 시작했습니다. 돈을 돌려받지 못하게 된 종금사도 타격을 받았죠.
엎친 데 덮친 격으로 우리나라의 경제 상황이 좋지 않다는 소식을 들은 미국 은행들이 만기를 연장해주지 않았습니다. 돈을 돌려받지 못하고 있는데 당장 빌린 돈은 갚아야 하고⋯. 정부에서 종금사들을 살리기 위해 국고를 쏟아부었지만 역부족이었어요. 종금사들이 줄줄이 쓰러졌고 은행과 기업들도 줄줄이 도산했습니다.

그랬던 거군요. IMF 외환위기 때 종금사 때문에 피해가 더 커졌겠네요, 그럼.

맞아요. 물론 IMF 외환위기가 닥친 데는 여러 가지 이유가 있었지만 종금사들의 무모한 영업도 주요 원인 중 하나였습니다.

금융과 산업의 잘못된 만남?

이제 금산분리 원칙이 좀 이해가 가네요. 애초에 기업이 종금사를 못 만들게 했으면 좋았을 텐데요.

금산분리를 완화하는 게 당시 국제적인 흐름이었어요. 미국에서는 대공황이 발생하고 1933년에 금산분리의 원칙이 법으로 명시됐는데, 이후 실질적인 규제력을 서서히 잃어가다가 신자유주의 분위기가 고조되던 1999년에 상업은행이 기업 주식에 투자할 수 있게 되면서 결국 완전히 사라졌습니다.
하지만 반복되는 경제위기가 사라진 원칙을 다시 불러냈어요. 우리나라는 IMF 외환위기, 미국은 2008년에 글로벌 금융위기를 겪

1933년 미국에서 금산분리 원칙을 담은 '글래스-스티걸법'을 발의한 카터 글래스(왼쪽)와 헨리 배스컴 스티걸 의원(오른쪽).

으면서 금산분리가 필요하다는 목소리가 커집니다. 이런 분위기에서 예외적으로 일반 기업이 인터넷 전문은행의 대주주가 되어도 좋다고 허용했으니 논란이 됐던 거죠.

무슨 명분으로 금산분리 원칙에서 예외가 될 수 있던 거예요?

카카오가 IT기업이기 때문이죠. 진입 장벽이 높은 금융시장에 IT기업을 진출시켜서 핀테크를 활성화하겠다는 목적으로 특례법이 만들어졌고, 이 법 덕분에 카카오가 카카오뱅크의 대주주가 될 수 있었습니다. 금산분리 원칙을 없애긴 곤란하지만 그렇다고 핀테크 산업에서 다른 나라에 뒤처지고 싶지 않으니 예외적으로 IT기업에만 허용한 겁니다.

난감하네요. 금산분리는 해야 하고, 핀테크도 발전시켜야 하고.

우리나라뿐 아니라 다른 국가도 같은 딜레마에 처해 있습니다. 경제의 안정성이나 기업 간 공정성을 생각하면 금산분리가 필요하지만, 한편으로 핀테크의 강점을 무시할 수 없죠. 금융이 기술과 결합해 발전해나가는 게 현재 흐름인데 우리나라 은행만 창구에서 영업하는 방식을 고수하라 할 순 없으니까요.

하기야 예전 방법을 고집하다간 다른 외국 은행에 손님을 빼앗길 수도 있겠네요.

맞아요. 게다가 핀테크는 이미 우리 일상 곳곳에 자리 잡았습니다. 카페에서 스마트폰으로 커피를 주문할 때도, 지문이나 얼굴을 인

스타벅스는 핀테크에 성공한 대표적인 기업이다. 스타벅스 카드를 통해 스타벅스에 예치된 금액은 2019년 기준 8조 원이 넘는다. 이는 미국의 지방은행이 보유한 현금을 뛰어넘는 수준이다.

식해 은행 프로그램에서 결제를 승인할 때도 말이죠. 전 세계적으로 막을 수 없는 대세입니다. 그러니 금산분리 원칙이 약화하는 경향은 어느 정도 불가피하다고 생각합니다.

다만, 종금사 때와 같은 문제가 반복되지 않도록 정부 차원의 노력이 필요하겠죠. 은행이 대주주인 기업과 협력해 불법적인 내부거래를 했을 때 강력히 처벌하고, 대주주 기업이 있는 은행에 대한 적절한 규제를 만들어가는 게 아마 그런 노력의 시작이 될 겁니다.

암호화폐, 세상을 뒤집다

우리나라 인터넷 전문은행 부동의 1위는 카카오뱅크입니다. 그런데 2021년에 통신사 KT가 투자한 인터넷 전문은행 케이뱅크가 크게 화제에 오른 일이 있었어요. 다음 기사를 함께 보시죠.

암호화폐 올라탄 케이뱅크, 카카오뱅크 추격전

(…) 인터넷 전문은행 케이뱅크가 2030세대 투자자를 대거 끌어들이면서 급성장하고 있다. '암호화폐 연결 계좌'라는 새로운 성

암호화폐 계좌를 만들어서 사람들을 끌어모았다는 거군요.

그렇습니다. 핀테크와 더불어 가장 많이 언급되는 단어는 아마 **암호화폐**일 거예요. 암호화폐란 암호 기술을 사용해서 만든 화폐를 뜻합니다.

암호 기술을 사용해 만든 화폐가 암호화폐라니, 설명이 된다기보다는 어쩐지 동어반복 같은데요….

하하, 암호 기술에 대해 잘 알지 못하는 상태에서 들으면 동어반복처럼 느껴질 수 있습니다. 경제 이야기지만 암호화폐 얘기가 나왔으니 기술에 대해서 간단히 짚고 넘어가겠습니다. 대표적인

비트코인은 대표적인 암호화폐다.

암호화폐인 '비트코인'을 예로 들어볼게요.

화폐를 발행하려면 발행 근거가 필요합니다. 금본위제 사회에서는 보유한 금의 양만큼 화폐를 발행할 수 있었다고 말씀드렸죠? 금본위제가 사라진 지금은 정부의 신용을 바탕으로 화폐를 발행합니다. 그러다 보니 정부가 믿을 만한지에 따라 화폐 가치가 천차만별이죠. 미국에서 발행하는 달러화의 신용이 높은 이유는 미국이라는 국가가 가진 신용이 높기 때문입니다. 여기까지 이해 가나요?

화폐 발행의 근거가 되는 국가의 신용에 따라 화폐 신용도가 달라진다는 말씀이죠?

화폐 발행의 근거

금본위제	신용화폐	암호화폐
금	정부 신용	암호 기술

출처:장세형, 『비트코인·블록체인 바이블』, 위키북스(2021), 70쪽에서 재구성

맞습니다. 금본위제의 발행 근거가 금, 신용화폐의 발행 근거가 정부에 대한 신용인 것처럼 암호화폐를 발행할 수 있는 근거는 바로 암호 기술입니다. 암호 기술로 화폐의 가치를 보증하고 그렇게 만들어낸 화폐를 돈으로 쓰는 거죠.

헷갈리려고 하는데요. 금 보유량까지는 이해가 가는데, 암호 기술로 어떻게 화폐를 만드나요?

금을 얻기 위해 금광을 캐던 것처럼 암호 기술을 통해 만들어진 매우 어려운 문제를 풀면 새로운 비트코인이 생겨요. 이런 과정을 '채굴'이라고 표현합니다. 말 그대로 금처럼 비트코인을 캐낸다는 거죠. 게다가 캐낼 수 있는 전체 비트코인의 양도 2,100만 개로 한정돼 있습니다.

복잡한 문제를 풀어서 얻을 수 있다면 머리 좋은 사람들만 비트코인을 채굴할 수 있겠네요. 못쓰겠어요.

사람이 직접 계산하는 건 아닙니다. 컴퓨터가 하죠. 사람이 절대로 직접 다 할 수 없는 양의 계산으로 풀리는 문제들이거든요. 일례로 비트코인 암호 기술에 활용된 함수는 무려 전 세계 모래알보다 수천만 배나 더 많은 경우의 수를 만들어냅니다. 이걸 어떻게 사람이 다 입력해보고, 정답인지 아닌지 확인할 수 있겠어요. 컴퓨

비트코인 채굴장. 수백 대의 CPU(컴퓨터의 중앙처리장치)가 동원된다.

터로 해도 쉽지 않은 작업이죠. 그래서 비트코인을 최초로 개발한, '사토시 나카모토'라는 닉네임을 가진 개발자는 이렇게 적기도 했습니다.

> 새로운 화폐 발행 방식은 금을 채굴하는 것과 유사하게 일정한 통화량을 안정적으로 공급하는 방식이다. 금 채굴에 일정한 노력과 작업이 소요되는 것처럼 비트코인에서는 **CPU 연산과 에너지 소비**라는 자원을 통해 화폐를 발행한다.
>
> —「Bitcoin: A Peer-to-Peer Electronic Cash System」

비트코인 채굴에 그만큼 많은 컴퓨터 에너지가 들어간다는 뜻입니다.

그런데 이렇게 해서 만들어낸 암호화폐를 정말 화폐처럼 쓰나요? 제 주변에서는 다들 주식처럼 투자 목적으로 사던데요.

그럼요. 암호화폐도 엄연히 화폐로 쓰이고 있습니다. 엘살바도르는 2021년 비트코인을 법정화폐로 채택하기도 했죠.

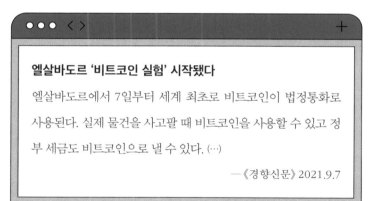

엘살바도르 '비트코인 실험' 시작됐다

엘살바도르에서 7일부터 세계 최초로 비트코인이 법정통화로 사용된다. 실제 물건을 사고팔 때 비트코인을 사용할 수 있고 정부 세금도 비트코인으로 낼 수 있다. (…)

—《경향신문》 2021.9.7

아무리 비트코인이 주목받는다고 해도 법정통화로 쓴다는 건 좀 상상이 안 돼요.

여기에는 나름 타당한 이유가 있었습니다. 엘살바도르는 2001년부터 자국 화폐 없이 미국 달러화를 법정통화로 사용해왔어요. 그 때문에 엘살바도르 경제가 미국의 통화정책에 구속된다는 문제가 생겼죠. 예컨대 미국에서 금리를 인상하거나 달러화 가치를 낮추기로 하면 그 결정이 엘살바도르에 큰 영향을 미쳤습니다.

비트코인이 송금 수수료를 물지 않는다는 점도 법정통화로 채택된 이유 중 하나예요. 엘살바도르는 외국에서 노동자로 지내는 자국민이 본국에 송금하는 돈이 전체 GDP의 4분의 1을 차지하고 있기 때문에 비용 절감 효과를 무시할 수 없었죠.

GDP의 4분의 1이라니 비중이 크긴 하지만… 그래도 걱정돼요. 가치가 크게 오르내리는 비트코인을 공식 화폐로 쓴다는 게요.

위쪽의 D를 형상화한 화폐는 초국적 기업 '메타'에서 발행한 암호화폐 디엠(Diem)을 뜻한다. 하단 T를 형상화한 암호화폐는 미국 달러화와 연동된 암호화폐 테더(Tether)를 의미한다.

달러화나 유로화에 비하면 변동성이 매우 크긴 하죠. 하지만 약소국의 화폐 가치와 비교하면 비트코인이 오히려 더 안정적일 수 있습니다. 비트코인뿐 아니라 요즘에는 다양한 코인이 많이 등장하고 있는데, 그중에는 신뢰도 높은 초국적 기업이 만든 코인도 있고 아예 달러화와 가치를 연동시키는 코인도 있습니다. 이런 암호화폐들은 약소국 화폐보다 가치 변동성이 덜할 수도 있어요.

오히려 문제라면, 한 나라의 법정통화로 비트코인을 설정한다는 발상 자체가 비트코인의 본질과 어긋난다는 사실입니다.

화폐, 국가를 벗어날 수 있을까

비트코인은 같은 화폐라는 이름을 갖고 있지만 기존 화폐와 방향성이 뚜렷하게 다릅니다. 기존 화폐는 국가라는 한 집단에서 모두가 동의하는 거래 수단을 만들어내려는 목적에서 탄생했죠. 국가는 중앙은행을 통해 통화량을 조절하고, 국민은 정해진 화폐로 세금을 내고 하면서요.

그런데 한번 이렇게 생각해보세요. 과연 국가가 지금까지 항상 통화량을 적절히 잘 조절하고, 세금을 공정하고 깨끗하게 사용해왔을까요?

항상 그랬다고 말하긴 어려울 거 같아요. 부정부패가 심한 정권도 있으니까요.

네, 만약 지금까지 국가가 통화량 조절을 잘 해왔다면, 그리고 국가의 장부를 투명하게 운영해왔다면 금융위기가 생길 일도 없었을 겁니다. 이런 중앙정부에 대한 불신을 배경으로 만들어진 암호화폐가 바로 비트코인입니다. 비트코인의 가장 큰 특징은 **탈중앙화**예요. 표현이 좀 어렵긴 하지만 쉽게 말해 중앙의 권력에 의해 움직이지 않는 화폐를 추구한다는 말이죠.

그 '중앙'이라는 게 정부군요?

네, 일반적으로 한 국가는 하나의 중앙은행을 갖고 자국의 화폐 경제를 관리하죠. 화폐 거래가 기록되는 일종의 장부를 사용합니다. 그런데 비트코인은 그런 중앙은행이 따로 없습니다. 대신 코인 거

래에 참여한 모든 사람이 같은 장부를 가지고 있고, 이 장부들이
서로 연동돼 있죠. 이 연동 기술이 바로 **블록체인**입니다.

블록체인이 생각보다 어려운 게 아니네요? 그냥 거래 장부군요.

정확히 말하면 장부 하나하나가 '블록'이고, 이 블록들을 연결하는
기술 자체를 블록체인이라고 부릅니다. 하나의 블록, 즉 하나의 장
부에 곧이어 다른 장부가, 그 장부에는 또 다른 장부가 체인처럼
연결돼 있어서 이런 이름이 붙은 거죠.

비트코인에서는 이렇게 연결된 모든 장부에 모든 거래 내용이 기
록되고 공개됩니다. 중요한 사람 몇 명만이 아니라 거래에 참여한

사람이면 누구나 거래 내용을 볼 수 있죠. 대신 개인정보를 전혀 식별할 수 없게 만들어 거래한 사람이 누구인지는 특정하기 어려워요. 이렇게 투명한 장부 시스템에서는 불필요한 행정 절차가 생략되니 거래가 효율적으로 이뤄질 수 있습니다. 예컨대 불편하게 환전할 필요도 없죠.

환전을 안 해도 된다니 그건 좀 솔깃한데요.

하지만 좋은 점만 있진 않아요. 국가가 비트코인 같은 암호화폐를 법정화폐로 채택하면 어떤 문제가 생길까요?

음… 갑자기 물어보시니 잘 모르겠네요.

가장 큰 문제는 과세입니다. 국가는 개인이 소득을 얻거나 재산을 가지고 있을 때, 또는 타인에게 재산을 증여할 때 일정 비율로 세금을 매기잖아요. 이렇게 모인 세금이 국가의 중요한 수입이 되고요.

그런데 암호화폐 거래는 누가 어떻게 했는지 추적하기가 어렵습니다. 비트코인의 경우 현재는 거래소를 통해 추적한다지만 익명성이 강화된 다른 암호화폐들은 추적이 더 힘들 수 있어요. 그런 특징 때문에 탈세 목적이나 범죄 집단의 결제 수단으로 악용될 위험이 높죠.

진짜 큰일인데요? 미래에는 암호화폐 때문에 범죄가 더 많아지는 거 아니에요?

추적 기술이 날로 발전하고 있으니 너무 걱정하진 마세요. 사실 암호화폐끼리 주고받을 때는 추적이 어렵지만 이를 현금화하거나 현금을 암호화폐로 바꿀 때는 지금도 추적할 수 있습니다. 그래서 우리나라 정부도 암호화폐에 세금을 물리겠다고 발표했었죠. 준비가 불충분해 시행이 미뤄졌지만요.

비트코인 등 암호화폐 거래 수익 20% 세금 내야

내년 10월 1일부터 비트코인 등 암호화폐 거래로 시세차익을 올리면 수익의 20%를 세금으로 내야 한다. 22일 정부가 발표한 '2020년 세법개정안'에는 그동안 비과세 대상이었던 가상자산의 거래 소득에 과세하는 내용이 담겼다. (…)

—《한겨레》 2020.7.22

아예 추적이 안 되는 줄 알았는데 그래도 다행이네요. 거래 수익의 20%면 세금도 꽤 많이 붙고요.

그럼에도 한계가 있습니다. 이렇게 세금이 붙는 경우는 암호화폐를 거래해서 수익을 낼 때로 한정되고, 보유하는 데는 세금을 물리지 않고 있어요. 소득세만 있고 재산세가 없는 거죠.

국가는 세금을 수입 삼아 공공재를 공급하고 소득을 재분배하는데, 세금을 물릴 수 없는 자산이 늘어나면 난감한 상황이 벌어집니다. 공원이나 대중교통 같은 공공재에 들어갈 예산이 부족해지고 양극화가 심해질 거예요.

금융의 시대, 본질이 변하지 않도록

핀테크, 암호화폐처럼 기술과 결합하면서 금융은 또다시 새로운 차원으로 넓어지고 있습니다. 일례로 최근에는 미술 작품과 음악 저작권 등 지식 재산권이 새로운 투자 대상으로 떠오르고 있죠. 이 재화들을 증권화하거나, 필요에 따라 매우 잘게 쪼개서 소액 투자자들이 **조각투자**를 할 수 있도록 만든 금융상품이 제법 흔해졌습니다. 이 상품들을 기반으로 한 다양한 파생상품도 너무나 쉽게 만들어지고 있고요.

공간적 제약 역시 빠르게 사라지는 중입니다. 국경에 구애받지 않고 금융시장에 쉽게 접근할 수 있도록 하는 제도와 기술이 하나하나 확보되어가고 있어요.

정말 빠르게 변화하고 있네요. 금융에 아무런 한계가 없다고 느껴질 정도예요.

금융이 엄청난 혁신의 시대를 맞고 있는 건 분명해 보입니다. 하지만 그와 동시에 금융으로 인해 발생하는 문제도 덩달아 커지고 있죠. 투기와 탈세로 인한 양극화가 현실로 다가오고 있어요. 이럴 때일수록 '돈이 필요한 곳으로 흐르게 한다'는 금융의 본질을 기억하며 문제를 해결해 나가야 합니다. 그게 지금 우리가 살아가는 금융의 시대에 가장 중요한 해법이 될 거예요.

지금이 금융의 시대라고 부를 정도인가요?

그럼요. 전 세계 경제 규모에서 금융이 차지하는 비중은 계속해서 커지고 있습니다. 세계 최강국인 미국을 기준으로 한번 살펴볼까요? 미국 GDP에서 금융이 차지하는 비율이 얼마 정도 될 거 같나요?

제 예상보다 많을 것 같으니… 한 40% 정도 되지 않을까요?

상당히 큰 부분을 차지한다는 점은 잘 짚었지만 그보다 훨씬 큽니다. 2010년에 이미 80%에 달했어요. 이게 무슨 뜻이냐면, 미국 국부의 80%가 금융시장에 몰려 있다는 말입니다. 나머지 20%만이

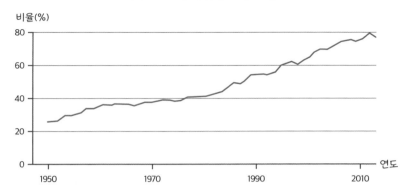

미국 GDP 대비 금융 부문 비율

비율(%)

출처: US National Income and Product Account

우리가 먹고, 입고, 살아가는 실물 영역의 경제란 뜻이죠.

80%라니… 충격적인데요.

금융시장이 이 정도로 커진 데는 파생상품의 증가가 가장 큰 몫을 했습니다. 증권을 한 번 더 가공해 만든 선물, 옵션 등이 늘어나면서 금융시장이 빠르게 부풀었죠. 이제 파생상품 시장의 규모는 전세계 총생산의 7배가 넘습니다. 거대 헤지펀드들이 약소국의 국가예산보다 큰돈을 운용하는 시대가 이미 도래했고, 이런 흐름은 갈수록 강해질 겁니다.

헤지펀드가 파운드화를 공격해서 이익을 얻었던 게 생각나네요. 고작 펀드 하나가 한 나라의 재정을 굴복시킨 거잖아요.

맞아요. 파생상품은 무조건 수익률이 높은 곳에 투자합니다. 달리 말하면, 금융시장의 불안정성을 증폭시키는 선택을 거리낌 없이 하는 거예요.
이런 불안정성으로부터 우리를 지킬 새로운 방어막을 갖춰야 해요. 우선 외환보유고를 넉넉하게 쌓아놓는 게 중요합니다. 갑작스러운 환율 변동으로 외화가 부족해질 때 미리 정해놓은 환율로 외환을 구할 수 있게 하는 **통화 스와프** 협정을 미리 맺어둘 수도 있

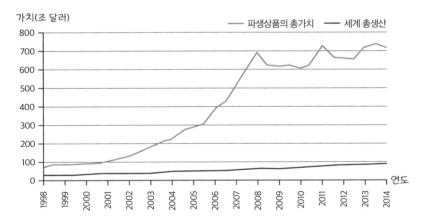

파생상품의 팽창

출처: World Economic Forum

인도 남서쪽에 위치한 몰디브의 해안가. 몰디브는 아름다운 바닷가로 유명하지만 동시에 전 세계적으로 악명 높은 '조세 피난처'이기도 하다.

겠죠. 동시에 초국적 투기 자본의 이동을 제한할 필요가 있습니다. 탈세를 목적으로 약소국으로 자금을 옮기는 상황이 발생할 때, 관련 국가들이 함께 대응할 방책을 고민해야 하죠.

현실적으로 그게 잘 될지는 모르겠네요.

국가 간에도 나름의 이해관계가 있으니 쉽지만은 않겠지만 노력은 계속돼야 합니다. 세계 각국이 합의를 만들어가지 못하면 언제, 어떤 나라가 또다시 대규모 자본의 공세에 휘청거리게 될지 몰라요. 한 나라의 위기는 그 나라의 위기만을 의미하지 않기 때문에 국제적인 공조 체제가 더욱 중요하죠.

다른 나라들하고 손잡기 전에 우리가 할 수 있는 일은 없나요?

금융시장이 확대되면서 발생하는 부작용을 수습하기 위해 노력할 수 있겠죠. 금융시장이 커지면 자본이 돈을 벌어들이는 속도가 빨라지면서 양극화가 심해집니다. 빈부격차가 너무 심해지면, 사회적으로 갈등의 골이 깊어질 수밖에 없어요.
이걸 막으려면 지금보다 훨씬 적극적인 자세가 필요합니다. 돈이 어디서 어디로 흘러가는지, 그리고 불균형의 문제를 어떻게 풀어갈지에 대해 개인과 국가가 모두 관심을 기울이고 해결책을 강구해야 해요.

금융의 세계를 떠나며

자, 제가 이번에 준비한 강의는 여기까지입니다. 어떠셨나요?

알면 알수록 돈이 꼭 생명 같아요. 더 이익이 되는 곳으로 자연스럽게 흘러가고 혼자 진화도 하는 게….

그렇습니다. 지금, 이 순간에도 돈은 인간의 욕망에 이끌려 더 큰 이익을 가져다주기 위해 여러 금융자산 사이로 쉴 새 없이 이동하고 있습니다. 결국 돈은 '미래의 이익을 어느 정도로, 그리고 얼마나 안정적으로 가져다줄 것인가'에 따라 움직입니다. 우리는 앞서 은행, 보험, 채권, 환율, 주식, 펀드, 암호화폐 등이 각자의 방식대로 작동하는 동시에 서로 긴밀하게 연결되어 있다는 걸 배웠죠. 물길이 더 낮고 깊은 곳으로 흐르기 마련인 것처럼 돈은 언제나 더 안전하고 더 많은 이익을 주는 곳으로 끊임없이 이동합니다. 이것이 바로 금융의 세상입니다.

사실 처음 강의 시작할 때는 돈 벌 방법을 좀 알게 되려나 했는데, 그것보다 더 큰 그림을 보게 됐네요. 금융이라고 하면 주식만 생각했는데 세상은 제가 알던 것보다 훨씬 큰 차원에서 굴러간다는 것도 알게 됐고요.

투자를 위한 수단으로 금융을 이해하는 것도 물론 중요한 일이지만 개인의 이익만을 기준으로 세계를 보면 그 바깥세상을 보지 못하게 되기도 하죠. 모든 인간사와 마찬가지로 금융이라는 물줄기 역시 절대 혼자서 만들어낼 수 없는, 모두가 함께 만들어내는 도도한 흐름입니다. 그 점이 여러분께 잘 전달됐으면 좋겠습니다.

금융의 현재와 미래   ○ ○

기술과 결합한 핀테크를 통해 금융의 영역이 넓어지고 있다. 오랫동안 유지되던 금산분리 원칙도 흔들린다. 다가오는 금융의 시대, 커지는 금융시장의 불안정성에 대비해야 한다.

금융과 기술의 합체

핀테크 금융(finance)+기술(technoloy)

카카오뱅크나 토스 등 인터넷 전문은행이 대표적인 핀테크 서비스.

반드시 지켜야 할 금산분리 원칙?

우리나라의 금산분리 금융기업이 아닌 다른 기업이 은행의 대주주가 되지 못하도록 법적으로 제한하고 있음.

참고 종합금융회사 과거 대기업에서 만든 금융회사. IMF 외환위기의 원인 중 하나로 지목됨.

1990년까지 금산분리를 완화하는 것이 국제적인 추세. 2008년 글로벌 금융위기 때부터 금산분리가 필요하다는 목소리가 힘을 얻음.

우리나라는 핀테크 산업을 키우기 위해 금산분리를 완화.

암호화폐

비트코인 화폐의 발행 근거가 암호 기술, 금처럼 채굴량에 제한이 있음. 통화로 기능.

참고 엘살바도르에서 비트코인을 법정화폐로 인정

블록체인 중앙에 하나의 장부가 있는 게 아니라, 참여자들이 모두 같은 내용의 장부를 가진 채로 연결되는 기술.

금융의 시대

세계적으로 금융시장, 그중에서도 파생상품 비중이 높아지면서 불안정성이 증폭.

국외로는 외국과 통화 스와프 협정을 맺는 등 국제 공조를 강화하고, 국내에서는 적극적으로 소득 불균형을 해결해야 함.

왜 디지털화폐를
발행하고자 할까?

최근 '중앙은행 디지털화폐(CBDC)'를 발행하려고 준비 중인 국가가 많아졌습니다. 왜 각국은 자국 중앙은행의 디지털화폐를 발행하려는 걸까요?

비트코인 같은 암호화폐 혹은 암호자산에는 아직 장단점이 혼재합니다. 암호화가 보장되고 사용하기 편리한 교환 수단임은 분명하지만, 가치의 변동폭이 큰 데다 다른 유사한 암호화폐가 등장해 판도가 바뀔 수 있다는 문제점도 있지요. 자금 흐름을 파악하기 어려우니 국가 차원에서는 조세정책과 통화정책을 적용하기 어렵습니다.

그래서 고안된 것이 중앙은행이 통제하는 디지털화폐입니다. 블록체인 기술을 쓴다는 점에서는 암호화폐와 같지만, 동시에 기존 화폐처럼 중앙은행이 보증하는 새로운 형태의 화폐를 만들려는 거예요. 그러면 가격 변동을 줄이면서 익명성에 제한을 둘 수도 있습니다. 여기에 이자를 지급하거나, 보유 한도를 정하는 등의 기능을 넣을 수도 있고요. 간단히 말하자면 신기술은 받아들이되 정부의 통제력은 잃지 않겠다는 구상입니다.

스웨덴, 영국, 캐나다, 우리나라 등 세계 여러 나라가 관심을 보이거나 연구를 본격화하고 있는데, 그중에서도 가장 적극적인 국가는 중국입니다. 여기에는 국제 무역에서 위안화가 더 널리 쓰이도록 하겠다, 즉 위안화를 기축통화로 만들겠다는 의도가 작용하겠죠.

세상이 빠르게 변하는 만큼 화폐 또한 빠르게 진화하고 있습니다. 가까운 미래에 우리가 사용할 화폐는 어떤 모습일까요?

QR코드를 인식시키면 퀴즈를 풀 수 있어요.
여기까지 배운 내용을 점검해보세요!

용어해설·찾아보기

| ㄱ |

- **가격혁명** | 142p | 15세기 말부터 17세기 초까지 유럽 여러 나라에서 물가가 급격히 오른 사건
- **계** | 39p | 경제적인 도움을 주고받거나 친목을 도모하기 위하여 만든 조직. 순번이 늦을수록 큰 이자 수익을 얻을 수 있다.
- **고정환율제** | 238, 243, 250p | 특정 외국통화에 자국통화의 가치를 고정시켜 환율 변동을 거의 허용하지 않는 제도
- **공개시장운영** | 170p | 중앙은행이 공개시장에 개입해 유가증권 등을 매매를 함으로써 금융조절을 꾀하는 일
- **공매도** | 349p | 갖고 있지 않은 주식이나 채권을 빌려 매도하는 일
- **공모가** | 302p | 주식을 발행한 시점의 가격
- **관리변동환율제** | 254p | 기본적으로 변동환율제를 취하면서도 국가가 외환 시세를 관리하는 제도
- **관리통화제도** | 103, 239p | 국가가 금은 보유량에 구애받지 않고 국

민 경제 전체를 고려하여 재량껏 통화발행 규모를 결정하는 제도

- **구조조정** | 342p | 기업이 기존의 사업 구조나 조직을 효율적으로 개선하려는 작업
- **구축효과** | 186, 210p | 정부가 경기 활성화를 위해 재정 지출을 늘린 결과 오히려 금리가 상승하여 기업의 투자와 민간의 소비가 위축되는 현상
- **국고** | 124p | 한국은행에 설치된 정부의 예금 계정 또는 그 예금
- **국채** | 101, 170, 174, 177, 184, 199, 230, 247, 254, 276, 320, 383p | 정부가 자금을 조달하기 위해 발행하는 채권
- **금본위제** | 96, 239, 402p | 화폐의 가치를 금의 무게에 비례하도록 만들어놓은 제도
- **금산분리** | 390, 397p | 산업 자본이 은행을 소유하는 것을 금지하는 원칙
- **금융** | 20p | 금전을 융통하는 일. 특히 이자를 붙여서 자금을 대차하는 일과 그 수급 관계
- **금융통화위원회** | 163p | 우리나라의 통화신용정책을 결정하는 한국은행 산하기구. 이 기구에서 정한 정책에 따라 통화량과 물가가 영향을 받는다.
- **금장** | 60, 118p | 금속에 세공을 하는 일 또는 그 일에 종사하는 사람
- **기관투자자** | 302p | 증권 투자를 통해 얻은 수익을 주요 수입원으로 하는 단체 또는 기관
- **기대인플레이션** | 155p | 경제주체들이 현재 알고 있는 정보를 바탕으로 예상하는 미래의 물가상승률
- **기업공개** | 297p | 기업이 전반적 경영내용을 공개하는 일 또는 기업이 상장하기 위해 처음 주식을 공개 매각하는 일

- **기업어음** | 201p | 기업이 단기 자금을 조달하기 위해 발행하는 어음
- **기준금리** | 158, 162, 168, 173, 184, 190, 232, 263, 269, 277p | 중앙은행에서 결정하는 금리로 시중금리에 영향을 미친다.
- **기축통화** | 252, 282p | 국제 거래의 기본이 되는 통화로 미국의 달러화가 대표적이다.

| ㄴ |

- **닉슨쇼크** | 243, 250p | 1971년 8월 15일에 미국의 닉슨 대통령이 달러화와 금의 교환 중단을 발표한 사건

| ㄷ |

- **동인도회사** | 30, 290, 376p | 17세기에 유럽 각국이 인도 및 동남아시아와 무역하기 위하여 동인도에 세운 무역독점회사
- **디플레이션** | 109, 153, 318p | 통화량의 부족으로 인해 물가가 지속적으로 하락하고 경기가 침체하는 현상

| ㄹ |

- **레버리지** │ 340, 351p │ 투자 목적의 부채
- **리스크** │ 26, 394p │ 투자에 따르는 위험

| ㅁ |

- **명목가치** │ 145p │ 물가상승률을 감안하지 않은 임금과 자산 등의 가치
- **명목금리** │ 156p │ 물가상승률이 반영되지 않은 금리
- **모자펀드** │ 337p │ 여러 개의 개별펀드, 즉 자(子)펀드를 통해 자금을 모아 1개 이상의 모(母)펀드에 투자하는 펀드
- **무상증자** │ 292p │ 대금을 받지 않고 주주에게 주식을 나누어주는 일. 발행 주식 수가 늘어나고 그만큼 자본금이 늘어난다.

| ㅂ |

- **배당** │ 291, 303, 331p │ 기업이 주주에게 소유 지분에 따라 이익금을 나누어주는 일
- **배당수익률** │ 296p │ 주주가 주식을 보유하고 있을 때 얻을 수 있는 수익을 나타내는 지표로, 1주당 연간 배당금을 현재 주가로 나눈 값
- **뱅크런(예금인출사태)** │ 69, 170p │ 금융시장이 불안정하거나 거래 은행의 재정 상태가 좋지 않다고 판단될 때 예금자들이 한꺼번에 몰려 예금을 인출하는 일
- **베이비스텝** │ 190p │ 중앙은행이 기준금리를 0.25%p씩 조정하는 일

- **변동환율제** | 238, 243, 254p | 환율을 고정하지 않고 외환시장의 수요와 공급에 맡겨 자유롭게 변동하게 하는 제도
- **보험** | 31p | 공통의 재해, 사고로 인한 경제적 손실을 줄이려는 사람들이 일정한 돈을 함께 적립해 두었다가 손해 입은 사람을 보상하는 제도
- **본원통화** | 65p | 중앙은행이 화폐 발행의 독점적 권한을 이용해 공급한 통화. 화폐 발행액과 예금은행이 중앙은행에 예치한 지급준비금의 합계로 측정한다.
- **불환지폐** | 96p | 금은 등 본위화폐와 태환이 불가능한 화폐
- **브레턴우즈 체제** | 239p | 1944년 브레턴우즈 협정의 체결을 계기로 들어선 국제 통화 체제
- **블랙 먼데이** | 267p | 1987년 10월 19일 월요일에 뉴욕 증권 시장에서 일어났던 주가 대폭락 사건
- **블록체인** | 409p | 거래 정보를 기록한 데이터를 모든 참여자에게 분산해 저장하는 기술
- **비용 상승 인플레이션** | 148p | 원유, 농산물 등 원자재의 가격 상승으로 인한 인플레이션
- **빅스텝** | 190p | 중앙은행이 기준금리를 0.5%p 이상씩 조정하는 일

| ㅅ |

- **사모투자펀드(PEF)** | 341, 349p | 소수의 투자자로부터 비공개로 자금을 모아 자산가치가 저평가된 기업의 기업 가치를 높인 다음 기업 주식을 되파는 전략을 가진 펀드

- **사모펀드** | 333, 341 348p | 일정 수 이하의 제한된 투자자들을 모집하여 비공개적으로 운영되는 펀드
- **상장** | 297, 342, 362p | 증권을 한국거래소에서 매매할 수 있는 품목으로 등록하는 일
- **생산자물가지수(PPI)** | 131p | 국내 생산자가 국내 시장에 공급하는 상품의 가격 수준이 얼마나 변화했는지 측정하는 지수
- **선물** | 22, 366, 414p | 장래의 일정한 시기에 넘겨주기로 매매 계약된 종목
- **소비자물가지수(CPI)** | 128p | 소비자가 구매하는 상품의 가격 수준이 얼마나 변화했는지 측정하는 지수
- **수요 견인 인플레이션** | 147p | 재화의 공급이 초과 수요에 미치지 못해 물가가 오르는 현상
- **스태그플레이션** | 148p | 지속적인 물가 상승이 불황과 동시에 일어나는 현상
- **시뇨리지** | 150, 252p | 중앙은행이나 정부가 화폐를 발권함으로써 얻는 수익. 인플레이션 조세라고도 한다.
- **시스템 펀드** | 332p | 사전에 정한 기준에 따라 매매조건과 방식을 결정하고, 이에 따라 짜인 프로그램을 통해 자동으로 증권 매매가 이루어지는 펀드
- **시중금리** | 168, 185, 211, 230p | 시중은행이 내세우는 표준적인 대출금리
- **시중은행(일반은행)** | 58, 157, 165, 168, 174, 206, 222, 277p | 민간을 상대로 예금을 받고 대출을 해줌으로써 이익을 얻는 은행
- **신용창조** | 59p | 중앙은행이 찍어낸 돈이 은행을 통해 시중에 유통되면서 또 다른 돈을 만들어내는 일련의 과정

- **신용화폐** | 103, 111, 122, 132, 239, 244, 403p | 은행의 신용을 바탕으로 만들어진 화폐. 은행권과 어음, 수표 등
- **실질가치** | 145p | 물가상승률을 감안한 임금과 자산 등의 가치
- **실질금리** | 156p | 물가상승률을 반영한 금리. 명목금리에서 인플레이션율을 뺀 값

| ㅇ |

- **애널리스트** | 315p | 국내외 금융시장 정보를 수집·분석·예측하여 소속 금융사 또는 일반 투자자에게 자문을 제공하는 사람
- **양적완화** | 193, 199, 255p | 기준금리가 이미 너무 낮아서 금리 인하를 통한 효과를 기대할 수 없을 때 중앙은행이 장기국채 등 다양한 자산을 사들여 시중에 통화 공급을 늘리는 정책
- **예금** | 22, 46, 56, 68, 106, 108, 156, 234, 365, 393p | 은행 등에 돈을 맡기는 일 또는 그 돈. 당좌 예금, 정기 예금, 보통 예금 등으로 나뉜다.
- **예금자보호제도** | 68p | 금융기관이 부도 등으로 고객의 금융자산을 반환하지 못하는 경우 예금보호기금을 통해 한도 내에서 돌려주는 제도
- **예대마진** | 56, 65, 68, 157p | 대출 금리에서 예금 금리를 뺀 예대금리차
- **옵션** | 22, 361, 375, 414p | 일정 기간 안에 미리 정해둔 가격으로 상품을 매매할 수 있는 권리
- **유동성** | 107, 171, 197, 206, 213, 215p | 자산을 현금으로 전환할 수

있는 정도
- **유동성 함정** | 197p | 금리를 낮추고 통화량을 늘려도 경기가 나아
지지 않는 현상
- **유상증자** | 292p | 자금을 새로 조달하여 주식을 발행하고 자본금
을 늘리는 일
- **은본위제** | 97p | 화폐의 가치가 은의 무게에 비례하도록 만들어
놓은 제도
- **인수합병** | 311, 316, 341, 349p | 기업이 다른 기업을 합병하거나
매수하는 일
- **인플레이션** | 103, 109, 122, 133, 204, 212, 235, 244, 252, 322,
354p | 통화량의 팽창으로 물가가 지속적으로 오르고 일반 대중
의 실질소득이 감소하는 현상
- **인플레이션 세금** | 152, 252p | 인플레이션으로 인해 국민의 실질소
득이 줄어드는 일
- **잉글랜드은행** | 112, 353p | 영국의 중앙은행. 1694년에 민간 은행
으로 처음 설립되었으며, 1946년에 국유화되었다.

| ㅈ |

- **자산운용사** | 329, 383p | 투자 목적에 맞게 전문적으로 펀드를 만
들고 운용하는 금융투자회사
- **장외 거래** | 299p | 증권 거래소 밖에서 이루어지는 증권의 거래
- **재할인율** | 168p | 중앙은행이 시중은행에 대출을 해줄 경우 적용
하는 금리

- **제2금융권** | 32p | 은행을 제외한 금융기관. 보험회사, 신탁회사, 증권회사, 종합금융회사, 여신금융회사, 저축은행 등이 있다.
- **조각투자** | 412p | 다수의 투자자가 하나의 자산에 함께 투자하고 이익은 나누는 방식의 투자 형태
- **종합금융사** | 392p | 금융과 관련한 종합적인 업무를 하는 회사. IMF 외환위기 당시 외자의 도입과 차입을 주로 했다.
- **주간사** | 310p | 기업의 인수합병 또는 채권 발행 업무를 주도적으로 처리하는 회사
- **주식회사** | 28, 290, 294, 296, 298p | 주식 발행을 통해 여러 사람으로부터 투자를 받고 그에 비례하여 이익을 배당하는 방식으로 운영되는 회사. 주주는 회사의 손실에 대하여 투자한 금액만큼만 책임을 지는 유한책임의 원칙을 따른다.
- **주주총회** | 294p | 주주들이 모여 회사에 대한 의사를 결정하는 최고 기관
- **주택담보대출** | 32p | 주택을 담보물로 해 금융 기관에서 돈을 빌리는 일
- **주화** | 54, 80, 89, 149, 151p | 쇠붙이를 녹여 만든 화폐
- **중앙은행** | 58, 65, 111, 118, 112, 127, 162, 165, 206, 211, 226, 269, 353, 408, 420p | 한 나라의 통화제도의 중심이 되는 은행으로, 화폐발행권을 가지며 기준금리를 결정하는 역할을 한다.
- **증권 거래소** | 376p | 증권 거래가 이루어지는 시장
- **지급준비금** | 71p | 시중은행이 지급준비율에 따라 중앙은행에 예치 또는 시재금으로 보유하고 있는 예금
- **지급준비율** | 68, 71, 166p | 시중은행이 의무적으로 적립해야 하는 예금 비율

| ㅊ |

- **채권** | 22, 106, 115, 170, 174, 184, 199, 275, 308, 314, 329, 341, 349, 362, 376p | 빚이 기록된 문서나 계약서로 소유권 거래가 가능하다.

| ㅋ |

- **코스닥** | 300p | 코스피에 상장이 어려운 벤처기업이나 유망 중소기업 등의 증권이 주로 유통되는 주식시장
- **코스피** | 299, 361, 388p | 대기업 등의 증권이 주로 유통되는 주식시장
- **콜옵션** | 379p | 일정 기간 안에 미리 정해둔 가격으로 상품을 살 수 있는 권리

| ㅌ |

- **탈중앙화** | 408p | 비트코인의 특징. 은행 등 중앙시스템에 의존하지 않고 블록체인을 활용함으로써 달성될 수 있다.
- **태환지폐** | 96, 117p | 금·은 등 본위화폐와 태환이 가능한 화폐
- **테이퍼링** | 213, 237p | 양적완화의 규모를 점진적으로 축소해나가는 출구전략
- **통화 스와프** | 415p | 둘 이상 국가의 중앙은행들이 서로 일정액의 자국 통화를 일정한 기간 예치하는 협정으로, 환시세의 변동 위험

을 회피할 목적으로 체결된다.

- **통화승수** | 70p | 통화량이 확대되거나 감소되는 비율을 나타내는 수치
- **트레이더** | 314p | 금융사에 소속돼 주식이나 채권을 직접 매매하거나 고객 간의 거래를 중개하는 사람
- **특별대출** | 121p | 유동성이 떨어진 금융 기관이나 자금 조달에 차질을 겪는 기업에 자금을 지원하는 일
- **특수은행** | 58p | 특별 법규의 적용을 받아 특별한 업무를 행하는 은행. 수협, 농협, 기업은행 등이 있다.

| ㅍ |

- **파생상품** | 22, 331, 361, 414p | 예금, 주식, 채권 같은 기초자산에서 파생된 금융상품
- **펀드** | 327, 372, 383p | 투자전문기관이 일반인들로부터 돈을 모아 증권투자를 하고 여기서 올린 수익을 다시 투자자에게 나눠주는 간접투자 방식
- **펀드 매니저** | 329, 331, 342, 352p | 자산운용사에 소속돼 자산을 배분하거나 종목을 선택하는 등 펀드를 관리하는 사람
- **페그제** | 240p | 한 국가의 통화 가치를 다른 국가의 통화에 연결하는 환율제도
- **페트로달러 시스템** | 246p | 달러로만 석유 대금을 결제할 수 있도록 한 결제 시스템
- **풋옵션** | 380, 383p | 일정 기간 안에 미리 정해둔 가격으로 상품

을 팔 수 있는 권리
- **플라자 합의** | 258p | 1985년 9월에 미국, 영국, 프랑스, 서독, 일본의 재무장관과 중앙은행장들이 뉴욕 플라자 호텔에 모여 달러화 약세를 유도하기로 한 합의
- **핀테크** | 388p | Finance(금융)와 Technology(기술)의 합성어로, 금융과 IT의 융합을 통한 금융서비스 및 산업의 변화를 뜻한다.

| ㅎ |

- **하이퍼인플레이션** | 136, 278p | 물가 상승이 통제를 벗어난 상태로 1년에 수백 퍼센트의 인플레이션율을 기록하는 상황
- **한국거래소** | 299, 300, 302, 308, 310p | 국내 유일의 증권거래소
- **핵심소비자물가지수(Core CPI)** | 131p | 식품, 에너지 등 가격 변동이 심한 분야를 제외한 상품의 가격 수준이 얼마나 변화했는지 측정하는 지수
- **허수주문** | 312p | 실제로 체결되기 어려운 가격에 대량으로 주문을 넣고 체결 직전에 매매를 취소해 증시를 교란하는 행위
- **헤지** | 371p | 투자 자산의 가치가 변함에 따라 발생하는 위험을 없애려는 시도
- **헤지펀드** | 348, 371, 414p | 사모펀드의 일종으로 높은 수익을 추구하는 펀드
- **현금성 자산** | 107p | 주로 단기 투자에 운용되며 현금과 거의 비슷한 환금성을 갖는 자산. M1과 M2를 합하여 이르는 말로도 사용된다.
- **현금통화** | 106p | 주화, 정부 지폐, 은행권 등 가장 기본적인 법정통화

- 환매 | 336p | 운용사가 투자자로부터 펀드를 다시 사들이는 방식으로 투자금을 돌려주는 일. 일반적으로 매매 계약의 해제라고 해석된다.
- 환율 | 219, 234, 238, 254, 262, 271, 352, 355, 394, 415p | 한 나라의 화폐가 다른 나라의 화폐로 교환되는 비율
- 환차손 | 229, 236, 238p | 외화 자산이나 부채를 보유한 상황에서 환율 변동에 의해 손실이 발생하는 경우
- 환차익 | 229, 264p | 외화 자산이나 부채를 보유한 상황에서 환율 변동에 의해 이익이 발생하는 경우
- 회사채 | 174, 185, 202, 213p | 기업이 사업 운영에 필요한 자금을 얻기 위해 발행한 채권

| A-Z |

- ELW(주식워런트증권) | 363, 365p | 개별 주식의 가격 또는 주가지수에 연동돼 미래의 정해진 시기에 미리 정한 가격으로 사거나 팔 수 있는 유가증권
- HTS(홈트레이딩시스템) | 305, 308p | PC를 통해 주식을 거래할 수 있는 시스템
- M1(협의의 통화) | 106p | 민간이 지닌 현금과 은행이 지닌 요구불예금(예금주의 요구가 있을 때 언제든지 지급할 수 있는 예금), 수시입출식 저축성예금을 합하여 이르는 말
- M2(광의의 통화) | 106p | 협의의 통화에 만기 2년 미만의 예·적금, 금융채, 시장형 상품(CD, RP 등), 실적배당형 상품(금전신탁, 수익증권, CMA, MMF 등)을 합하여 이르는 말

만든 사람들

구성·책임편집   **김희연**
난처한 시리즈와 동고동락한 지 9년쯤 된 편집자. 팀플레이를
좋아한다.

노현지
대학에서는 정치외교학을 전공했고 책을 만들며 난생처음 경
제를 공부해봤다. 살면서 이 정도로 많은 경제서를 읽어보게
될 줄 전혀 몰랐다. 초보 편집자로서 책과 경제라는 생경한 두
세계를 엿보며 놀라고, 당혹하고, 유쾌해했다. 책으로 바꾸고
바뀌는 사람이고 싶다.

강민영
대학에서 역사를 전공한 경제 초보이자, 월급 통장으로 주식
을 거래할 수 있다고 생각했던 금융 초보. 『난처한 경제 이야
기』를 편집하고 나니 이제는 경제신문을 읽어도 웬만큼은 이
해할 수 있게 됐다. 더 많은 사람들에게 경제학의 재미를 알려
줄 책을 편집하게 되어 기쁘다.

디자인   **말리북 Mallybook**
북디자인 중심의 디자인 스튜디오 말리북은 가묘장적 고양이
차돌의 집사 최윤선, 귀여움을 사랑하는 극INFP 정효진, 투명
한 영혼의 소유자 민유리, 이렇게 세명의 디자이너가 모여 작
업하고 있습니다. 서로 다른 디자이너가 모인 독막의 사랑방
말리북은 매일 새롭고 재밌는 작업과 신나는 이야기로 가득
합니다.

독자 베타테스터   김정아, 김태주, 김호현, 박지연, 빈미숙, 성지현, 안지영, 유인
영, 이경화, 장정주, 전지혜 외

사진 제공

수록된 사진 중 일부는 노력에도 불구하고 저작권자를 확인하지 못하고 출간했습니다. 확인되는 대로 적절한 가격을 협의하겠습니다.
저작권을 기재할 필요가 없는 도판은 따로 표기하지 않았습니다.

1부	대한항공 에어버스 A330 ©aeroprints.com
	금화 디나르(4.24g) ©Khalili Collections / CC-BY-SA 3.0 IGO
	금화 두카토(3.5g) ©Classical Numismatic Group, Inc. http://www.cngcoins.com
	홍콩 동아은행 뱅크런 사태 ©AGOST1NHO
	1962년 화폐개혁 당시 조흥은행 앞 ©국가기록원
2부	라이 앞에 서 있는 여성 ©maloff
	1929년 런던 증권 거래소 ©ALAMY
	한국은행 본관 ©문화재청
	한국의 라면 진열대 ©Chiara Sakuwa
	무가베를 규탄하는 짐바브웨 사람 ©CECIL BO DZWOWA
	5만 원권 지폐가 인쇄돼 나오고 있는 모습 ©한국조폐공사
	한국은행 금융통화위원회 회의 ©연합뉴스
	월가를 점령하라 ©Joe Tabacca
	북한 혜산시 장마당 ©통일 뉴스
	헨리 키신저와 사우디 국왕 ©ALAMY
	홍콩 중심가에 있는 익스체인지 스퀘어(交易廣場) ©Borm Laimkoo
	달러화와 위안화 ©NothingIsEverything
	1980년대 도쿄 신주쿠 ©ALAMY
	로널드 레이건 ©mark reinstein
	꽃놀이를 하는 1989년 도쿄 시민들 ©Aflo Image
	히로시마 공원 벤치에 앉아 있는 노인 ©Kae B Yuki
3부	스캘프 ©Agefotostock
	2011년 월마트 주주총회 ©Walmart
	JP모건 건물 ©Яндекс фото
	씨티뱅크 ©Beyond My Ken
	조지 소로스 ©World Economic Forum
	명동 거리 우리은행 지점 ©Terrazzo
	비트코인 채굴장 ©Marko Ahtisaari
	ESG ©Pcess609